KiWi 281

Über das Buch

1984 veröffentlicht Gabriele Eckart ihr Buch »So sehe ick die Sache, Protokolle aus der DDR«. 1987 wandert sie in die USA aus – als Folge des Psychoterrors, mit dem die Staatssicherheit auf ihr im Westen erfolgreiches Buch antwortet. Sie entschließt sich zu einem Neubeginn weit weg von DDR *und* BRD.

»Der gute fremde Blick« dokumentiert zunächst diesen Einstieg in ein neues Leben, legt Zeugnis ab von der Begeisterung für das bisher unbekannte Land Amerika und die Bemühungen, die neue Umgebung zu begreifen, Anknüpfungspunkte zu finden. Stück für Stück zieht der amerikanische Alltag in Gabriele Eckarts Leben ein, an der Universität, wo sie »DDR-Literatur« unterrichtet, im privaten Bereich. Sie reflektiert die Vergangenheit, setzt sie in Beziehung zur Gegenwart. Sie entdeckt Landschaften und lernt Menschen kennen, die sie interessieren, die wenig mit den Klischees zu tun haben, die ihr aus Ost- und Westdeutschland geläufig sind.

Ihr Interesse und ihre Neugier bringen die Menschen, die ihre neuen Landsleute sind, zum Sprechen: eine engagierte Dakota-Indianerin, einen Vietnam-Veteran, einen Goldgräber und eine Bürgerrechtlerin, Aussteiger und Einwanderer, Millionäre, schräge Vögel und ganz normale Leute. Aus intensiven Gesprächen entstehen erstaunlich vielschichtige Porträts von Amerikanern und den USA, die dieses Buch zu einem spannenden und ungewöhnlichen Amerika-Bericht machen.

Die Autorin

Gabriele Eckart, geboren 1954 in Falkenstein/Vogtland. 1976 Staatsexamen in Philosophie an der Humboldt-Universität Berlin. 1980/81 Kulturarbeit im VEB Havelobst Werder, 1987 Auswanderung in die USA. Lebt in Minneapolis und unterrichtet als Lehrassistentin an der Universität von Minnesota.

Weitere Titel bei k&w:

So sehe ick die Sache, Protokolle aus der DDR, Leben im Havelländischen Obstanbaugebiet, 1984, KiWi 68. *Per Anhalter,* Geschichten und Erlebnisse aus der DDR, 1986. *Wie mag ich alles was beginnt,* Gedichte, 1987.

Gabriele Eckart

Der gute fremde Blick

Eine (Ost)deutsche entdeckt Amerika

Kiepenheuer & Witsch

Umschlag: Manfred Schulz, Köln
Umschlagfoto: Bildarchiv Huber
Satz: Fotosatz Froitzheim, Bonn
Druck und Bindearbeiten: Clausen & Bosse, Leck
ISBN 3-462-02198-2

Wem Gott will rechte Gunst erweisen
Den schickt er in die weite Welt

JOSEPH VON EICHENDORFF

Inhalt

I

II

I

Texas, 1988

1

Wir DDR-Bürger sind Windflüchter, erkannte ich einst auf der Insel Hiddensee, angesichts der sturmgebeugten Kiefern: Das Andenken gegen den Widerstand macht unsere Identität aus; in einer Gesellschaft normal gewachsener Leute können wir nicht bestehen.
Nun bin ich, Windflüchter, in Amerika.
Nach einem Zwischenspiel von drei Monaten in Westdeutschland, wo mir der Wind diesmal nur aus anderer Richtung zu pfeifen schien: Vom Terrorismus des Staates war ich in jenen des Marktes gekommen und fürchtete mich wegen meines dort wahrlich verkehrten Wuchses.
Und in den USA? Hier ist mir wohl, merkwürdigerweise: weiß mich doch mein zeitungsbelesener Kopf im ärgsten Kapitalismus der Welt! NIEMAND jedoch tritt mir Neuankömmling aus Futterneid gegen das Schienbein. Und die Menschen scheinen mir von der Jagd nach dem Geld nicht verhärtet zu sein. Gelassen, entspannt wirken sie auf mich (ausgenommen eine Kollegin: eine karrierebesessene Deutsche). Täusche ich mich? Ist mein Wahrnehmungsvermögen von den Strapazen der letzten Monate in Ost- und Westdeutschland getrübt? Darüber sinnend warte ich an einer Ampelkreuzung auf Grün. Endlich wird es angezeigt. Der Wagen vor mir fährt auf die Kreuzung. Hält. Die Fahrerin winkt einem in der Nebenstraße auf Grün wartenden

Toyota. Ein vielleicht sechsminütiger Hausfrauenklatsch im Südstaatenslang, irgendwas über red snapper... sieben Autos warten. Das Ampellicht wechselt. Kein einziger Fahrer hupt, schreit, explodiert. Nachher rollt man friedlich weiter. An einem der Wagen, deren Fahrer großzügig gewartet hat, entziffere ich einen Sticker: My wife yes, my dog maybe, my gun never!* Zumindest einer also war mit Gewißheit weder Pastor noch Philosophieprofessor, sondern amerikanischer Redneck, der, als Zeichen seinesgleichen, mit Stärke prahlt. Vermutlich wählte er Reagan.
Woher haben diese Leute die Geduld?
Du bist nicht in New York, sagt meine Freundin lächelnd, Austin ist eine Kleinstadt!
Gewiß, doch ist meine »Kleinstadt« die Hauptstadt von Texas, dieses, wie man sagt, Amerika hoch zwei (bezogen auf die Anzahl Flinten sowie das Maß des auf mich lächerlich, jedoch nicht gefährlich wirkenden Patriotismus – in jeder Blickrichtung eine Flagge am Mast, wo du auch hinsiehst ein Schild: Don't mess with Texas!). Möglicherweise geht der Metabolismus hier langsamer, sage ich mir (Texas liegt auf der Höhe der Sahara), bis mich in Ohio, Minnesota, Oregon und wohin ich auch komme die gleiche Rücksichtnahme, ja Freundlichkeit anrührt, sowie die Bereitschaft zu helfen. (Weshalb seid ihr so hilfsbereit? Wir, sagt mein Gesprächspartner, sind ein Einwanderungsland. Wenn meinem Großvater, er kam aus Schottland, keiner geholfen hätte, lebte ich heute nicht hier.) Immerhin, sagt in mir ein Rest Widerstandswille, bist du kein durch den Grenzfluß geschwommener Mexikaner! Dann besiegt mich der amerikanische Charme. Ich beschließe zu bleiben.
Auch bedarf, wer dem Ghetto DDR entkam, eines großen Landes.

* Meine Frau geb ich her, meinen Hund vielleicht, mein Gewehr niemals.

Natürlich drücke ich mir die Daumen, mein zukünftiger Präsident möge, wenn schon nicht Jackson, so wenigstens Dukakis heißen.

2

Jesse Jackson als Präsident? Ihr seid verrückt. Jackson ist Prediger, ohne Erfahrung im Administrieren.
Das ist immer die Ausrede, wenn einer nicht zugeben möchte, daß er einem Schwarzen nicht zutraut, Präsident zu sein.
Dieser kurze Wortwechsel ist das einzige zum Thema Präsidentschaftswahl, das ich (während den Zeitungen nach der Wahlkampf »tobte«) im Freundes- und Kollegenkreis zu erhaschen vermag. Versuche ich, ein Gespräch zu provozieren, zuckt man die Achsel: Washington ist weit, für Texas macht es nicht viel Unterschied, wer dort regiert. Im Gegensatz dazu diskutiert man allenthalben eifrig über eine bevorstehende Kommunalwahl. Nicht mehr als das bringe ich mit einer tüchtigen Portion Aufdringlichkeit (im amerikanischen Mittelstand vermeidet man das Gespräch über Politik, Religion und Sex) in Erfahrung: die Professoren sind zumeist liberal, die Studenten konservativ gesinnt, man wählt entsprechend. Es erstaunt mich.
Ist das eine vorübergehende Zeiterscheinung, eine Komponente der YUPPI-Generation? Was bedeutet es? Alle scheinen mir »unpolitisch«, oder irre ich mich?
Meine beiden einzigen »politischen« Erlebnisse in sechs Monaten USA: An einem presbyterianischen College findet ein Schönheitswettbewerb für Männer statt. Als »Mister Austin« gewählt wird, der einzige Schwarze unter den Kandidaten, ein schlaksiger, bebrillter, charismatischer Jüngling, Beifallsschreie unter den (zumeist weißen) Studenten. In sei-

ner Dankesrede gibt der Schwarze zu verstehen, er habe sich mit der Wahl dieses Colleges, das einen fortschrittlichen Ruf genießt, nicht geirrt.

An einem anderen College eine Auszeichnungsveranstaltung für die sechs leistungsstärksten Studenten. Einer von ihnen weist zornig die ihm zugedachte Medaille zurück: Dieses (private) College investiere Geld in Unternehmen, die mit Südafrika Handel treiben. Wie reagiert der Präsident der Bildungseinrichtung? Er umarmt den Studenten. Manche raunen: Heuchelei! Tage später wird ein Neger-Shack, den Studenten als Ausdruck ihrer Solidarität mit den Schwarzen in Südafrika auf dem Campus errichtet haben, über Nacht niedergebrannt.

Ich erlebe das Amerika der Universitäten. Das ist nicht AMERIKA, sagt man mir. Der charakteristische Amerikaner halte Bildung für unnütz und lächerlich. Kurzbehost, eine Schirmmütze (zumeist mit Reklamespruch) auf dem Kopf, der Schirm zeigt nach hinten, umrundet er, auf seinem Rasenmäher sitzend, genüßlich sein Grundstück, als dessen großes Kunstwerk er die Plastikkuh im Vorgarten bewundert. Mehr als zweihundert Meilen ist er aus seinem Heimatort nicht hinausgekommen. Ein Buch (die Bibel ausgenommen) hat er nie gelesen. (Schriftstellerin sind Sie. Was ist das?) Naiv und arglos sperrt er Haus und Wagen niemals ab, denn Verbrechen gebe es nur in den Slums, die so weit weg sind wie Washington oder der Mond. Auf wie viele Amerikaner trifft dieses Klischeebild zu? Ich schätze auf ein Drittel. Das ist mithin auch nicht AMERIKA. Ist's das der Slums? Ist es das glitzernde Amerika der Aussteigerkommunen, das der Propheten? NEW AGE THINKING ist derzeit der letzte Schrei. Halb Amerika meditiert nach der Überzeugung, »that we are limited only by our belief system«. Die Meditierenden, häufig in Quantentheorie bewandert, glauben an Inkarnation und die Chance, durch Meditation die Welt zu erretten.

Und »alle diese Amerikas« suchen auf Grund der ihnen gemeinsamen historischen Wurzellosigkeit nach etwas wie einer Identität, nach einer Selbstdefinition. DAS ist für mich der einzige sichere Grundzug des amerikanischen Lebens, und natürlich mag ich ihn, weil ich, ehemals Windflüchter, selbst auf der Suche bin. Diese Heterogenität ist es, die mich, Abkömmling eines egalitären Systems, an Amerika reizt. Kurz, gleichsam spielerisch, tauche ich in die »Amerikas« ein: bin zu Gast bei Feministinnen, Hutterern, Buddhisten (weil ich den japanischen Akzent nicht rechtzeitig verstehe, werde ich in einem Tempel, ausstaffiert mit goldenen Lotosblumen, buddhistisch getauft), bei religiösen Fundamentalisten, Homosexuellen, New-age-thinking-Wahrsagern. Sie alle sitzen, mehr oder weniger, auf ihren Rasenmähern, haben mehr oder weniger Bildung, gehören mehr oder weniger diesem oder jenem Amerika an. Dieses Gemenge ist faszinierend. Hier vermag ich wieder neugierig zu sein, auch auf mich.

1854 wanderten fünfhundert Sorben unter ihrem Pastor Kilian aus Preußen nach Texas aus, um ihre Sprache sowie ihre kulturelle Identität vor den Deutschen zu retten. Im gelobten Land stießen sie auf entsetzliche Hitze, Wassermangel, Indianer, und es blieb ihnen nichts weiter übrig, als sich mit den Einwanderern ringsum zu assimilieren. Das waren in Texas fast ausschließlich Deutsche. Heute spricht in Texas niemand mehr Sorbisch, keiner pflegt die sorbische Kultur. Ein Witz der Geschichte, sagt man. Doch eine Tragödie? Sie überlebten. Sie bauten Häuser, zeugten Kinder, sie definierten ihr Dasein neu. Aus Untertanen wurden Bürger! Letzteres vor allem ist für mich die Geschichte Amerikas, der, man mag einwenden, was man will, dienstältesten Demokratie der Welt.

3

Kein alter Marktplatz in Amerika, kein Fachwerkhaus, nicht eine einzige Ritterburg. Die Städte sind keine. Um eine Handvoll Wolkenkratzer ein Sammelsurium von weißangestrichenen Holzhäuschen, teils mit korinthischen Säulen, neben Holzkirchen, der Gotik nachempfunden, golden und silbern bepinselt. Zwischen alldem überlebensgroße Plastikrehe/kühe/pelikane, japanische Tempelchen, Christbäume, das ganze Jahr über im Lichterschmuck, mit hölzernen Pferdeköpfen garnierte Zäune. Nicht zu reden von den Reklameschildern, »Little Debby has a snack for you!«
Das alles überragt noch in Arkansas ein siebzig Fuß hoher Christus aus weißem Stein, mit ausgebreiteten Armen. An jedes Handgelenk könne man, prahlen die dorthin wallfahrenden Amerikaner, ein Auto hängen, ohne die Statue zu beschädigen.
– Was heißt auf amerikanisch Kitsch, frage ich, vom Kulturschock eine Träne auf der Wange, meinen Freund, der hier bereits zwanzig Jahre lebt.
– Sie haben kein Bewußtsein dafür, mithin kein Wort.
– Keinen Geschmack, sage ich spöttisch.
– Geschmack? Welchem Deutschen ist dieser Luxus zu eigen? Ihr seid dort nur autoritätsgläubig. Meine Großeltern in Schleswig-Holstein schauten, welche Bilder den Gelehrten im Dorf, Bürgermeister, Pastor, Lehrer, die Wände zierten, die gleichen hängten sie sich selbst auf. Der Amerikaner ist antiautoritär. Sein persönlicher Geschmack gilt ihm als verbindliche Norm für die Menge an Wand sowie Land, über die er verfügt. Mag sich der Nachbar eine hölzerne Akropolis in den Vorgarten stellen, er pflanzt sich bedenkenlos ein orangefarbenes Plastik-Rentier oder einen Gipsabguß der Freiheitsstatue hin.
Um die Grundstücke selten Zäune. Gelegentlich ein Aufge-

bot an Ramsch: Dahinrostende Autos, alte Waschmaschinen, Kühlschränke, Polstermöbel, aus denen eine Sprungfeder oder ein Büschel Stroh spießt. Wie ein einziger großer Campingplatz gibt sich mir Amerika zu erkennen. Abwechselnd atemberaubend schön und atemberaubend schäbig, je nach den Einsprengseln der Natur (wobei mir das Gras natürlich grüner scheint als zu Hause) und der Art und Weise, wie der Individualismus an gebauter Umwelt mit ihnen korrespondiert.
Allmählich gewöhnt sich mein Auge an die Kontraste, mein Kulturschock löst sich auf, und, ehe ich mich versehe, gewinne ich dieses verrückte Amerika lieb. Diese Leute, blitzt es dann und wann durch mein Gehirn, sind außerstande, nach Marschmusik zu funktionieren, unbegabt zu jedweder Organisation.
Verrückte Folge: Propheten, Dissidenten, Hungerleider oder wer auch immer aus der übrigen, diktaturgeschüttelten oder allmählich verrottenden Welt suchen auf diesem gemütlichen Campingplatz Zuflucht. Um ihn vor Übervölkerung zu schützen, führen sich, ich spreche aus eigener Erfahrung, amerikanische Konsularbeamte mit einer Rabiatheit auf wie kommunistische Funktionäre. Nur mit dem Unterschied, daß sie lächeln. Unerschütterlich halten sie, während sie dir den Dolch auf die Brust setzen, an ihrem keep-smiling fest.

4

Nächtlicher Dialog:
– Wach auf, du schreist! Träumtest du schlecht?
– Die beiden Deutschlande …
– Sind nur zwei Backen, mehr nicht, um dasselbe Arschloch …

Letzteres assoziiert offenbar die deutsche Geschichte. Ich grübele den Rest der Nacht darüber nach. In der DDR wurde nach dem Krieg kurzerhand eine neue Diktatur über die alte gestülpt, in der Bundesrepublik wurde über sie Gras gesät. Die Grasdecke ist zu dünn, eine Art Giftgas scheint aus dem Grund zu quellen, das die Menschen rastlos und aggressiv macht.
Die Amerikaner dagegen haben es, angesichts ihrer Geschichte, gewiß nicht schwer, unbekümmert und freundlich zu sein. Keine KZs, keine zerbombten Städte. Zwar entstand das Land durch Raub, Mord und Betrug, doch lang ist's her, und mit historischem Erinnerungsvermögen scheint es ohnehin nicht sonderlich gut ausgestattet zu sein.
Am Morgen erreicht mich ein amtlicher Brief von einer Versicherungsgesellschaft. Der Text: Liebe Gabriele, anbei deine Versicherungskarte. Falls du noch Fragen hast, ruf mich bitte an. Ich wünsche dir einen glücklichen Aufenthalt in Amerika. Deine Molly.
Verwirrt stelle ich fest, daß auch die Versicherungskarte nur meinen Vornamen trägt. Ich rufe an. Oh, das macht gar nichts. Zu meiner Beruhigung, sagt die Angestellte, könne sie mir eine neue Karte mit meinem vollständigen Namen ausstellen. Ich möchte gerade ein bißchen laufen und mache mich zu Fuß auf den Weg. Zwei Autos halten: Ist was passiert? Können wir Ihnen helfen? Im Stadtzentrum schmettert mir jeder Fußgänger ein Hi! oder Hallo! entgegen. Ich treffe Bekannte aus dem vergangenen Jahr, die mich für den Abend in ihr Haus einladen. Danke, sag ich, aber hab keine Zeit, muß schreiben. Schreiben kannst du zu Hause, hier in Amerika ruhst du dich aus. Es gibt, sag ich, kein Zuhause mehr. Endlich begreifen sie und beginnen zu meinem Erstaunen zu weinen. Das gewiß zu erwartende Heimweh möge, sie wünschen es mir, nicht ein

ebensolches Gefängnis wie mein früheres Fernweh werden. Falls du mal nicht weiterweißt, ruf uns an!
Ob ich denn Kartoffeln auf den Augen hätte, sagt ein westdeutscher Student, diese amerikanische Freundlichkeit sei nichts anderes als Heuchelei. Wenn du, How are you? gefragt, sagst, du habest die Grippe, sehen sie dich betreten an. Fine! mußt du brüllen, auch wenn es dir hundsmiserabel geht. How are you, sage ich, heißt Guten Tag! Darauf erklärst du auch in Deutschland nicht dein Befinden.
Woher rührt diese Amerikafeindlichkeit? In Frankreich, erzählen mir Amerikaner verwundert, würden sie in einigen Restaurants nicht bedient. Der Vietnamkrieg? Die Franzosen wüteten in Algerien. Soeben höre ich im (deutschen) Radio vom erlesenen Gastmahl, das Gorbatschow in Moskau für Reagan gab. Darauf wird spekuliert, was Reagan ihm wohl in der amerikanischen Botschaft vorsetzen werde. Hämisch, daß es mir kalt über den Rücken läuft, die Antwort: Wahrscheinlich Hamburger auf Plastiktellern!
Warum speit ihr nur gegen Amerika? Ich frage in Texas zwei deutsche Austauschlehrer, die, was sie auch sehen und erleben, in einem Maße und so lauthals verächtlich machen, daß es mir peinlich ist. Sie denken nach. Dann sagt der eine: Wir nehmen den Amis übel, daß wir amerikanischer sind als sie. Amerikanischer? frage ich. Doch wir können uns, sie aus West-, ich aus Ostdeutschland, nicht unterhalten, jedes Wort ist verschieden besetzt. Merkwürdigerweise erinnert mich ihre Art der Verächtlichmachung Amerikas an jene der DDR-Medien, denen ich, instinktiv, jedes Wort im Mund umgedreht hatte. Rührt daher meine Amerika-Euphorie?

5

Amerika wird arm. Selbst Texas, das durch Öl und Rindvieh in einem unanständig zu nennenden Maße reich war. Die Bürotürme in Austin stehen leer. Häusermakler schließen ihre Geschäfte. In den shopping-malls indessen wird gekauft, gekauft. Womit bezahlst du? Mit einer ungedeckten Kreditkarte, lacht eine Bekannte, die ich beim Einkauf treffe.
In jeder Stadt, die ich zum erstenmal betrete, frage ich: Was wird hier produziert? Nichts. Die Bevölkerung arbeitet im Dienstleistungsbereich. Das Konsumierte (Nahrungsmittel und Hochelektronisches ausgenommen) wird importiert.
Warum produziert man nicht mehr? Amerika ist eben faul geworden.
Ab und an verkauft man einen Wolkenkratzer an die Japaner. In den Neunzigern, schreibt Newsweek, heiße es in Amerika: »head for home, settle back and enjoy a little snooze«. Mit dem Schläfchen hat es bereits angefangen. Als Folge steigen die Schulden, der Wert des Dollars sinkt. Außerdem, sagt meine Freundin, zahlen wir zu wenig Steuern. Weshalb erhöht sie kein Politiker? Er mache sich unbeliebt, und ein unbeliebter Politiker hätte in diesem Land keine Chance. Kein Amerikaner, den ich kenne, mag darüber nachdenken. Sein japanischer Wagen, Fernsehapparat, Computer, sein koreanischer Rekorder scheinen von Gott gesandt. Statt nachzudenken, meditiert man, sitzt auf Rasenmähern, schläft. Wie geht das weiter? Irgendwie, sagen die Amerikaner gähnend. Es amüsiert mich. Aus irgendeinem Grund hatte ich sie mir arbeitswütig gedacht.
Wie aber werden sie sich benehmen, wachgerüttelt zu einer Schlankheitskur?
Noch eine Anmerkung zur Politik: Wer wählte Ronald Reagan? Nach allen meinen Gesprächen mit Amerikanern hat ihn angeblich niemand von ihnen gewählt. Meine Tante

in Oregon ausgenommen: 1949 erhielt sie in Esperstadt bei Halle einen Brief mit einem Heiratsantrag samt Flugticket aus Alaska: Ein ihr bis dahin unbekannter amerikanischer Soldat hatte sich nach dem Krieg, während er, wacheschiebend, meine Tante mit dem Fernglas beim Kaninchenfüttern beobachtete, heftig in sie verliebt. Am Tag seiner Abreise hatte er meine Tante besuchen wollen, sie war nicht zu Hause gewesen ... Meine Tante flog, heiratete, wurde glücklich und schwärmt, nach der Erfahrung zweier deutscher Diktaturen, für den jeweiligen amerikanischen Präsidenten.

Einen Professor in Missouri, der soeben, als ich ins Büro trete, eine Zeitschrift mit dem Bildnis Reagans auf der Titelseite augenscheinlich angewidert in den Papierkorb wirft, frage ich: Wer hat ihn gewählt? Meine Tante allein kann es wohl nicht gewesen sein.

– Die Rednecks waren's.

– Wieviel Prozent der amerikanischen Bevölkerung machen die Rednecks aus?

– Zugegeben, der Professor errötet, ich wählte Reagan.

– Ein Irrtum?

– Ich würde ihn vermutlich wieder wählen. Mein Herz schlägt für die Demokraten. Doch demokratische Politiker sind Prinzipienreiter. Natürlich, sie nehmen die Politik ja ernst. Innenpolitisch ist das von Vorteil, außenpolitisch nicht, Prinzipienreiter können nicht nachgeben. Kennedy hat, vergessen Sie das nicht, den Vietnamkrieg begonnen. Reagan, ein Schauspieler, liebt über alles schreckeinjagende Gebärden. Er springt, ein Hampelmann, tut, als ob... Zu einem Einmarsch in Nikaragua wird er sich niemals entschließen. Weil er weiß, daß er nur auf der Showbühne, niemals in der Wirklichkeit, zu handeln vermag. Außerdem soll er faul sein, er schläft für sein Leben gern. Amerika, ein Land von Individualisten, benötigt keinen Regierungschef.

Und da nun angeblich solch eine Figur existieren muß, bevorzuge ich, der Professor tritt gegen den Papierkorb, solch eine Pappnase.
Allmählich begreife ich Reagans Erfolg: Keine homogene Gesellschaft ist die amerikanische, sondern ein Konglomerat aus gegensätzlichen Minderheiten. Dieser Präsident hat als Schauspieler die Gabe, allen alles glaubwürdig zu versprechen. Einerseits ist er gegen die Abtreibung, andererseits gegen Gesetze, die gegen die Abtreibung sind. »Speak the Language of Success«, New York 1983, formuliert Reagans Qualifikationen richtig: »Actor. I have played a wide variety of parts, which has given me the ability to appear to be whatever seems most appropriate to the situation at hand. Good hair. Signed R. Reagan.«
Solch ein Kaspar, sagt ein anderer Professor, ist für mich, deutscher Abstammung, nicht völlig ohne Charisma: Reagan herrscht nicht, er quatscht nur, und das auch noch witzig.

6

Außer meiner eigentlichen Arbeit an der Universität von Texas (ich unterrichte DDR-Literatur für graduate-Studenten) komme ich Einladungen verschiedener Colleges nach, um als Deutsche den Studenten Fragen über Deutschland zu beantworten.
An einem südtexanischen, lutheranischen College haben die Studenten zunächst keine Fragen. Deshalb frage ich: Wo liegt die Dschidiahr (GDR = DDR)? Keiner weiß es. Dschidiahr, sage ich, ist East Germany. Nun, East Germany liege offenbar in Germany, welches in Europa aufzufinden sei. (In

einer Bar fragte mich kürzlich das Ausschankfräulein sogar, wo Deutschland liege. Mein Freund hatte statt meiner geantwortet: Deutschland ist eine Insel, etwa in der Mitte zwischen Japan und den Philippinen. Die Frau hatte gläubig genickt.)

Und die Mauer? Von ihr haben zwei der Studenten schon gehört, stellen sie sich als eine Art Chinesische Mauer vor, am Ostrand von Deutschland, dahinter beginne Rußland.

Ich erkläre, was die Mauer ist, wo sie steht und daß es zwei Deutschlands gibt. Erzähle, daß ich aus der Dschidiahr komme und nun im Westen lebe. Fragen? Ein Mädchen meldet sich: Was ist Ihre Lieblingsfarbe? Ein junger Mann: Was für ein Auto würden sich Dschidiahr-Bewohner in Amerika kaufen? Das war's. Hinreißend liebenswürdig lächeln mich die Studenten an. Weil noch viel Zeit bleibt, frage ich: Was haben Sie nach Abschluß des Colleges vor? Physiotherapeutin, Bankangestellter, Missionarin, Manager werden, zwei möchten ein Geschäft aufmachen, der eine für Computer, der andere für französischen Wein. Die übrigen haben noch keine Vorstellungen über ihre Zukunft. Warum sie ein College besuchen? Weil man später, sagen sie offenherzig, mehr verdient. Gibt es noch andere Gründe? Nein.

In der Pause im Freien werfen meine Studenten (sie sind Anfang zwanzig) kreischend Kartoffelchips unter den Beinen hervor in die Luft und fangen sie mit dem Mund.

Ich komme mir nicht verloren vor. Keineswegs. Ich könnte hier unterrichten. Zumal sich am Abend bei meiner Lesung herausstellt, daß die Studenten immerhin aufmerksam und begeisterungsfähig sind. Nur muß ich zehnminütlich eine Pause einlegen, um sie verschnaufen zu lassen, und jede Zeile Text genau erklären.

Weit ist die Landschaft ringsum. Präriegras. Zusammenfallende Holzhäuser neben nagelneuen. Es gibt soviel Land, daß man nicht für nötig erachtet, das alte Haus abzureißen, wenn man ein neues baut. Vor einem hinfälligen Farmhaus (es neigt sich, ein Parallelogramm, in einem Winkel von vierzig Grad) treffe ich einen Maler. Das Leben zeige sich hier dem Gesichtssinn, schwärmt er, als ein organischer Prozeß. Letzten Sommer in Deutschland habe er gar nichts zu zeichnen gefunden; alles schien ihm bis zur Unmenschlichkeit perfekt. Ich könnte hier zur Ruhe kommen, denke ich, und vielleicht die erforderliche Ironie finden, um das zu schreiben, was ich mit fliegendem Atem nicht zu schreiben vermag: über die Dschidiahr.

benehmen sich, höhnen die Westdeutschen, wie Vandalen. In fünf Minuten seien sie mit dem Louvre fertig, ohne die Treppen hätten sie ihn in zwei Minuten geschafft. Auf der Turmspitze des Kölner Doms beklagen sie schwitzend, gebe es kein Bier; außerdem erlauben sie sich die Bemerkung, bei uns in Amerika wäre in den Kirchturm längst ein Fahrstuhl eingebaut worden. Und, hach, wie sie essen: nur mit der Gabel, selbst in feineren Restaurants. Um das Maß voll zu machen, bestellen sie Wasser mit Eisstücken, die sie zumeist mit markerschütterndem Getöse kauen. Binnen zweier Wochen hopsen sie per Flugzeug durch mindestens ein Dutzend Hauptstädte, voll Unverständnis dafür, daß sie auf dem Flug Rom–Athen albanischer Politik zufolge nicht auch ein Foto von Tirana, das am Weg liegt, schießen dürfen. Am schlimmsten an der See: Du widmest dich apathisch deinem Mittagsschläfchen, und es quiekt von der Düne: Good grief, George, they are all naked! Zwei kamerabehängte, mit knallbunt karierten Kniehosen bekleidete Unholde geben sich zu erkennen. Wie geschieht mir, wenn ich derlei höre? Japsend fall ich vom Stuhl, während des Sturzes belehrt: WIR finden das gar nicht lustig. Ich flüchte auf die Toilette, um mich auslachen zu können, dort ernüchtere ich eingedenk der Erinnerung an UNSERE Befreier. Wie schaute ich drein, wenn sie in ihren über den Bäuchen spannenden Mäntelchen, eigenartigen Wollmützen, nach Knoblauch oder schlechter Seife riechend, ihren russischen Bussen entquollen, um in Zweierreihe hinter der Reiseleiterin ein Lenindenkmal zu umrunden. Um, auf die Läden losgelassen, zu hamstern, was es zu hamstern gab. Zeigte ich mich tolerant? Deutschland,

Deutschland über alles, weint, als ich zu meinen deutschen Gastgebern zurückkehre, das Radio. Welch ein, nach seiner glorreichen Geschichte, heutzutage von Barbaren heimgesuchtes, bemitleidenswürdiges Land!

Minnesota, 1989

1

Wo haben Sie nur die Plastikkühe gesehen, fragt mich Professor T., ich lebe jetzt dreißig Jahre in den USA und sah bislang keine. In Minnesota leben Sie, sag ich. Liegt Minnesota wirklich in den USA? Meine geliebten Plastikkühe fehlen. Minnesota stimmte für Dukakis, der in der »Schlammschlacht« (Die Zeit) des letzten Wahlkampfes als unpatriotisch verleumdet wurde. In der ganzen Großstadt Minneapolis finde ich nicht mehr als ein einziges schweinchenrosa angestrichenes, mit violetten Fensterblenden versetztes Haus. Die Bewohner sind, vermute ich, kürzlich erst zugezogen. Die Sternenbanner am Mast sind rar. In beinahe sämtlichen Highschools Minnesotas werden auch Fremdsprachen unterrichtet. Jeder Taxifahrer, dem ich sage, ich komme aus Deutschland, fragt sogleich: Ost oder West? Nachgerade ausgeschlossen ein Autosticker »Don't mess with Minnesota!« Kanadisch beeinflußt, heißt's, sei dieser Staat, und Kanada sei europäisch. Nur die Pappschachtelarchitektur außerhalb der Downtowns scheint mir dieselbe wie allerorts.
Ausgerechnet in diesem am wenigsten amerikanischen Teil Amerikas geschieht es, daß ich allmählich den fremden Blick verliere. Den fremden Blick und das fremde Ohr. Amerika wird alltäglich. Wie geht so etwas vor sich?
Unlängst, nach der Installation meines Telefonanschlusses, klingelte das Gerät morgens um halb neun. Ich hatte bis drei gearbeitet und bis Mittag zu schlafen beabsichtigt. Eine männliche Stimme sagt Hi! und beginnt emphatisch, gleichwohl mit unerhörter Geschwindigkeit, im Kennedy-Akzent, gleichsam mit Murmeln auf der Zunge, eine Rede, von der

ich so gut wie nichts zu unterscheiden vermag. Im Nachthemd, barfuß, stehe ich am Telefon, reibe den rechten Fuß, der kalt wird, an der linken Wade und versuche angestrengt herauszufinden, worum sich diese in verdreifachter Sprechgeschwindigkeit sonderbar auf- und abschwingende Ansprache dreht. Es muß, meine ich, etwas Wichtiges sein, schnattert der Sprecher doch immer aufgeregter. Womöglich, unterbreche ich ihn, sind Sie falsch verbunden? Nein, Frau Holthusen. Hier ist nicht die Holthusen-, sondern die Eckart-Residence, sag ich. Erkläre, daß ich die Nummer soeben bekommen habe und sie vorher möglicherweise einer Holthusen-Residence gehört haben mag. Ja, natürlich, Mrs. Eee-ckart, sagte ich das nicht? Und schon stürmt die Stimme in ihren seltsamen Wellenbewegungen weiter voran. Meine Verblüffung macht mich allmählich munter. Nur 35 Dollar, vernehme ich plötzlich. Enttäuscht durchfährt es mich: ein Junkcall (Junk = Schund). Davor wurde ich gewarnt. Ich kaufe nichts, sage ich hastig, will den Hörer auflegen, ins Bett zurück, was mir indessen unhöflich scheinen will. Good bye, erkläre ich entschieden. Antwort: Woll'n Sie nicht doch? Bevor ich Einspruch zu erheben vermag, nimmt die Rede ihren Lauf von vorn. Ungeduldig, mit halbem Ohr, horche ich, den linken Fuß am rechten Bein reibend. Es nimmt kein Ende. Also gut, rufe ich mit aller Kraft, eine steile Wortwoge zerstörend, die gerade brechen zu wollen schien, schicken Sie mir das Dingsbums! Ein adressierter und bereits frankierter Brief, so kommt, nun langsam und äußerst zufrieden, die Information, liegt bei. Sie brauchen nur einen Scheck beizufügen. Ihre Adresse? Ich gebe sie preis, man gratuliert mir zum Einkauf, ich knalle den Hörer auf, flüchte ins Bett. Du weißt nicht, was du gekauft hast?, hänseln mich, Stunden später, meine Kollegen. Ich kann es ja reklamieren, gebe ich, kleinmütig und unausgeschlafen, bei. Das tust du, sagen sie, bestimmt nicht. Jetzt, kurz vor Weihnachten, braucht man Geschenke. Gib auf dein Geld acht. Am nächsten Morgen, um die gleiche Uhrzeit, jagt mich das Telefon aus dem Schlaf. Hallo, Frau Eckart, begrüßt mich süßholzraspelnd eine Frauenstimme in dem mir vom Vortag bereits bekannten Akzent. Sie haben bei uns (eine Bostoner Adresse) gestern ein Fotoalbum über China bestellt. Wir haben auch noch, falls Sie daran interessiert sind, Bildbände über Japan, Neuseeland, Brasi... Mit einem vogtländischen Jähzornsanfall, den ich letztmalig in Ostberlin, nachdem meine Wohnung in meiner Abwesenheit polizeilich durchwühlt worden war, von mir gegeben hatte, fordere ich die Lady auf, sich zum Teufel zu scheren. Wie bitte? Die Stimme fragt erschrocken. Ich habe, fällt mir ein, Deutsch gesprochen. Fluchen auf amerikanisch hab ich noch nicht gelernt. Sie können auch, fügt die Stimme behutsam hinzu, die ganze Reihe abonnieren. Dann bekommen Sie die Bände um soundso viel billiger. No, brülle ich, do you understand? No no no... und höre nicht eher auf, bis am anderen Ende der Hörer sacht aufgelegt wird.

Junkcalls also. Mit der Junkmail hab ich mich bereits abgefunden. Pfundweise schleppt der Briefträger sie heran. YOU WILL BE RICH IF YOU RETURN THE WINNING ENTRY. Auf Glanzpapier Pizzareklame, Stiefel, Reisen nach Hawaii. Immer ist angeblich alles on sale.

Erschreckend rasch gewöhnt sich Auge/Ohr an die Entzauberung der Kommunikation. I don't want to buy anything, erkläre ich höflich, sobald eine mir unbekannte Stimme am Telefon was auch immer herunterzuschnattern beginnt, und bleibe dabei, wiewohl der Chinabildband, ich reklamierte ihn natürlich nicht, mich mittlerweile erfreut.

Indessen halten mich Junkcalls und Junkmail von dem ab, womit ich gerade beschäftigt bin. Es ist in etwa so viel aus dem Fenster geworfene Zeit, errechne ich, wie vormals jene, die vom Schlangestehen beansprucht wurde. Was macht den

Unterschied? Im Kapitalismus vergeude ich meine Zeit bequemer. Nicht an irgendeiner zugigen Ecke der Leninallee, einen Stiefelabsatz in Hundekacke, inmitten trauriger, verkniffener Gesichter, ich vergeude sie in meinem gemütlichen Pappschachtelhaus, die ewigen Eiszapfen Minnesotas am Dach des Nachbarhauses im Fenster. Es versteht sich, daß unterdessen ein Telefon neben meinem Bett steht, ein anderes auf dem Schreibtisch.
I don't want it, flöte ich unausgesetzt, I am sorry, wiewohl ein Fluch – ich hab unterdessen amerikanische Flüche auf Lager – als Antwort gemäßer wäre.
Zufällig erreichten mich diese ersten Junkcalls aus Boston. Die Gier des Sale-Personals Minnesotas, mir per Telefon eine Ware andrehen zu wollen, steht indes, so sollte sich bald herausstellen, der meines übrigen Amerika nicht nach.

2

Gus Hall, Chef der KP der USA, bemerkt in der New York Times vom 8. 12. 1988 unzufrieden, Gorbatschow solle auf seiner New-York-City-Besichtigungstour nicht den Trump Tower, sondern die Slums von New York besichtigen. Trump Tower sei nicht Amerika. Der Chef seiner vergötterten Sowjetunion, so bangt er, könne ein einseitiges Bild von diesen USA bekommen.
Ich, der Slums unkundig, laufe die gleiche Gefahr. Offenbar ist, was ich sehe, gar nicht Amerika. Wo kann ich hier Slums sehen, frag ich in Minneapolis, und wiedermal erweist sich, Minnesota liegt nicht in den USA. »Richtige« Slums? fragt man und will offensichtlich einer ähnlich haarsträubenden Bemerkung meinerseits vorbeugen, wie sie Solschenizyn angesichts eines Slums, der ein »falscher« gewesen sein mußte, tat. Die leben hier besser, äußerte er, als russische Arbeiter.

Um richtige Slums zu sehen, mußt du, bekomme ich Auskunft, nach Chikago fahren. Wie lange fahre ich bis dorthin? Ich hab mir für die Slums, was zynisch klingen mag, ein Wochenende vorgenommen.
Für zwei Tage, höre ich, ist das zu weit. Ich verschiebe die Slums auf irgendwann einmal. Bis dahin, so stellt sich auf dem Frankfurter Flughafen im Gespräch mit einem ehemaligen Arbeiter aus Dresden, derzeit arbeitsloser Staatsbürger der Bundesrepublik, heraus, war ich tatsächlich nicht in Amerika.
Er komme, halbverhungert, soeben von dort zurück. Ich wolle ebenfalls aus Amerika kommen? Er betrachtet mich skeptisch. Ich sehe so sauber und wohlgenährt aus.
WO warst du? frage ich verblüfft.
In Baltimore, Washington und New York. Diese Orte liegen angeblich in Amerika, er habe jedoch den Eindruck gewonnen, in Afrika gewesen zu sein. Denn Weiße habe er, die Flughäfen ausgenommen, drei Wochen lang nicht gesehen.
Jochen, bislang nur mit Reisen in sozialistische Länder vertraut, hatte einen Flug gebucht: Frankfurt, New York, Washington, Baltimore, Frankfurt. Vor den jeweiligen amerikanischen Flughäfen hatte er den jeweils schwarzen Taxifahrern jeweils mit drei Worten Englisch treuherzig erklärt, er habe als Arbeitsloser gegenwärtig kaum Geld und möchte deshalb bitte in die Gegend der Stadt mit den billigsten Unterkünften gefahren werden. Er hatte drei Städte mit Slums erwischt und wurde dreimal dorthin gebracht, wo sich augenscheinlich »richtige« Slums befunden haben mußten. Jochens Gesamteindruck war von Entsetzen geprägt: nur Dreck, sagt er, hab ich gesehen. Zerbrochne Häuser, wirbelnde Papierfetzen. Zum erstenmal hatte er Heimweh nach Dresden. Zu allem Überfluß wurde er, im Slum von Baltimore, auch noch seiner gesamten Barschaft

beraubt. Nach drei Tagen Hunger und Übernachtung in U-Bahnhöfen, brach er die Reise vorzeitig ab.
Warisch nu, fragt er mich, in Amerika oder ni?
Wer weiß, sage ich und zucke ratlos die Achsel. Was würde Gorbatschow nach seiner New-York-Sightseeing-Tour antworten?

3

New York, Washington, Baltimore liegen, so Jochens Eindruck, in Afrika. Über den Universitätscampus von Minneapolis spazierend, frage ich mich, ob ich nicht versehentlich nach Asien ausgewandert bin. Wo sah ich je so viele schlitzäugige Gesichter?
In den umliegenden Straßen dominiert der Duft nach chinesischer Küche, so verführerisch, daß selbst die in ihren Eßgewohnheiten heruntergekommenen Amis nicht umhinkönnen einzukehren. Was ist ein fetttriefender Hamburger gegen Mock Duck mit Broccoli?
Vermutlich hält sich ein Großteil Asiaten mit einem Studentenvisum in Amerika auf. Doch viel mehr als vermutet, erfahre ich, sind Amerikaner. Die einwandernden Asiaten integrieren sich mit rasender Geschwindigkeit. Ihre vor Fleiß und Intelligenz sprühenden Kids schnappen mit Leichtigkeit den hartschädligen amerikanischen Farmerabkömmlingen die Leistungsstipendien weg.
Auf einer Lehrertagung in Saint Paul zeigt die vor 20 Jahren in die USA eingeheiratete und von der Natur etwas stiefmütterlich behandelte Hamburgerin Renate mit einem überschwenglichen Kommentar ein Foto von ihren Kindern herum, ein Zwillingspärchen.
Mann/Frau blickt erstaunt auf das Lichtbild.
Ist Ihr Mann, kommt verlegen die Frage, Chinese? Oder haben Sie die Kinder adoptiert?

Warum adoptierten Sie ausgerechnet Kinder asiatischer Abstammung?
Ach, wissen Sie, sagt Renate trocken, mein Mann ist schwarz und wollte kein weißes Kind adoptieren. Ich wollte kein schwarzes, so einigten wir uns auf gelb.
Warum lügen Sie, frage ich Renate später auf einem Spaziergang, ich saß neben Ihnen und sah zufällig Ihre anderen Fotos. Ihr Mann ist weiß.
Auf dumme Fragen, sagt sie, gebe ich gewöhnlich dumme Antworten.
Renate wollte nie Kinder, eingedenk ihrer eignen, unerfreulichen Kindheit. Da wurde ihr Mann, ein GI, auf Taiwan stationiert, sie lebten dort einige Jahre. Eines Tages besucht Renate eine Ärztin, die händeringend neben einem Körbchen mit zwei Neugeborenen steht. Ihre obdachlose und halbverhungerte Mutter habe sie ausgesetzt. Wohin damit? Sie selbst könne sie nicht behalten. Ach, wissen Sie, sagte Renate forsch, meine Freundin in Hamburg möchte ein Kind adoptieren. Der bring ich sie. Nach einer Schlacht durch bürokratisches Gestrüpp erhält sie die nötigen Genehmigungen zur Aus- und Einfuhr von Kindern, fliegt nach Hamburg, wo die Freundin nach einem Blick in den Korb den Verstand verliert: Von zwei Kindern, noch dazu farbigen, sei nie die Rede gewesen. Renate ficht ein weiteres Mal mit Bürokraten, fliegt samt Korb zurück, fragt verzweifelt ihren Mann, was tun? Gib her, sagte der, guckt ins Körbchen, adoptiert.
Unterdessen sind die Kinder neunzehn, haben wegen außergewöhnlicher Intelligenz Schulklassen übersprungen, studieren in Yale. Aber das Wichtigste ist, sagt Renate, sie sind so gut. Solche Kinder, sie schluckt, hätten wir selbst nie zustande gebracht.
Derlei Geschichten über asiatische Wunderkinder höre ich häufiger. Ist's Fleiß? Ein besondres Gewürz im Gehirn?

Asien, heißt's, gehört die Zukunft. Und ich, frischgebackne Amerika-Einwanderin, denke erleichtert, glücklicherweise ist dieses Land hinreichend asiatisch bestückt. In fünfzig Jahren wird der Präsident der Vereinigten Staaten asiatischer Abstammung sein. Irre ich mich, wie ich mich bei Bush und Dukakis geirrt habe?

4

An dieser Stelle sollte vom berühmten Wetter Minnesotas die Rede sein und meiner nachträglich erwachten großen Liebe zum Golfstrom. Indes, der Sprecher eines öffentlichen Fernsehprogramms Minnesotas preist soeben in den Nachrichten ein Gerät (für 500 Dollar) an, das mir erwähnenswert scheint. Melancholie, verdrießliche Stimmung, ja Weltschmerz, vom Wetter Minnesotas etwa hervorgerufen, ziehe es aus dem Gehirn. Eine Stunde täglich verbringen Sie vor einer speziellen Lampe (eine Frau, augenscheinlich ihrer Fettleibigkeit wegen nicht gut gelaunt, führt's vor), und siehe da, Sie lachen wieder. Ein Faschingsscherz? Der Sprecher, will mir scheinen, meint es ernst. Zieht sogar eine wissenschaftliche Autorität heran. Die dicke Frau lacht nach der zwanzigsten Behandlungsstunde demonstrativ zur Beglaubigung. So sei sie, äußert sie zufrieden, wieder GESELLSCHAFTSFÄHIG. Liegt, durchschießt's mich bei dem letzten Wort, Amerika in der DDR? In jenem Land (wo liegt das gleich?) gilt ebenfalls Weltschmerz als unangebracht. Einst war mir jedenfalls auf einer FDJ-Versammlung vorgeworfen worden, mein bereits wochenlang hängender Kopf zeuge von mangelndem Klassenbewußtsein, was den Tatbestand indes verschlimmerte. Mein Kopf hing, erschüttert, noch tiefer.

Wäre mir, denke ich, statt der nachdrücklichen Aufforderung, optimistischer dreinzuschaun, als ein Wink mit dem Zaunpfahl diese Maschine empfohlen worden, ich hätte sie, vermutlich, vor Lachen nicht nötig gehabt.
Amerikas Wunderglaube an die Technik! Sollte sich herausstellen, die Dürre des letzten Sommers rühre in der Tat, wie Wissenschaftler wissen wollen, vom Treibhauseffekt her, schösse in Amerika ein neuer Industriezweig aus dem Boden. Man würde, statt zu überlegen, wie der teuflische Effekt zu bremsen sei, zur seelischen Beruhigung der Farmer hochtechnologisch ausgetüftelte Geräte bauen.

5

Minnesota, haben wir gehört, liegt möglicherweise nicht in Amerika, welches wiederum in Afrika oder Asien vermutet wird, wenn nicht gar, haha, in der DDR. Meine Geographiekenntnisse verwirren sich. Der gute fremde Blick geht weg. Ich veramerikanisiere. Wird Deutschland, wenn's so weitergeht, auf einer Insel zwischen Japan und den Philippinen liegen?

Nachtrag: Der Herbst Minnesotas.
Die Laubfärbung der amerikanischen Bäume ist intensiver, schwärmte meine Kollegin (Österreicherin). Hast du Minnesotas Herbst gesehn?
Ich warf einen Blick aus dem Fenster. Übereinandergetürmt die rostroten Backsteinklötze der University, die wievieltgrößte der USA? Nach dem eben Gehörten kroch in mir heute bei diesem Anblick so etwas wie Grauen hoch. In einen Park, beschloß ich! Sofort nach dem Unterricht. Meine Studenten legten mir den Como-Park ans Herz.
Ich nahm den Bus, dessen Route, meinen Kartenlesekünsten

nach, den Como tangieren müßte. (Da ich gleich mächtig über die Amis herziehen werde, sei der Gerechtigkeit halber vorweggeschickt, ich hatte die Karte verkehrt gelesen! Der Bus pflegte mitnichten am Como vorbeizufahren, brachte mich jedoch nichtsdestoweniger an mein Ziel. Der Busfahrer beratschlagte nämlich, über den Stadtplan gebeugt, mit den Passagieren, wie mir zu helfen sei. Mit allseitigem Einverständnis verließ das Gefährt seine tägliche Route. Als ich am Como ausstieg, wurde mir sogar gewinkt.)
Der Como also. Mit geweiteter Seele wandte ich mich ihm zu. Wo war er? Nach einem Schild mit dem Namen des Parks, begann eine Straße, mit Staub und Knüllpapier verziertes Gebüsch säumte sie beiderseits. Ungeduldig tappte ich dahin. Straßenkreuzer und japanische Sportwägelchen rollten, anscheinend heiter, an mir vorüber. Wenigstens, gestand meine Trabant-gewohnte Nase zu, dufteten die Abgase erträglich. Gigantisch trat ein Parkplatz in mein Blickfeld, den kleinere Straßen strahlenförmig verließen. Ein Picknickplatz mit Bänken und Geräten zum Würstchengrillen. Dahinter eine weite Grünanlage, auf die ich mich, selbstredend, stürzte. Zerzaustes Gesträuch hier und da, hübsch knüllpapiergeschmückt. Rasenmähmaschinen sowie Golfspieler auf ihren motorisierten Wägelchen ratterten an mir vorüber. Endlich ein Gewächs, das ich als Baum bezeichnen konnte – umkreist von einer Blätterkehrmaschine. Knirschend stürzte sie sich auf jedes herabsegelnde Blatt. Nach der Grünanlage abermals ein Parkplatz, akkurat mit weißen Linien unterteilt. Makellos aalte er sich in der Sonne. Ihn löste das gemauerte Bett eines künstlichen Teichs ab. Betonputten. Dann wieder ein Stück Grünanlage (mit Baum samt Blätterkehrmaschine), von der aus ich, mein Herz schlug höher, den See schimmern sah. Bevor ich ihn erreichte, wurde mir abverlangt, durch aufgebaggertes Erdreich zu stapfen. Dumper, Bagger lärmten. Es roch nach

Teer. Was baute man? »A parking lot!« Das Seeufer säumte, wie könnte es anders sein, ein breiter Asphaltstreifen. Hin und wieder eine Weide, sie schienen echt. Ich reihte mich, tief durchatmend, in die Kette der Geher und Jogger ein, die mit Reebok- oder Nike-Sportbekleidung und natürlich Walkmen uniformiert, förmlich exakt im selben Atemrhythmus keuchend den See umkreisten. Bald unterschied mein Blick Federvieh. Gänse, tatsächlich, ein ganzer Pulk! Ich setzte mich, um mich an ihrem Anblick zu erquicken. Jede Gans, mußte ich gewahren, trug ein Schild mit einer Nummer um den Hals. Ein Kind fütterte Nummer 13, Nummer 7 schnappte der 13 einen Happen des Sandwiches weg. Das Kind quiekte entzückt. Müde, verarbeitet, wie durch eine Unzahl Generatoren gedreht, schwappte Wasser. Dieser See, sah ich ein Schild prahlen, friert niemals zu. Ich plagte mich noch eine Weile vorwärts, bis sich ein Restaurant zeigte. Ein Taxi, bat ich, bitte rasch! Dreizehn Bäume, rechnete ich auf der Heimfahrt, hatte ich gesehn. Ich kam noch rechtzeitig. In ein paar Jahren würden sie aus Kunststoff sein.

Was macht ihr im Park, fragte ich tags darauf meine Studenten. Na was schon, to cruise (spazierenfahren). Wahrscheinlich, dachte ich, reicht das Restaurant standardisierte Menüs den vorbeicruisenden Autos durchs heruntergekurbelte Fenster.

Mitleidig nahm mich die Österreicherin im Auto mit aus der Stadt. Nach weniger als einer Stunde drangen wir, zu Fuß, in urwaldähnliche Vegetation vor. Beglückt gewahrte ich, Stämme befühlend, daß Bäume Lebewesen sind, von Efeu und Reben umschlungen. Die Farben des Laubs explodierten in einem Feuerwerk, das für meine europäischen Augen neu war. Gleichmütig prunkte See um See mit seinem Spiegelbild. Zu allem Überfluß tat ein Prachtexemplar von Bussard hoch droben weiche, gleichmäßige Schwünge. Was beschlossen wir in stummem Einvernehmen? Kein amerikanisches Auge je auf diesen Fleck hinzuweisen. Andernfalls würde der Bussard in einigen Jahren ferngesteuert und aus Papier sein. Die Seen ihres Schilfgürtels beraubt. Das Wasser seiner Fähigkeit, oder was es auch immer sei, zu spiegeln. Und die Bäume?

Verehrte Amis, dozierte ich in Gedanken während der Heimfahrt. Um es geradeheraus zu sagen, ein Park ist ein weiträumiger GARTEN, vornehmlich sind Bäume seine Bestandteile. Wissen Sie, was Bäume sind? Der Anschaulichkeit halber beschrieb ich die in Sanssouci, meinem Lieblingspark, wo es nach Laub und Heu roch statt nach Teer und standardisierten Menüs. Doch hatte es, so fiel mir ein, in Sanssouci nicht auch, penetrant, nach etwas anderem gerochen? Etwa nach der, einen Katzensprung entfernten, Bezirksleitung der Partei? Die mich, nach Kenntnisnahme eines meiner Manuskripte, in einem Maß verschreckt hatte, daß es mich einen Herzanfall kostete. Roch es im Como nach Angst? Unverzüglich schlug ich mir aufs deutsche besserwisserische Maul.

Tage später sagte ich zu Hause nebenhin, wie unvernünftig gehn doch die Amis mit ihrer Natur um. Nicht nur mit der Natur, erwiderte mein Mann. Gehn sie mit irgendwas vernünftig um? Was willst du? Man muß sich entscheiden. Freiheit ist stets unvernünftig. Beginnst du zu reglementieren, erlaubst nur, was vernünftig ist, gibt es keine Freiheit mehr.

Alaska, 1990

– Aufgeräumt! verkündet Exxon, nachdem ein Jahr lang buchstäblich jeder ölverschmierte Stein um den riesigen Prinz William Sund (nicht zu vergessen die Inseln) mit Lappen und Bürste geschrubbt worden ist.
– Stichst du am Ufer in den Sand, klagt J., der Fischer, stößt du auf Ölnester. Gesäubert wurde lediglich die Oberfläche.
– Enormer Fang dieses Jahr, prahlt Exxon, das Tankerunglück hat den Lachsen nichts getan.
– Was aber, fragt J., ist in ein, zwei, drei Jahren, wenn wir den jungen Lachs, der während der Ölkatastrophe durch den Sund in die Meere hinausschwamm, zurückerwarten? (Ein Lachs zieht nach der Geburt in die Welt, nach zwei bis fünf Jahren treibt's ihn zum Sterben nach Hause zurück. Die enorme Menge Fisch dieses Jahres passierte mithin den Sund, als er relativ sauber war.)
– Möglicherweise fangt ihr dann mehr Fisch, gibt Exxon ungeniert zu verstehn, sind doch die Vögel und Seeottern, berüchtigte Fischfresser, an unserem Öl verreckt...

Ölpest im Wildlife-Paradies. Alaska verliert seine berühmte Unschuld. Verlor es die nicht bereits, als seine weißen Lehrer Indianer- und Eskimokindern den Mund mit Seife auswuschen, wenn sie ihre Muttersprachen benutzten, bis diese verlorengingen? Nun werden die Sprachen betrauert, neben krampfhaften Wiederbelebungsversuchen von seiten des Staates. In den Dörfern im Busch, zwischen windschiefen Grabkreuzen, Iglus, jaulenden Hundemeuten, ein Superstore, der in Texas oder Florida mit seinen Reklameschildern ebenso protzen könnte. Doch im allgemeinen siehst du

Alaska nur schwer die verlorene Unschuld an. Im Bach vor lauter Fisch kaum Wasser. Ein Braunbär grapscht sich einen Lachs, beißt das Stück Bauch mit dem Rogen heraus. Im Hafenbecken von Valdez schnellt eine grauschuppige Kreatur unausgesetzt aus dem Naß, als wär's ihr zu eng da drin. Nicht zu reden von den Gebirgen Alaskas, deren Anblick deiner Kehle stets von neuem lächerliche Laute entlockt. Ein Traum von schneebedeckten Gipfeln. Blauschimmernde Gletscher. Gewaltige Regenbögen. Die Fata Morgana des Mount McKinley, bei dessen Anblick sich selbst die Einheimischen stets von neuem ungläubig die Augen reiben. Von allen Bergen dieser Welt, so höre ich die vielgereisten Japaner und Westdeutschen rufen, verdiene dieser da die Goldmedaille. Und mein Neid auf all das, was sie sahen und ich nicht sah, beginnt sich ein klein wenig zu verringern.
Jedes neue Ereignis im Leben strukturiert die Bedeutung aller vorangegangenen Ereignisse um. (Wie Amerika etwa ein völlig anderes für mich wird, seit die deutsch-deutsche Grenze fällt und ich mich an Amerika nicht mehr wie an einen Rettungsring anzuklammern genötigt sehe.) Gilt dies ebenfalls für die Bedeutung der Versäumnisse, frage ich mich, während die Vielgereisten meinen Berg hier preisen. Dann könnte ich mir die Jagd um die Erde sparen, zu der mein Fernweh mich stets anzutreiben pflegt. Führe doch, ruft es allenthalben, die Jagd nach dem schönsten Berg, schönsten See, schönsten Tier am Ende wahrhaftig nach Alaska! Und hier schweife ich derzeit, so heftig Ausschau haltend, herum, daß ich fürchte, mein Blick nutzt die Schönheit Alaskas ab.
Nicht die Schönheit (die hast du auch in der Schweiz), die spirituality Alaskas präzise sei es, die ihr hier nicht mehr abzureisen gestatte, erzählt mir eine Hamburger Ärztin, die seit Jahren in Fairbanks lebt. Wobei bitteschön spirituality nicht mit Spiritualität übersetzt werden dürfe, das deutsche

Wort treffe nicht, was sie meint. Die Nähe der Frühgeschichte, der ungezähmten Natur. Wo in Europa fürchtest du dich noch wirklich vor einem Tier? Hier dagegen, geh besser nicht ohne Tränengasspray in den Wald. Verschreckst du ahnungslos einen Grizzly, malträtiert er dich mit Sicherheit.

Genug des Augenlustgestöhns, ermahne ich mich ständig, angesichts der Umweltgefährdung sowie der Situation der Eingeborenen. Letztere wurden durch die Ankunft des Kapitalismus aus ihrem Leben als Fischer und Jäger herausgerissen. Das Geldverdienen verstehen sie schlecht. Also saufen sie sich in den Tod, um die Brüche in ihrem Selbstwertgefühl zu kompensieren. All dies weiß ich aus Gesprächen, Zeitungen, Büchern. Doch wie nirgendwo sonst leide ich an der Unmöglichkeit, das, was ich weiß, und das, was meine Sinne mir vermitteln, unter einen Hut zu bringen. Allzu versorgt und zufrieden sehen die Eingeborenen aus, die ich übrigens kaum zu unterscheiden vermag von den restlichen Einwohnern Alaskas. Scheinen ihre Wangenknochen breiter, die Augen ostasiatisch? Doch wer ist Alaskaner japanischer/chinesischer Herkunft und wer ein Eskimo? Die ganze Welt scheint sich in jedem der Gesichter zu begegnen. Eine Indianerin mit einem preußischen Vater sagt mir, meine Augen täuschten mich, weil mir hauptsächlich Frauen begegneten. Eingeborene Frauen, die das gleiche tun wie seit Jahrhunderten, Kinder aufziehn, Kochen, Handarbeiten und jetzt durch alle möglichen Fonds zudem sozial gesichert sind. Herausgerissen aus ihrer Lebensweise seien allein die Männer. Und jene verbergen sich vor dem Blick der Touristen, wenn sie saufend um ihre verlorene Möglichkeit trauern, sich als Mann zu beweisen.

Ein Kollege, Salonkommunist, schwärmte von der DDR noch kurz vor ihrem Zusammenbruch, jedesmal energisch den Kopf schüttelnd, wenn ich ihm von meinen Erlebnissen mit der Staatssicherheit erzählte. Greuelmärchen, die ich mir ausgedacht hätte. Komme er doch soeben von einem DDR-Urlaub zurück und müsse es besser wissen. Sahen, hörten und vor allem rochen Sie, fragte ich ihn verblüfft, nichts? Man riecht doch bereits, was los ist. Nicht allein das ökologische Desaster, man riecht auch die unausgesetzte Adrenalinausschüttung im Körper der Menschen, die DDR stinkt nach Angst. Aber der Kollege wollte nichts gesehen, gehört, gerochen haben. Ich fühlte, daß er seiner ideologischen Voreingenommenheit zuliebe log. Oder betrogen ihn seine Sinne? Wieweit reicht solch ein Betrug? Gefällt mir Alaska so gut, weil ich wollte, daß es mir gut gefällt? The last frontier Amerikas. Gruselt es mich nur deshalb nicht in diesem Teil der Welt, weil mich die Probleme Amerikas nicht selbst betreffen? Weil ich hier wohlgelittener Zaungast bin? Wir reden darüber, ich und der Fischer J. ... Ich frage ihn, ob es ihn gruselt, wie es mich in der DDR gegruselt hatte. Er verneint. Er ärgert sich über Exxon sowie über etliche andere Fischer, die einzig soweit etwas zur Erhaltung des ökologischen Gleichgewichts zu tun bereit sind, wie es ihr Einkommen sichert. Die Gier nach dem Geld. Indessen, hinderst du die Menschen daran, dem Geld nachzulaufen, sagt J., gieren sie an seiner Stelle nach Macht. Und dies erzeugt einen Zustand, der dich das Gruseln lehrt. Zwei Fehlentwicklungen epochalen Ausmaßes, gewiß. Die eine ist ärgerlich, die andere traumatisiert. Während wir sprechen, bildet sich in mir ein Sinn für den Begriff Verhältnismäßigkeit. Eine Ahnung von der verschiedenen Bedeutung meiner Erfahrungen im westlichen und im östlichen Teil dieser Welt, die augenscheinlich in so grundverschiedenen Fächern meines Innern aufbewahrt werden, daß diese Tatsache ihre Vergleichbarkeit ausschließt.

Darüber noch sinnend rolle ich in meinem Mietwagen weiter durch Alaska, ehrlich gesagt, ich hoppele eher, auf Schotterstraßen, dem räumlichen Ende der Welt entgegen, in einer Luft, die mir weismachen möchte, das zeitliche Ende sei noch unendlich fern. Das räumliche Ende? Das war's bis vor kurzem. Ein einzelner Mensch namens Michael, der Große, hat das Wunder vollbracht, den unermeßlichen Abstand zwischen Sibirien und Alaska auf einen Daumenbreit zu verringern; man springt hinüber und herüber, die Erde ist wieder rund, und Alaska liegt nicht mehr und nicht weniger als jedes andere Land in der Mitte.

Was wünsche ich Alaska? Daß ihm die Goldgräber nicht vollends das schöne Fell abziehen, eine Untat, bei welcher ich sie entlang der Bäche im Norden von Fairbanks ertappe, Streifen einer Mondlandschaft und ausrangierte Monster von Goldbaggern hinter sich lassend.

Daß es sich die Weisheit seiner Eingeborenen zu Herzen nimmt, die einst nicht einen Teelöffel voll Abfall produzierten. Sogar die Fischköpfe verwendeten wir, erzählt mir eine Tlingit-Indianerin, kochten Suppe aus ihnen.

Daß die Zeit vergeht und jene Sorte Einwanderer (meine Bekannte in Fairbanks nennt sie die Mengeles) abkratzt, die mit Bierkrügen anstößt, um tränenselig zu verkünden: Polen den Deutschen!

Daß weiter vorwiegend jene ihr Zelt hier aufschlagen, die in der Wirtschaftswunderwelt der spiegelglatten Highways nicht zurechtkommen und es vorziehn, in Alaska vor der Tür ihrer Hütte zu sitzen. Wozu? Um der Welt zuzusehn und dabei gründlich über sie nachzudenken.

Was wünsche ich Alaska darüber hinaus? Daß die Lachse stetig gesund aus den Weltmeeren wiederkommen, in die Netze der Fischer Cordovas. Auch wenn die übermütig wurden, vor lauter dicken Reinemachdollars, mit denen Exxon ein Jahr lang um sich geworfen hat, so daß die

Lachse sich sagen müßten: Lassen wir die ruhig mal mit ihren nagelneuen Booten einen Sommer lang vergeblich auf uns warten.

Utah oder Amerika nach vier Jahren, 1991

1

Neue Augen schenkt dir ein neues Land – die es dir, kaum hast du dich eingelebt, wieder nimmt. Das passiert jedenfalls, funktionierst du wie ich als Funktionsträger in einer Universitätsmaschinerie. Als Rädchen im Getriebe vergeht dir der staunende Blick!
Verging er so rasch, weil die akademische Welt, in der ich mich aufhalte, der in Europa so vertrackt gleicht? Freilich, ich holte Marx vom Sockel und bugsierte statt seiner Lacan hinauf, den ich am Anfang jeder Arbeit anzurufen habe, so wie Horaz die Musen anrief. Der Sockel blieb. Der einzige Unterschied im Umgang mit den Göttern: daß jene in unserer Fakultätsbücherei (in diesem Fall ein gipserner Goethe und Schiller) je eine Schirmmütze tragen. Diese Spur Ironie ändert aber nichts daran, daß mir unter den Ritualen der Theorie die wirklichen Menschen auf die Größe eines Stecknadelkopfes zu schrumpfen scheinen, abstrakte Figürchen, deren wirkliches Leben uns wenig schert. Fahre ich durch ein Reservat und sehe die wenigen überlebenden, deshalb unter Denkmalschutz stehenden Indianer in ihren Kneipen und Bingohallen dahinvegetieren, schäme ich mich zu Tode über unsere akademische Selbstbefriedigung. Freilich dürfen die Ureinwohner Amerikas studieren, bekommen die Stipendien buchstäblich nachgeworfen, doch wozu? Um sie in die weiße Kultur einzupassen! Und sie schämen sich, denn es scheint, als wären sie ohne die weiße Kultur nichts wert. Mit welchem Recht bläht sich unsere weiße Kultur, deren Funktionsträger ich bin, derart selbstgerecht auf? Wir Akademiker wissen, sie simuliert nur; mittels postmoderner

Denkmethoden versuchen wir, die Muster dieser Simulation zu zerstören. Dieser Versuch indessen, innerhalb der bürokratischen Apparate, wie z.B. der Universität, wird selbst zum Triebwerk ihres Funktionierens. Noch im Dagegendenken sind wir ein Teil des Apparats. Wer publiziert die meisten Artikel?, dieser Schlachtruf auf dem akademischen Markt vernichtet die mögliche revolutionäre Relevanz jedes einzelnen Textes von vornherein.

Mit derlei Frustration angefüllt, breche ich mit Auto und Zelt gen Westen auf, ins Land der Cowboys, die Ritter Amerikas, der roten Felsen, der wassergrünen Salbeibüschel. Eine Welt, in der man, wie ich höre, über uns Bücherwürmer allenfalls witzelt. Eine Reise durch lauter Freundlichkeit. In einem Zeltlager bitte ich zum Frühstück den Küchenchef, mir für das Mittagessen ein Lunchpaket mitzugeben. Das hätten Sie gestern vorbestellen müssen, weist er mich ab. Zehn Minuten später, ich sitze über meinen Haferflocken, bringt er mir eine gigantische Tüte: Bitte, eine Kleinigkeit, aber das nächste Mal rechtzeitig Bescheid sagen! Zwei mit Truthahnfleisch belegte Sandwiches, eine Büchse Orangensaft, Nüsse, Kartoffelchips, eine Tafel Schokolade... Oder: ich will einen Hammer kaufen, um die Heringe um mein Zelt leichter einschlagen zu können. Vier verschiedene Hämmer legt mir im Yellowstonepark eine Verkäuferin vor, allesamt sind sie mir zu teuer. Wozu brauchen Sie denn einen Hammer? Ich erkläre es. Dafür genügt, sagt die Verkäuferin lächelnd, ein Stein. Sie bittet eine Kollegin, ihre Kasse zu übernehmen, stöckelt vor die Tür, sucht einen schönen runden Stein aus, schlägt ihn mir in Glanzpapier, mit einer Schleife drauf, ein. Aber nehmen Sie ein Glöckchen mit, zum Schutz gegen die Bären! Ich zahle für das Glöckchen. Viel Glück beim Zelten! »Die routinierte Zuvorkommenheit der Amerikaner«, diese herablassende Bemerkung entdecke ich, vor meinem Zelt sitzend, im Buch eines westdeutschen Autors. Ein Fehlurteil! Die Freundlichkeit ist echt. Mag sie auch daher rühren, daß ein Amerikaner sein Sozialgefühl nicht an den Staat zu delegieren vermag wie ein Deutscher, wo man Steuern dafür zahlt, daß sich staatliche Ämter um die Bedürftigen kümmern. Ein Ami kümmert sich, möglicherweise in Ermangelung solcher Ämter, persönlich. Die Hilfe kommt von Herzen.

Der herablassende, großspurige, bisweilen gehässige Ton des Buches, in dem ich lese, genügt mir, erleichtert darüber zu sein, daß ich in diesem Sommer nicht nach Deutschland fliege, jenem überfüllten Hühnerhof, dessen Bewohner einander sozialneidisch die Federn aushacken und dabei meinen, am deutschen Wesen solle die Welt genesen. Die Amerikaner gehen, diese erste Beobachtung bestätigte sich während der letzten vier Jahre, spielerisch mit dem Kapitalismus um. Kaum Sozialdarwinismus, wie ich ihn in der Bundesrepublik beobachtete. Weil sie ewig Kinder bleiben, höre ich eine westdeutsche Stimme erwidern, ein Amerikaner wird nie erwachsen! Ich antworte darauf: Gewiß, doch na und? Allein durch Schmerz, Desillusionierung trittst du in die Zunft der Erwachsenen ein. Wenn die Alte Welt der Neuen vorwirft, nicht erwachsen zu werden, macht sie ihr meines Erachtens damit ein Kompliment. Noch immer, auch nach vier Jahren, dabei überrasche ich mich bei aller Ernüchterung, nehme ich die USA in Schutz. You don't love America because, sagt Faulkner, you love it despite, not for the virtues, but despite the faults. Meine Liebe zu Amerika ist ebenso strukturiert, obschon Amerika nicht, wie in Faulkners Fall, mein Heimatland repräsentiert. Über diesen Fakt klage ich übrigens nicht mehr, nehme ich doch, während durch meine Alpträume noch immer die Fratze der DDR-Staatssicherheit grinst, Amerika nicht selbstverständlich. Und gerade dies hält mein Denken beweglich, meine Windflüchtersituation. (Allzustarke Widerstände gewöhnt, muß ich mich freilich bisweilen in den Arm zwicken, um die subtileren der bürgerlichen Demokratie überhaupt wahrzunehmen.) Derart denke ich auf einem Stein sitzend vor mich hin, bis mich die gewöhnliche amerikanische Neugier meiner Zeltnachbarn aufstört. Wie ich heiße und woher ich komme. Mit meinem Namen brechen sie sich, wie gewöhnlich, die Zunge. Auf die Information hin: aus Ostdeutschland, überschütten sie mich mit tausend Fragen, die ich, so sachlich wie möglich, beantworte. Aha, schlußfolgert der Mann, an seine Gattin gewandt: Die Befriedigung der Habgier war dort also möglich, nur nicht für alle. An diesem Widerspruch scheiterte jenes System. Zwei Stunden später lauert mir tatsächlich auf einem Waldweg ein Grizzlybär auf. Ich schüttle mein Glöckchen in Panik, das zottige Ungetüm dreht sich, macht sich davon.

2

Utah. Der Mormonenstaat. Interessanterweise derzeit der einzige Bundesstaat ohne eine Rezession, die Wirtschaft boomt. Weil wir Mormonen nicht trinken, nicht rauchen, nicht fremdgehn, so begründet es ein alter Mormone, den ich samt einem Haufen Kinder, Schwiegerkinder und Enkel auf einem Zeltplatz am Brycecanyon treffe. Gleich nach meiner Ankunft hatten er und eine seiner Töchter mir geholfen, mein Zelt aufzubauen – als sei dies das Selbstverständlichste der Welt: Ein Fremder kommt auf den Zeltplatz, man geht hin, stellt sich vor und baut ihm das Zelt. Ich werde zu Tisch gebeten, während ich gerade dabei bin, mir einen Kaffee zu kochen. Die alte Mormonin: Genieren Sie sich nicht mit ihrem Getränk! Während ich schuldbewußt am sündigen Gebräu nippe, fragt ein Enkelkind in die Runde: Warum trinken wir keinen Kaffee? Ihr Großvater: Weil Gott es

nicht wünscht! Ihr Vater: Weil es nicht gesund ist! Welch ein Unterschied zwischen den Generationen, denke ich, wie auch jener, daß mir die Alten sogleich ein Buch Mormon schenken und die Jüngeren skeptisch darüber lächeln. Diese Jüngeren sind wohlbemerkt in meinem Alter. In den folgenden Tagen werden mich auf jedem Zeltplatz Utahs zu meinem Erstaunen Dutzende Achtzehn- bis Zwanzigjährige zu missionieren versuchen. Daß ich noch eines Gottes entbehre, hatte sich rasch herumgesprochen, und vor allem, daß ich von allen Sünden, die die Kirche der Heiligen der letzten Tage geißelt, nur dieser einen, harmlosesten, fröne, für die es zudem einen Ersatz gibt. (Bitte, koste, schmeckt es nicht wie Kaffee? Na, siehst du!) Folgerichtig stürzen sich die jungen Missionare auf mich, so wie ich mich mit 16 auf jeden ideologisch noch Ahnungslosen gestürzt hatte, um ihn von der historischen Mission des Proletariats zu überzeugen.
Statt Lenin ein Joseph Smith aus dem Staat New York, dem statt des Geistes der Weltrevolution ein Engel Moroni erschien und ihm von Goldenen Platten erzählte, die Joseph 1827 auch erhielt, samt einer Instruktion, den Inhalt der Platten aus dem Ägyptischen ins Englische zu übertragen – Gott persönlich habe ihm dabei geholfen. Ergebnis: Das Buch Mormon, das die Geschichte der Vorfahren der Indianer auf dem amerikanischen Kontinent zu erzählen vorgibt, Israeliten, 600 vor unserer Zeitrechnung nach Amerika ausgewandert. Jesus persönlich habe sie nach seiner Auferstehung hier besucht – überliefert in den indianischen Religionen als der weiße, bärtige Gott, auch Quetzalcoatl genannt, sein Symbol die gefiederte Schlange. Und woher sonst die »wahre« Doktrin der Indianer, wonach jeder Mensch einen Vater und eine Mutter im Himmel habe? Das Buch Mormon also, mit dem Alten und dem Neuen Testament zusammen als die Heilige Schrift verehrt, eine Art dritter Band der Bibel, und selbstverständlich wurde der arme Joseph von Chri-

sten jedweder Couleur dafür angefeindet, ähnlich wie meine Wenigkeit und meine Studienkumpels angefeindet worden wären, hätten wir unseren Traum verwirklicht, einen vierten Band des KAPITAL zu schreiben – die Marxsche Analyse angewendet auf die Situation des realexistierenden Sozialismus der DDR. Aus Angst vor den Folgen unterließen wir das Sakrileg – Joseph war der Feigheit nicht erlegen und verwirklichte seine grandiose Phantasie. Folgerichtig wurde er, ich zitiere die jungen Mormonen, »vom Mob erschlagen«. Was sie mir verschweigen, ist, daß nach der Flucht der Mormonen von New York nach Ohio, von Ohio nach Missouri, von Missouri nach Illinois, der Gouverneur dieses letzteren Bundesstaats, eingedenk der amerikanischen Religionsfreiheit, den Mormonen in ihrer neugegründeten Stadt Navoo am Mississippi jedwede Rechte zugesichert hatte. Joseph wurde zum Bürgermeister sowie Chef einer 3000 Mann starken Polizei gekürt. Indessen, wozu benutzte er diese? Er benutzte sie selbstherrlich, um »Dissidenten«, Mormonen wie er selbst, Bürger seiner Stadt, die sein religiöses Dogma zu hinterfragen wagten, mittels ihm verliehener Gewalt zu züchtigen: die gesamte Ausrüstung der Redaktion ihrer Zeitung samt Druckerei schlagt entzwei! – Ein Schrotthaufen blieb... Nicht Josephs Blasphemie mithin, sondern die Übertretung seiner Grundpflicht als amerikanischer Bürger, die Achtung vor dem Privateigentum, setzte den »Mob« in Bewegung. Joseph, ein genialer Visionär, ein Stalinist im Puppenstadium, glücklicherweise war es ihm nicht gegönnt, länger eine Polizei zu beaufsichtigen. Fünf Millionen Mormonen dieser Welt verehren ihn als Propheten; was Polizeigewalt betrifft, unterdessen weit sanfter gestimmt, weshalb sie eine Zukunft haben werden, die Stalinisten nicht. Nur »überzeugen« wollen die Mormonen. Willst du dich nicht von ihrer »Wahrheit« überzeugen lassen, dann ziehe in Gottes Namen gesund dahin, sie geben dir Wegzehrung mit.

Und zugegeben, wie ironisch ich auch das Gesicht verziehe, während die jungen Missionare auf mich einschnattern, eine gewisse Größe kann ich Josephs Phantasie nicht absprechen. Eine Phantasie über ein Reich Gottes auf Erden, von den Mormonen »Zion«, von den Ideologen, die mich erzogen, die »klassenlose Gesellschaft« genannt. Ich bin unterdessen alt genug, um zu wissen, daß die strikte Verfolgung solcher sozialer/ästhetischer Phantasien zwangsläufig zu Terror führt. Deshalb lehne ich sie ab, doch klingen sie in den Ohren nicht schön?

3

Pikanterweise schloß Josephs Entwurf der perfekten Gesellschaft auf Erden, in der Menschen lediglich für ihre eigenen Sünden und keineswegs für »Adams Übertretung« gestraft werden sollen, die Polygamie ein, Vielweiberei. Als Erotomane besaß Joseph, so höre ich in Utah flüstern, der »Weiber« an die zwanzig. Ende des letzten Jahrhunderts gaben die Mormonen per Dekret diese Anweisung, mehrfach zu »heiraten«, auf, aus moralischen Erwägungen, wie sie sagen; in dieser einen Hinsicht habe ihr Joseph geirrt. In Wirklichkeit vollzogen sie einen Akt des Opportunismus. Nach einem Jahrhundert der Verfolgung wollte man endlich akzeptiert werden, und die Welt ringsum huldigte der puritanischen Frigidität (was bis heute der Wahrheit entspricht). Leider, so hörte ich, halten sich nicht alle Mormonen an dieses neue Gebot; eine ganze Stadt sogar, o weh! Selbstverständlich seien die abweichlerischen Mormonen dieser Stadt von der Kirche längst exkommuniziert worden. Den Namen dieser Stadt, man flüsterte ihn förmlich. Neugierig brach ich sogleich dorthin auf.
In Colorado City, der Stadt der fundamentalistischen Mor-

monen, eingekeilt zwischen orangefarbene Wüste und rote Felslandschaft, habe ich den Eindruck, mich in eine Kleinstadt in Rußland oder Rumänien verirrt zu haben, eine Spur verlottert zeigt sich alles. Als mich der Bürgermeister darüber aufklärt, daß in dieser Stadt Gemeineigentum vorherrscht (alles Land gehört der Kirche), erklärt sich mir dieser Eindruck: wo keinem etwas gehört, fühlt sich keiner verantwortlich. Die Frauen dieser Stadt – in lange, weiße Spitzenkleider aus dem vorigen Jahrhundert gehüllt, hochgesteckte Zöpfe. Hier steht, begreife ich, die Zeit still, wenn diese Mormonen auch moderne Autos fahren und keineswegs Pferdewagen wie die Amish in Pennsylvanien (Nachfahren der Wiedertäufer), bei denen ebenfalls die Zeit stehengeblieben ist – mitten in der hektischsten Industriegesellschaft der Welt. Was wollen Sie noch wissen, raunzt mich der Bürgermeister an, wir mögen hier keine Gäste. Und er kommt meinen Fragen zuvor, indem er aufzählt, wie viele Frauen er und seine Nachbarn besitzen, eine jede mit ihren Kindern (so viele Nachfahren wie möglich ist das Ideal) in einem eigenen Haus, die Eifersucht verliere sich nach wenigen Jahren. Und jawohl, er war wegen Polygamie im Gefängnis, das letzte Mal in den fünfziger Jahren. Obschon er sich als ein amerikanischer Patriot sieht (die Mormonen, die ich traf, prahlten unangenehmerweise allesamt damit, sehr patriotisch zu sein, im Unterschied zu den Amish und Hutterern, die strenge Pazifisten sind), nehme er es sich heraus, Amerika offen zu kritisieren. »Schreiben Sie das ruhig (er hält mich für eine Journalistin) in Ihre Zeitung!« Zwar werden sie, die Fundamentalisten des mormonischen Glaubens, heute nicht mehr verhaftet, doch einer jungen Frau aus Kanada im Ort, mit einem der Männer verheiratet und Mutter von acht Kindern, wird die Verlängerung der Aufenthaltsgenehmigung verweigert, weil ihr Mann bereits mit fünf anderen Frauen verheiratet ist. Schikane! Wir schimpfen im Chor

auf die amerikanischen Einwanderungsbehörden (auf diesem Feld bin ich Spezialistin), ich sage: Meiner Beobachtung nach sind die Amerikaner von Natur aus keine Bürokraten. Müssen sie es notgedrungen sein, d. h., verdienen sie ihr Brot in einer Einwanderungsbehörde oder in einem Konsulat, gehen sie mit den Menschen um wie Kinder, die ungerührt Frösche aufblasen. Ich erzähle ihm von meinen diesbezüglichen Erfahrungen. Damit gewinne ich seine Sympathie, die ich sogleich wieder verliere mit meiner Frage, ob seiner Religion zufolge auch Frauen mehrere Männer heiraten dürfen – wenn schon, denn schon! Das wäre unmoralisch, meint der Patriarch, schaut auf die Uhr und schmeißt mich raus.
Und daß ich ja nicht etwa in der Stadt oder der Umgegend mein Zelt aufbaute! Es ist stockdunkel, als ich sein Büro verlasse, ein Hotel besitzt diese Stadt nicht, ratlos fahre ich ins nächste Dorf, wo ich beim Wenden auf einem Feldweg im Sand steckenbleibe. Ich klopfe an einem Haus, dessen Bewohner sogleich den Traktor anspannen und mich befreien. Zudem bieten sie mir ein Gästezimmer zum Übernachten an. »Normale« Mormonen, voll der üblichen amerikanischen Gastfreundschaft; über die Stadt, aus der ich eben komme, sprechen sie, als trügen deren Bewohner Hörner. »Die haben Angst vor uns«, hatte jener Bürgermeister über diese modernen Mormonen, mit denen ich nun um den Abendbrottisch sitze, gesagt. Ich fühle, daß er recht hat. Spricht nicht jene verfemte Lebensweise ihre heimlichen Wünsche an? Zumal ausgerechnet ihr geliebter und verehrter Joseph Smith dafür plädierte, mit vielen »Weibern« zu leben, als ein Gebot Gottes? Ich frage meine Gastgeber, womit sie ihr Brot verdienen, und staune, als ich vernehme: als Cowboys. Hörten Sie je von Cowboys, die weder Kaffee noch Alkohol trinken, nicht rauchen, ihren Frauen (nur je einer) treu sind, dreimal täglich beten und jeden Sonntag in die Kirche gehen? Neue Augen schenkt dir ein neues Land...

summme ich vor dem Einschlafen unter einem Bildnis Jesu Christi. Und ist nicht Utah ein neues Land? Und wird nicht nächste Woche Arizona ein neues sein, und nächsten Monat Tennessee, und nächstes Jahr Hawaii?
In der Nacht wache ich auf – schweißüberströmt; ich hatte geträumt, ich träumte nur und erwachte plötzlich in meinem Bett in der Hans-Otto-Straße, Ostberlin, Prenzlauer Berg. Aus der Perspektive dieses Alptraums erscheint mir sogar mein Dasein in der amerikanischen Universitätsmaschinerie geradezu paradiesisch, und Sehnsucht quält mich für einen Augenblick nach unserem Großraumbüro der Lehrassistenten, nach den schirmbemützten Goethe und Schiller in der Bücherei, nach meinen Studenten, dem störrischen Brian, dem Milchreisbubi David (ausgerechnet er will Offizier werden!), dem unfaßbar intelligenten Kevin, mit ihren Rollbrettern und Kaugummiblasen und ihrer blödsinnigen Angewohnheit, »mir« und »mich« konsequent zu verwechseln.

4

Aufregendste Straße der Welt: die 95 von Blanding nach Hanksville. Wie riesige Sphinxe lagern die Felsen in allen Varianten zwischen ziegelrot und weinrot entlang des Highways, oder sie ragen wie erigierende Phallusse auf, weshalb wahrscheinlich der phallischste Teil des Arche-Nationalparks den Namen »Garten Eden« trägt. Zusammen mit meinen beiden, soeben am Straßenrand aufgelesenen, rucksackbepackten Fahrgästen, Sigrid und Bernd aus Leipzig, denen ich von der Prüderie der modernen Mormonen erzähle, wundere ich mich, daß jene diesen Teil des Parks noch nicht schließen ließen. Sigrid und Bernd, 1989 über Ungarn geflüchtet, weil sie endlich reisen wollten – wir einigen uns darauf, daß sich der Sturz der Mauer bereits dafür gelohnt habe, daß die Bewohner der östlichen Hälfte Deutschlands nun die Möglichkeit haben, hierherzukommen, und sei es für einen einzigen Blick auf den Grand Canyon. In diesem Augenblick spannt sich ein Regenbogen über all die Pracht, und wir können nicht anders, als laut zu singen, so wie wohl Gulliver gesungen haben mag, von den Stricken der Zwerge befreit.

Später, bei Tisch, vergleichen wir unsere Erfahrungen in beiden Teilen Deutschlands, die schmerzhafteste Erfahrung: Rufmord. Nach Sigrids und Bernds Flucht aus der DDR verbreitete die Staatssicherheit unter ihren ehemaligen Kollegen sowie in ihrem Freundeskreis, sie hätten ihr Konto um zwanzigtausend Mark überzogen und dafür Gold gekauft. Wie Sigrid auch dagegen ficht, ein Gerücht bleibt an dir hängen; ein Kampf gegen Windmühlenflügel. Empörst du dich: das ist Verleumdung!, schürst du nur den Eifer derer, die sich an deiner symbolischen Ermordung weiden, du gießt Öl ins Feuer. Nur allzugut verstehe ich Sigrids Entrüstung, wurde ich doch nach der Publikation eines verbotenen Buches im Westen in noch fürchterlicherer Weise diskreditiert! Und die Gerüchte drangen sogar bis in die USA, nachdem ein DDR-Dichter, im Nebenberuf »informeller Mitarbeiter« der Staatssicherheit, vorübergehend an einer amerikanischen Universität als Gastprofessor tätig war und sie hier verbreitete.

Sigrids und Bernds Erfahrungen in der Bundesrepublik? Zunächst Euphorie (»Sogar die Schweine sehen hier glücklicher aus als in der DDR«), darauf Bestürzung: ihre Freunde wollten von ihrem DDR-Trauma nichts hören, immerhin handele es sich um einen sozialistischen Staat. Aus dem Land, in dem sie leben, wünschen sich meine Reisebegleiter weit fort, haben dessen feindliche Hälften, keine appetitlicher als die andere, doch immer schon ineinandergepaßt wie Haken und Öse. (Was ich bestätigen kann: Stören Sie nicht unsere guten deutsch-deutschen Beziehungen!, ermahnte mich ein SPD-Politiker nach meiner Ankunft im Westen eindringlich.) Und die Wiedervereinigungseuphorie, ohne den Willen, ernsthaft Trauerarbeit zu leisten, mißhagt Sigrid und Bernd wie mir. Was liegt näher, als daß wir am Lagerfeuer Pläne schmieden, wie ich sie, Sigrid und Bernd, an den feuerspeienden Drachen des amerikanischen Einwanderungsamtes möglicherweise vorbeizuschmuggeln vermag?

Amerika also. Vor drei Jahren schrieb ich von meiner Hoffnung, hier Ruhe zu finden und die erforderliche Ironie vielleicht, um meine DDR-Erfahrungen aufarbeiten zu können. Obschon die DDR nicht mehr existiert und damit die Ursache aller Schmerzen, fliegt mir noch immer der Atem, tritt Schaum vor den Mund. Deshalb muß ich hier, denke ich fröhlich, bleiben – noch eine hübsche kleine Spanne Zeit, bis daß der Tod uns, mich und Amerika, scheidet.

II

Die Porträts

Die Personen in den folgenden Porträts betrachte ich keineswegs als repräsentativ für irgendeine Schicht oder Berufsgruppe. (Deshalb EIN Millionär usw. und nicht DER Millionär, baut dieser hier doch etwa selbst seine Kartoffeln an! Und wie viele Millionäre tun schon derlei?) Ich habe sie ausgewählt, weil mir Ihre Individualität gefiel und ich sie den deutschen Lesern gern vorstellen möchte.

In den Augen vieler Ostdeutscher sind Amerikaner Exoten, in denen vieler Westdeutscher Idioten, beides blödsinnige Vorurteile – erwachsen aus dem Mangel an Begegnungen mit wirklichen Amerikanern (nicht jenen auf der Kinoleinwand). Dabei steuerte ich keineswegs zielgerichtet auf diese Personen zu, der Zufall ergab die Bekanntschaft. Wohlgemerkt, ich traf Dutzende andere, die mir ebensogut gefielen. Nur hatte ich nicht immer ein Tonband dabei oder Zeit zu längeren Gesprächen (meist etwa 10 Stunden, verteilt auf mehrere Sitzungen).

Zugegeben, nach einer Person suchte ich tatsächlich: einem sogenannten amerikanischen Redneck, dem Klischee nach einer mit einer großen Flinte, einem Bluthund, einem Sechserpack Bier am Tag und dem Lieblingsruf: Shoot him! Als ich endlich einen fand, der diesem Bild grob entsprach, wollte der keineswegs (was ich gerne wollte), sich selbst karikieren: Er fachsimpelte euphorisch über sein Hobby, die Flugtaubenzucht. Da Sie, verehrte Leser, in den meisten Fällen keine Taubenzüchter sind, erspare ich Ihnen den Text.

Und ich erspare Ihnen einen weiteren: die Gartenlaubengeschichte einer langjährigen Farmersfrau, geeignet als Vorlage für einen Hollywoodfilm. Dabei wußte ich von ihrer Schwiegertochter über ihr wirkliches Leben Bescheid. Die gute Frau hatte gelogen, acht Stunden lang, ohne auch nur ein einziges Mal mit der Wimper zu zucken. – Bitteschön, nichts »typisch« Amerikanisches, das ich mit der Auslassung dieses Interviews zu vertuschen versuche! Interviewte jemand meine Mutter im Vogtland, heutzutage Bundesland Sachsen, machte er die gleiche Erfahrung wie ich mit der Farmersfrau: Meine Mama würde Ihnen ihr Leben erzählen, so wie sie es sich, einst als Backfisch, erträumt hatte: eiapopeia. Die Risse, davon spricht man nicht, was sagen denn sonst die »Leute«?

Manche Lebensläufe gestalten sich auch so, daß einer sie nur mittels der Fiktion erträgt, sie wären nicht so gewesen (dies ist wahr, sowohl im Falle der Farmersfrau als auch meiner Mutter). Die geschlossene Narration, das runde Bild von sich selbst als Überlebenshilfe. Wo kämen wir hin ohne sie? – Dies gilt für uns alle, und ich bin mir natürlich bewußt, daß in dieser Hinsicht jede der Personen, die im folgenden zu Wort kommt, lügt. Das Chaos des wirklichen Lebens ist nicht artikulierbar. Wir alle machen uns, indem wir uns unser Leben *erzählen*, darüber ein Märchen zurecht. Auch ich selbst. Nur gibt es ein Maß.

Noch eins: Leute gab es, die sagten Nein! Als ich endlich Mut faßte, die Stadt New York, Manhattan also, mit meinem Tonband zu erobern, stieß ich auf den ersten Widerstand. (Später werden noch fundamentalistische Mormonen in Colorado City sowie Hutterer in Süddakota ablehnen, mit mir zu sprechen – aus religiösen Gründen, die ich respektiere.) Alle anderen Menschen sprudelten, nachdem ich sie um ein Interview gebeten hatte, sofort los.

Der Mann, grauhaarig, um die sechzig, der mir ein Interview

verweigerte, lebt mit seiner Frau in einem verbeulten, schmutzverkrusteten Wohnwagen mit einem (vermutlich gestohlenen) Nummernschild Virginias in einer der wohlhabenderen Straßen Manhattans. Meine Freundin sagte mir, der steht schon seit sieben Jahren vor unserer Tür. Jeden Morgen verläßt die Frau mit einer Plastiktüte den Wagen, kehrt kurz darauf mit einer Plastiktüte zurück – vermutlich bringt sie Exkremente weg und kauft Nahrungsmittel ein. Kurz darauf klappert für etwa acht Stunden täglich die Schreibmaschine – der Mann hält auf dem Fahrersitz eine Reiseschreibmaschine zwischen sich und das Lenkrad geklemmt. Eines Abends, das Klappern hat aufgehört, klopfe ich an die Scheibe, der Mann öffnet das Fenster. Ich stelle mich vor und lade das Ehepaar in unser Haus zu Tisch. Der Mann lehnt sofort ab – in gebrochenem Englisch. Darauf eine kurze Konversation mit seiner Frau – ich traue meinen Ohren kaum: auf tschechisch! Ob ich ihn interviewen darf, frage ich dann, falls er den Wagen nicht verlassen möchte, steige ich gern zu. Während er darüber nachzudenken scheint, entwickele ich meinen Plan für die Komposition dieses Manuskripts. Klingt interessant, sagt er, doch lassen Sie mich bitte aus. Ich frage: Weshalb? Wir sind aus Argentinien, antwortet er, und ich zerbreche mir sofort den Kopf darüber, in welcher Hinsicht dies eine Antwort auf meine Frage ist. Ich sage: Aus Argentinien? Sie sprechen Tschechisch! – Wir haben 1955 Prag verlassen. – Und warum stehen Sie jahrelang hier am Straßenrand? – Weil New York vermutlich die einzige Stadt auf der Welt ist, wo die Polizei anderes zu tun hat, als sich darum zu kümmern, wer wo parkt. Good bye! Er kurbelt die Scheibe hoch.
Wenn Sie möchten, erfinden Sie bitte selbst eine Lebensgeschichte für dieses Ehepaar, das ich aus ganzem Herzen bedauere!

Eine (Ost)deutsche in New York

Wann war der Siebzehnte Juni? 1953. Kurz zuvor, ich war 24, bin ich aus der DDR weggegangen.

Ich hatte in Greifswald Slawistik studiert, danach in Berlin. Wenn ich meine Eltern in Magdeburg besuchte, legte ich meine Rückfahrt über Westberlin und brachte von der FU antikommunistisches Propagandamaterial mit. Ich versteckte es in der Bibliothek der theologischen Fakultät in Greifswald in einem bestimmten Buch. Rechts und links von mir wurden Leute verhaftet und nach Rußland verschickt. Als ich eines Tages nach Hause kam, das war in Berlin, fragte mich meine Wirtin, ob ich was ausgefressen hätte. Die Polizei habe nach mir gefragt. Ich packte sofort meine Koffer und ging nach Westberlin, klopfenden Herzens, damals wurden ja Leute aus den Zügen geholt, wenn sie auf Grund ihres Gepäcks für eine Flucht verdächtig schienen.

In Westberlin wohnte ich kurze Zeit bei meiner ehemaligen Magdeburger Freundin – sie hatte in der DDR gesessen und war danach geflohen –, bevor ich, als politischer Flüchtling, nach Köln ausgeflogen wurde. Bei ihr lernte ich George, meinen späteren Mann, kennen. Er hatte als amerikanischer Armeeangehöriger in Mannheim bei der »Stimme Amerikas« gearbeitet, bevor er nach Berlin versetzt wurde. Er ging in Zivil und sprach fehlerfrei Deutsch.

In Köln studierte ich Slawistik und Anglistik, nachts arbeitete ich für Kiepenheuer & Witsch. Diesem Verlag war damals eine Zeitschrift angegliedert, SBZ-Archiv. Für sie machte ich den Pressespiegel, sammelte also Ausschnitte aus DDR-Zeitungen, die mir typisch schienen, und schrieb kleine Kommentare dazu. Ende 1955 ging ich nach Amerika.

Ich wollte schon früher in die Vereinigten Staaten, George war zurückgegangen, aber mein erstes Einwanderungsgesuch wurde mit der lächerlichen Begründung abgelehnt, ich sei FDJ-Sekretär gewesen. Welch eine blöde Geschichte! Ich hatte mir in Greifswald eines Tages die Haare sehr kurz schneiden lassen. Man strich mir dafür das Stipendium. Mit meinem neuen Haarschnitt würde ich mich demonstrativ außerhalb des Kollektivs stellen. Um wieder Stipendium beziehen zu können, müßte ich mich gesellschaftlich betätigen. So wurde ich Protokollführer bei ihren Meetings. Natürlich nahm ich eine Kopie jedes Protokolls mit nach Westberlin an die FU. Obwohl ich in Westdeutschland als politischer Flüchtling anerkannt war, lehnten die Amis meine Anträge jedesmal ab.
Dann kam George nach Deutschland. Wir heirateten, weil wir dachten, so geht es schneller. Es dauerte aber immer noch ein Jahr, bevor ich in die USA einreisen durfte. Der Grund für diese Verzögerung war abermals die FDJ-Geschichte.
Nun kam ich also auf einem Schiff nach New York, mit völlig verkehrten Vorstellungen. Welch ein Kulturschock! – Der übliche wohl, den man als mittelständiger Europäer zunächst hier hat.
Es fing schon damit an, daß ich entsetzt war über die Wohnung meiner Schwiegermutter. Obwohl sie, doch das kann ich erst heute schätzen, eine herzensgute Frau war. Sie wohnten am Nordrand von Greenwich Village. Jetzt finde ich es dort interessant, damals fand ich es wahnsinnig deprimierend. Weil sie im Erdgeschoß wohnten, waren stets die Rollos heruntergelassen, es war stockeduster, immer brannte Licht – das war aber bloß eine Glühbirne an der Decke, wie primitiv! Und ich kam mit Ballischuhen, diesen teuren Schweizer Schuhen, und Rosenthalporzellan im Gepäck...
Die ersten Tage heulte ich unausgesetzt und konnte vor

Übelkeit nichts essen. Mein einziger Trost war die Columbia-Universität, ich hatte mich von Deutschland aus dort immatrikulieren lassen und fuhr nun jeden Morgen zu den Vorlesungen. Der einzige Ort in New York, wo ich mich zu Hause fühlte. Mich deprimierte auch, daß mein Mann sein Geschichtsstudium an den Nagel hängte und Cartoonist werden wollte, Witzblattzeichner! Er jobbte nachts in der Bank, wo die Aktien eingetragen wurden. Nun war ich auch noch jede Nacht alleine! Das erste Jahr in New York ... ich habe soviel geweint, wie sonst nie im Leben. Dabei war es gar nicht so furchtbar. Nur wer aus einer deutschen Mittelklassefamilie kommt, ich kam zusätzlich aus dem soeben neuaufgebauten Westdeutschland, und sieht das altmodische, dreckige New York...

Freilich gab es alles in Hülle und Fülle, aber wir hatten nicht viel Geld. Stundenweise jobbten wir, um das Studium zu finanzieren, im zweiten Jahr bekam ich dann glücklicherweise ein Stipendium. Am liebsten hätte ich Germanistik studiert, aber Deutsch war damals nicht gefragt. So blieb ich bei Russisch. Natürlich hatte ich das in der DDR nur gewählt, weil ich dort mit einer anderen Sprache keine Chance hatte. Zunächst, nach dem ersten Sputnik, war Russisch in den USA sehr gefragt, danach nicht mehr. Nach meinem Mastersdegree arbeitete ich bei Mercedes als Übersetzerin. 59 ging ich nach Deutschland zurück. Mein Heimweh hatte einen Gipfelpunkt erreicht. Ich ging nach Hamburg mit dem Entschluß, so lange dortzubleiben, bis ich mir das Heimweh abgewöhnt hatte. Bis 61 studierte ich Slawistik und Anglistik. Dann kam mein Mann nach Hamburg, wir wollten uns scheiden lassen. Es ging irgendwie nicht. Es war damals schwierig, sich scheiden zu lassen. Darauf schickte er Blankoformulare von seinem New Yorker Rechtsanwalt, die sollte ich unterschreiben, es ginge dann leichter. Ein Hamburger Rechtsanwalt sagte mir aber: Um Gottes willen, da könnte nachher alles mögliche drinstehen, und ich dürfte Amerika nie wieder betreten. Da ging ich rasch nach New York zurück, um die Sache zu klären. Nebenher wollte ich dort promovieren. Aber die Verwicklungen wegen der Scheidung waren so unangenehm, daß ich mein Studium abbrach und nach Amherst, Massachusetts floh. Die dortige Universität brauchte dringend einen Russischlehrer. Knapp drei Jahre unterrichtete ich in Amherst. In dieser Zeit ließ ich mich scheiden.

In Amherst war es wunderbar. Ich kaufte mir sofort ein Auto... diese Jahre halte ich für meine schönsten in Amerika. An der Universität war kulturell stets was los, sogar die Académie française war da. Warum blieb ich nicht? Weil man mir in New York ein Stipendium anbot, um meinen Doktor fertigzumachen. So kam ich nach New York zurück und war hier allein und unglücklich. Mein Boyfriend aus Amherst arbeitete nun in Boston, wir fuhren immer hin und her. Dann ging es auseinander. Ein Jahr lang zagte ich, dann nahm ich eine Stelle in Stonybrook, Long Island, an. Ich unterrichtete Russisch und Deutsch. Und schrieb wieder nicht meine Doktorarbeit! Nach sechs Jahren in Stonybrook kam die Sache mit der Anstellung. Ohne Doktortitel hast du dafür keine Chance. Ich konnte fortan nur mehr als Vertretungskraft an verschiedenen Colleges arbeiten, ein Jahr hier, ein Jahr da, bis zu meiner schweren Rückenoperation, 1977. Ich lag zu Hause, machte Übersetzungen. Anschließend fand ich meine jetzige Stelle am Deutschen Haus. Also wieder bei Columbia, dachte ich. Wie schön. Da kannst Du neben der Arbeit deine Dissertation schreiben, ohne Tuition zahlen zu müssen. Zunächst belegte ich Kurse, um wissenschaftlich auf dem laufenden zu bleiben. Als ich mit der Dissertation beginnen wollte... stellte sich heraus, daß ich Krebs hatte. Ich verschob sie ein weiteres Mal.

Mein Heimweh verlor sich erst vor reichlich zwei Jahren, als

meine Mutter starb. Bis dahin fuhr ich jeden Sommer nach Magdeburg. Es war nicht nur aus Heimweh. Es ging mir mit meinen Verwandten wie mit Leuten, die im Gefängnis sitzen. Man muß sie besuchen, sie können nicht raus. Zuerst wagte ich nicht einzureisen, es hatte ja keine Amnestie gegeben. Danach wurde eine Einreise stets abgelehnt. Darauf haben meine Eltern fälschlich angegeben, ich wäre bereits 1949 weggegangen – zu diesem Zeitpunkt hatte ich mich in Magdeburg polizeilich abgemeldet, um in Greifswald zu studieren. Von da an reiste ich problemlos in die DDR, doch stets mit der Angst, sie könnten es herausgekriegt haben und ich wäre dran, Angabe falscher Tatsachen... Jedesmal mit Angst rein und mit Tränen wieder heraus, da standen sie auf dem Bahnsteig und konnten nicht mit. Ist das nicht herzzerbrechend? An Zurückkehren dachte ich nie. Allein, ich spielte oft mit dem Gedanken, vielleicht in Westdeutschland... Aber im Grunde genommen war das für mich ein ebenso fremdes Land wie Amerika, und ich hatte es hier besser. Hier läßt einen jeder in Ruhe. Das hat Vor- und Nachteile. Was meine Verwandten, auch die westdeutschen, beispielsweise nicht verstehen konnten, war, daß sich der Staat hier um einen, der Krebs hat, nicht kümmert. Daß man neben den schweren Behandlungen weiterarbeiten muß, um zu überleben. Daß die Freiheit ihren Preis hat.
Ich riet ihnen immer: Lest Dostojewskis Geschichte vom Großinquisitor. Sie handelt von der schweren Entscheidung zwischen, kurz gesagt, Brot und Freiheit. Damals bewegte mich das sehr. Daß alles geregelt ist in der DDR, ständig überlegte ich, ob das wirklich als ein Vorteil anzusehen ist. Als meine Mutter gestorben war, hatten wir, mein Bruder und ich, mit meiner Nichte Krach, und ich dachte nach über diese Generation in der DDR, die nur die »Vorteile« kennt. Meine Mutter hatte das Augenlicht verloren, eine Nachbarin kümmerte sich sehr um sie, und ich erschrak, wie hochnäsig

meine Nichte, Medizinstudentin, diese Frau behandelte. Das sind doch bloß die, die arbeiten. Im Sozialismus ist es eben so, man macht das Abitur, studiert Medizin, die Arbeitsstelle ist einem sicher... Meine Nichte tat so, als ob der Staat ihr das schuldete. Ich sagte: In Amerika würdest du mit deiner Einstellung keinen Monat überleben können. Niemand schuldet dir etwas. Auch den Westdeutschen ist das schwer klarzumachen. Sie haben ja beides, Freiheit und soziale Sicherheit. Hier hat man nur die Freiheit.

Aber diese Mentalität dort in Westdeutschland! Ich finde die Westdeutschen zu materialistisch. Ein Thema diskutieren, Kunst? Ach wo. Was ich bei meinen Besuchen in der DDR als angenehm empfand, war, daß man zusammensaß und diskutierte. Wer tut das in Westdeutschland – außerhalb der Arbeit? Dieser Schock, als ich 53 nach Köln kam! In der DDR waren die Leute menschlicher zueinander.

Und man wurde für das genommen, was man wirklich war. In Amerika gilt nur, wie du aussiehst. In Westdeutschland mußt du einen sozialen Status haben. Nur in der DDR wurde man einfach als Mensch akzeptiert. Und wie die Leute sich freuten, wenn ich wiederkam. Nicht, weil ich Geschenke mitbrachte. Ein Bote aus einer anderen Welt! Sechs bis acht Wochen blieb ich immer da. Pro Tag etwa 20 DM umtauschen...

In Westdeutschland fühlte ich mich unabänderlich als Außenseiter, in Amerika nie. Wegen dieser ungeheuren Toleranz. Die, wie gesagt, den Nachteil hat, es kümmert sich keiner um dich. Zwar hat man Freunde, aber ich muß sagen, meine Freunde sind allesamt Deutsche, für Amerikaner ist Freundschaft nicht wichtig. Sie sind gefällig, auch großzügig und hilfsbereit, aber hundertprozentig auf sie verlassen kannst du dich nicht. Das ist so eine fließende Gesellschaft. Besonders bei den Akademikern. Sie arbeiten

ein Jahr hier, ein Jahr da, Zigeunerexistenz nenne ich das. Es täte ja weh, wenn man überall feste Freundschaften schlösse. Eigentlich bin ich froh, daß es jetzt vorbei ist – mein jährliches Hin und Her. Diese furchtbaren Umstellungen.
Erstens von Amerika auf Westdeutschland, wo ich nur dauernd hörte: bei UNS hier... wir können die Amerikaner nicht leiden... Es war für mich emotional nicht zu schaffen. Außerdem konnte ich materiell mit den Westdeutschen nicht mehr mithalten, dort war unterdessen so furchtbar der Wohlstand ausgebrochen.
Zweitens von Westdeutschland in die DDR. Ich hatte in den ersten Tagen das Gefühl, mich freiwillig in ein Gefängnis begeben zu haben. Ein paar Tage lang war das schlimm, danach gewöhnte ich mich daran. Wenn ich nach all den Wochen wieder abfuhr, hatte ich mich unterdessen der DDR angeglichen, und wenn ich dann in Hannover aus dem Zug stieg... plötzlich spürte ich, unter wieviel Druck ich all die Wochen gelebt hatte. Ich war wieder frei und hatte gleichzeitig ein schlechtes Gewissen: die mußten dort bleiben! Wegen dieses schlechten Gewissens waren die Abschiede jedes Jahr fürchterlich. Für mich jedenfalls. Ich entsinne mich noch, wie meine Nichte eingeschult wurde, beim Abschied sagte ich: Wenn du groß bist, kommst du mich besuchen in Amerika. Sie ermahnte mich: Aber, Tante Lilo, ich muß doch erst Oma werden! Das hat sich nun zum Glück geändert.
Drittens von Europa nach Amerika. 1962 oder 63 hatte ich vom Bonner Studentenring eine Reise nach Rußland bekommen. Nach dieser Reise ließen mich die Amerikaner in Rotterdam nicht auf das Schiff, weil ich den Stempel eines Ostblockstaats im Ausweis hatte! Erst nahm ich das nicht ernst, meinte, ich müsse bloß in Rotterdam zum Konsulat gehen, hatte ja meine Arbeit in Amherst... Da stand ich am Pier, meine Koffer schwammen im Schiff davon... Und im Kon-

sulat sagten sie: Hilft alles nischt. Sie dürfen eben keinen Stempel eines Ostblockstaats... Es blieb mir nur, einen neuen Einwanderungsantrag zu stellen. Ich lief sieben Wochen ununterbrochen zum Konsulat, und immer: Nichts Neues aus Washington... Haben Sie in den Jahren in den USA ein Verbrechen begangen? Nach acht Wochen tat ich dem Konsul leid, er gab mir einfach das Visum. Meine Arbeit hatte ich schon verloren... Vor meinen DDR-Reisen hab ich mir jedesmal (nachdem ich endlich, was auch nicht leicht war, meine Aufenthaltsgenehmigung für die DDR bekommen hatte) beim amerikanischen Immigrationsamt eine Bescheinigung holen müssen, daß ich bei der Rückkehr wieder ins Land darf. Die mußten Sie erst mal bekommen! Zum Glück wurde das später geändert. Probleme von beiden Seiten.

Ohne meine Eltern hätte die DDR mich niemals einreisen lassen. Mein Bruder war Geheimnisträger und durfte keinen Besuch aus dem Westen empfangen.

In New York können Sie praktisch mit dem Nachthemd auf die Straße gehn. Es stört keinen. Meine Mutter sagte immer: Hast du kein seidenes Kleid? Man muß doch ein seidenes Kleid haben... Ich sagte: In New York ist's im Sommer für seidene Kleider zu heiß. Man kann nur Baumwolle tragen. – Ziehst du dich nie elegant an? – Wo denn, es bemerkt ja keiner. Wenn ich in Hamburg auf dem Jungfernsteg spazierenging, schauten mich manchmal die Leute von oben bis unten an. Ich dachte, um Gottes willen, ist was passiert? In New York ist man es nicht gewohnt, daß irgend jemand von einem Notiz nimmt. Alles ist vollkommen anonym. Das finde ich jetzt positiv. Früher hat es mir geschmeichelt, wenn ich nach Deutschland kam, und die Leute nahmen mich zur Kenntnis. In der DDR fiel ich besonders auf. Vor allem in den Jahren, als alles noch grau in grau war, und ich kam farbenfroh... Die Leute sagten: Sie sind nicht von hier?, und

ich wurde zuvorkommender behandelt. Obschon ich es schrecklich fand, schmeichelte es mir. Später trug ich in der DDR nur noch Sachen, in denen ich nicht so auffiel. Allein es war nicht nur die Kleidung, was mich unterschied. Die DDR-Bürger benehmen sich anders. Ich sah es zuerst daran, wie sie gingen. Irgendwie bedrückt, die Körperhaltung war anders.
Also, ich fand New York anfangs fürchterlich. Warum zog ich aus Amherst, wo es mir so gut gefiel, nach New York zurück? Weil ich festgestellt hatte, daß man in einer amerikanischen Kleinstadt als unverheiratete Frau vollkommen abgeschrieben ist. Man gehört nicht dazu. Die faculty-wives laden vielleicht alleinstehende Professoren ein, aber garantiert keine weibliche Person. Es sei denn, man hat einen Freund. Ohne Mann, ohne Freund, nein. Deshalb war ich wiederum froh, nach New York zurückzukommen. Es kam hinzu, daß ich meinerseits die kleinstädtischen faculty-wives unmöglich fand. So was Dummes. Man konnte sich mit ihnen über nichts anderes unterhalten als über natural childbirth und Windeln. Natural childbirth war damals das große Thema. Daß man das Kind nicht mehr mit Kaiserschnitt unter Narkose gebären sollte. Auch in New York fiel mir auf: Ich stehe immer bei den Männern, um mich zu unterhalten. Die amerikanischen Frauen waren mir zu beschränkt. Parties geben, gute Mütter sein und etwas Volontärarbeit, da hörte es schon auf. Ein Kollege, er unterrichtet hier am Mädchencollege, sagte, eine Diskussion über ein politisches oder literarisches Thema ist unmöglich. Sie sagen bloß zu allem Ja und Amen. Das sind die braven Mittelklassemädchen. In Deutschland haben die Frauen diese Rückständigkeit längst hinter sich, durch den Krieg. Deshalb hat die Emanzipationsbewegung dort solche Ausmaße angenommen. Hier galt nur, sich schön anzuziehen. Diese Frauen waren Sklavinnen des Advertisements. Zum Teil ist das heute noch so.

Sie hatten eben nie Probleme, sind nie durch Krisen gegangen. Uns prägten Krieg und Nachkriegszeit. Da lernt man, für sich selbst zu denken.
Weshalb blieb ich noch in New York? Es war eine Art Haßliebe. Wie stark man New York auch lieben lernt, man haßt es immer. Die Entscheidung fällt nach einigen Jahren. Wer bis dahin New York nicht verlassen hat, verläßt es nie wieder. Zwar dachte ich immer: Wenn dir jetzt in Westdeutschland jemand einen guten Job anbieten würde... deshalb hab ich nie die deutsche Staatsbürgerschaft aufgegeben... doch ich konnte bereits, trotz meines Hasses, ohne New York nicht mehr leben.
In Westdeutschland ist alles sauber, geleckt. In den ersten Tagen fand ich das jedesmal wunderbar, nach einer Woche fiel es mir so auf die Nerven, daß ich mir ein bißchen New Yorker Dreck herbeiwünschte. Allein, wenn ich zurückkam, erschlug mich die Stadt von neuem. Dieser Schmutz! Und nichts funktionierte. Die Bettler und alles, was halt nicht so sein sollte. Meine Bekannte nennt das den Michael-Kohlhaas-Komplex. An dem leiden wir Deutschen hier in Amerika, und wir werden's unser ganzes Leben hindurch tun. Nie können wir uns mit diesen Verhältnissen abfinden.
In Stonybrook hatte ich einen jüdischen Kollegen. Wir wollten uns gemeinsam über irgend etwas bei der Stadt beschweren, aber er sagte mir glatt: You can't fight City Hall! Das hat mich dermaßen aufgeregt. – Gerade du sagst das. Und dann machst du den Deutschen Vorwürfe, daß sie sich von den Nazis alles gefallen ließen... Der Drang, irgend etwas zu verändern, geht den Amerikanern ab. Sie lassen alles so laufen, man zuckt die Achseln.
Wenn man als Deutsche hier lebt... jetzt, wo gerade die Berliner Mauer fiel, ist natürlich alles anders. Da sind wir gefragt. Meine Freundin Margot ging kürzlich zu ihrem Schuldirektor, um zu fragen, ob sie nicht ein paar Tage Urlaub...

– Sie wollen sicher nach Deutschland? unterbrach er sie. Aber selbstverständlich! Bislang wurde einem ständig vorgehalten, Deutsche zu sein. Wenn mich auf Parties der Columbia-Universität jemand als Deutsche vorstellte, sagten die Leute oft: Wir sind Juden!, drehten sich um und ließen mich allein da stehn. Das war für mich anfangs sehr schmerzhaft. Jetzt erinnere ich an den Vietnamkrieg, wo der Feldwebel in My Lai die Leute einfach ermordet hat, und frage zurück: Und wie werden Sie damit fertig, amerikanischer Staatsbürger zu sein? Oder: Was, *nichts* haben Sie getan gegen den Vietnam-Krieg? Dabei herrscht hier Freiheit. Es wäre Ihnen nichts passiert... Seit dem Vietnamkrieg lasse ich mir von den Amerikanern nicht mehr so viel gefallen. Doch meine Freundin Margot leidet nach wie vor ausgesprochen darunter, Deutsche zu sein.

Am 1. September 89, fünfzig Jahre nach Kriegsbeginn, wurde auf der Intrepit (das ist der Flugzeugträger an der 42. Straße am Pier, jetzt ein Museum) eine Ausstellung zu Ehren des polnischen Widerstands gegen Deutschland eröffnet. Man hatte dazu den Deutschen eingeladen, der das erste polnische Flugzeug abgeschossen hatte, und den Piloten des Flugzeugs, er war davongekommen. Sie sollten sich nun unterhalten, ich übersetzte, denn der Deutsche sprach kaum Englisch. Jagdbomber wollte er mit »hunterplane« übersetzen! Eine sehr interessante Veranstaltung. Meine Freundin sagte: Wie kannst du zu so was gehn? Es dient nur dazu, uns Deutsche herabzusetzen. Ich sagte: Das ist eine geschichtliche Tatsache, ich fühle mich persönlich dafür nicht schuldig! Aber jahrzehntelang tat ich das.

Stets waren es amerikanische Juden, die mich schlecht behandelten. Im Krankenhaus, im Nachbarbett, eine Jüdin, sie sprach einfach nicht mit mir. Erst nach einer Woche begann sie zu begreifen, daß wir Deutschen nicht alle KZ-Aufseher gewesen sind! Sie schickte mir nachher jahrelang Weih-

nachtskarten. Mit deutschen Juden dagegen, einige von ihnen waren im KZ, bin ich befreundet. Sie fühlen sich noch zur deutschen Kultur hingezogen. Freilich sprechen wir über verschiedene Themen nicht.
In New York gibt es alles. Von jeder Nationalität auf dieser Erde gibt's Geschäfte, Kultureinrichtungen, Restaurants. In Amherst war das Kulturangebot bescheidener, aber dafür ging man auch hin. Hier hab ich das Kulturangebot der ganzen Welt vor der Nase, aber hingehn? Man muß sich zwingen. Erstens sind die Karten zu teuer, zweitens muß man es sich schrecklich lange vorher überlegen, weil die Karten sonst ausverkauft sind. Zum Glück sind diese erstaunlichen Museen hier beinahe allesamt frei. Im Sommer gibt es Opern und Konzerte kostenlos im Central Park, Bernstein... große Leute, die dort dirigieren. Vorher und nachher macht man ein Picknick. New York hat enorm viel zu bieten. Und vergessen Sie nicht, daß Sie in New York mit der U-Bahn einfach zum Strand fahren können. Leider wird man von Zeit zu Zeit überfallen. Mir passierte es bislang zweimal, einmal wurde ich ausgeraubt. Das erstemal geschah es hier vorm Haus. Der fünfzehnjährige Sohn vom Küster der Kirche dort drüben faßte mir im Dunkeln um den Hals, versuchte mich zu würgen. Ich schrie. Er rannte weg. Dann haben wir ihn gefunden. Es ging vor Gericht. Er wurde auf Bewährung freigesprochen. Er stand, hieß es, immer mit dem Fernglas auf Dächern, um in die Fenster zu sehen, wenn Frauen sich auszogen. Wollte der mich vergewaltigen? Immer, wenn ich ihn sah, beschlich mich Angst. Ein Weißer, der wohl im Kopf nicht ganz richtig war. Beim zweitenmal, wieder hier vorm Haus, die Straßenlaterne war kaputt, es war vollkommen dunkel. Plötzlich dachte ich, ist das ein Hund? Ein junger Mann hockte neben mir, klein, gedrungen und so schwarz, daß er sich von der Dunkelheit nicht unterschied. Er versuchte, mir die Tasche wegzureißen. Wir kämpften.

Um ein Haar hätte ich meine Handtasche behalten, aber der Riemen riß. Ich schrie, aber es gab kaum Menschen auf der Straße, und der Türmann unseres Hauses schaute ruhig zu, half mir nicht. Danach rief ich sofort überall an, um die Kreditkarten zu entwerten. Um Mitternacht kam unser Türmann: Hier sind zwei Personen, die behaupten, Ihren Führerschein zu haben. Pennbrüder aus dem Morningsidepark haben im Papierkorb meine Ausweise gefunden. Sie brachten sie stückweise. Im ganzen bezahlte ich wohl fünfzig Dollar Lösegeld. Das Geld aus der Tasche bekam ich nie wieder. Es hätte schlimmer kommen können.
Noch was. Am Strand, in Brighton Beach. Ich gehe ins Wasser, komme heraus, alles ist weg: Schuhe, Unterwäsche, Geld, Kleidung. Die Umsitzenden, sie hatten auf meine Sachen aufgepaßt, sagten, da kam ein weißer Mann, in den Vierzigern, gut gekleidet... Wir sagten, das gehört der Dame da im Wasser... Er, ja, ja, eine Freundin von mir. Ich soll die Sachen nach oben bringen... Als endlich die Polizei kam, gab es von ihm keine Spur mehr. Zu Fuß, im nassen Badeanzug, ging ich auf die Polizeistation, gab meinen Bericht ab und bat sie, mich nach Hause zu fahren. – Nein, wir können Ihnen nur einen Token geben, damit Sie die U-Bahn benutzen können. Ich sagte: Are you kidding? Barfuß! Das war das schlimmste, barfuß durch New York. Wir riefen ein Taxi, meine Freundin sollte mit Geld und mit meinen Schlüsseln vor unserem Haus stehen. Aber dieses Theater, ehe der Taxifahrer mich einsteigen ließ! Wer fährt schon gern jemanden in Badebekleidung und ohne Geld... zwei Tage später kam ein kleiner Schock, ich weinte.
Das sind also meine gemischten Gefühle New York gegenüber. Ich hätte gern eine Zweitwohnung auf dem Land. Aber ganz aus New York wegziehen? Wenn man so lange hier war wie ich, bedarf man des New Yorker Fluidums.

Im Deutschen Haus hab ich einen Büro-Job. Bin so etwas wie der kulturelle Arm der Deutschabteilung der Columbia-Universität. Wir haben Abendveranstaltungen, Vorträge, meist donnerstags. Der Leiter – ein Fakultätsmitglied – lädt die Sprecher ein, die Organisation der Veranstaltung obliegt mir. Dazu haben wir mittwochs von drei bis fünf Kaffeestunde – Kaffee, Kuchen, Konversation. Am vergangenen Mittwoch lud ich zur Diskussion der aufregenden Ereignisse in Deutschland ein, es gab ausnahmsweise auch Wein und Käse. Mein Direktor sagte: Hach, damit treten wir den Franzosen auf die Füße, die sind nicht so glücklich über diese Veränderungen. Es gibt ja Leute, die wollen es allen recht machen. Das Maison français hatte uns gerade eine Woche zuvor zu einem Vortrag eingeladen: *Das Problem, welches die Vereinigten Staaten und Frankreich zueinanderbrachte: Deutschland.* Das war einen Tag, bevor die Mauer geöffnet wurde.
Früher feierten wir auch Walpurgisnacht und Oktoberfest, Studentenparties. Das wurde leider abgeschafft, weil die Regierung das »drinking age« auf 21 heraufsetzte, unsere Studenten sind zumeist jünger. Allein die Weihnachtsfeier blieb.
Das Deutsche Haus ist nun schon sehr alt. 1910/11, unterm alten Kaiser Wilhelm, wurde es gegründet. Das erste Foreign Language-Haus in Amerika. Während der Gründerjahre hatte die Deutsche Bank sehr viel Geld nach Amerika fließen lassen, um eine fürchterliche Finanzkrise in letzter Minute abzuwenden, 1896 waren hier die Goldreserven aufgebraucht. Als eine Folge davon wurde das Haus gegründet, von der Industrie, um internationale Beziehungen, gleich welcher Art, zu fördern. 1929 wurde das Deutsche Haus wiedereröffnet, nachdem es während des Ersten Weltkriegs geschlossen war. Während des Zweiten Weltkriegs wurde es nicht geschlossen. Der Kaiser war verhaßter gewesen als

Hitler, der Deutschenhaß im Ersten Weltkrieg entsprechend größer.
Leider wird das Deutsche Haus nicht von der Columbia-Universität finanziert. Es gibt einen Fonds, der wird aber immer geringer, weil zum Beispiel mein Gehalt davon bezahlt werden muß. Und deshalb stieg es nie, wie bei den richtigen Angestellten der Universität. Manchmal bekommen wir vom westdeutschen Konsulat einen Zuschuß. Letzte Woche, wir gaben ein Konzert zum 60. Geburtstag des Deutschen Hauses, bezahlten sie den Pianisten. Ich versuche, das Deutsche Haus auf die Beine zu bringen. Wir sollten eine große Fundraising-Kampagne durchführen. Aber manche Professoren bei uns sind so kleingestrickt. Wenn ich sage: Karl Ehmer zum Beispiel, er hatte uns damals am Yorck-College Geld gestiftet... antworten sie: Von einem Fleischer können wir doch kein Geld annehmen.
Spaß macht mir die Arbeit. Wenn sie leider auch mit der Slawistik nichts zu tun hat. Als junges Mädchen war es mein Traum, später einen literarischen Salon zu leiten. Meine Arbeit ist die unterste Stufe von so etwas. Ich gehe gern mit intelligenten Menschen um.
Neben dieser Arbeit unterrichte ich ständig wenigstens einen Sprachkurs Deutsch. Mein Vater war Lehrer, ich bin in dieser Tradition großgeworden und brauche es.
Dennoch, im Grunde genommen ist meine Karriere gescheitert, schon vom Finanziellen her. Ich verdiene furchtbar wenig und werde kaum eine Rente bekommen. Glücklicherweise haben mir meine Klassenkameraden, die jetzt in Westdeutschland leben, während meiner Krebsoperationen Geld geschickt. Hatten einen Fonds für mich gegründet... Vielleicht sähe ich das alles anders, wenn ich verheiratet wäre und Kinder bekommen hätte. Immer so auf einsamem Posten... Bis zu einem bestimmten Punkt ist das ein starker Antrieb im Leben, darüber hinaus ist es deprimierend.

Glücklicherweise hat wenigstens der Drang nachgelassen, ständig in die DDR zu fahren. Sie versinkt förmlich in mir. Meine Eltern sind tot, und mein Bruder und seine Familie dürfen mich jetzt hier besuchen. Neulich waren wir zusammen am Grand Canyon, in San Diego und San Franzisko. Die Traumstraße 1 an der Küste sind wir entlanggefahren, sie wußten von ihr aus dem Westfernsehen. Mein Bruder fuhr wie eine Eins. Obwohl er nur seinen Trabant und die DDR-Autobahnen kannte. Krach gab es auch. Sie trauten meinen Autofahrkünsten nicht, und ich rieb ihnen unter die Nase, was ich mir in der DDR alles gefallen lassen mußte. Und das Problem mit dem Essen! Essen gehen wollten sie nicht. Zu teuer. Dann machte ich Krabbencocktail. Nein, so was essen wir nicht! Dabei hatten die Krabben zwölf Dollar gekostet! Und Hummer? Nein, für so was Dollars ausgeben! Gibt's hier denn keine Sardellenpaste, die kauften wir billig im Intershop. Leider gab es keine Sardellenpaste...
Ich bin ein gutes Beispiel dafür, wie einer mit dem größten Aufwand das wenigste erreicht. Gründlicher und vielseitiger als andere studierte ich, zum Beispiel dreimal altkirchenslawische Philologie, in Greifswald, in Hamburg und hier (jedesmal wurden die Zeugnisse des anderen Landes nicht anerkannt), den Doktor schaffte ich trotzdem nicht. Als Rentner werde ich aus Geldnot meine Wohnung hier verkaufen und in Westdeutschland leben müssen. Das Schlimmste war die Krankheit, zumal ich nicht weiß, ob sie überstanden ist. Nach solch einer Erfahrung lebt man mehr für den Augenblick. Anderenfalls hätte ich mir die teure Kalifornienreise nicht geleistet.
Das Traurigste an uns Deutschen ist, daß wir nur für die Zukunft leben. Nichts gönnt man sich. Man spart nur. In Ost und West. Ich sagte zu meinem reichen Onkel in Hamburg, er hatte ein Bein verloren: Kauf dir einen guten Roll-

stuhl. Er war ihm zu teuer! Dieses Immer-für-die-Zukunft-Planen... und dann wird sie ganz anders.

Und noch was müßte man den Deutschen abgewöhnen, den Perfektionismus. Alles muß man besonders gut machen. Möchte man Tennis spielen, muß man das perfekt tun. Sonst laß das sein! Ich wollte gern Reitunterricht nehmen. Weil ich in Turnen nicht gut war, verbot es mir mein Vater. Ich wäre keine gute Reiterin geworden. Hier ist es ganz anders. Man macht etwas, weil man es gern machen möchte, einerlei, ob man es gut kann oder nicht. Das sehe ich bei den Tennisspielern hier unten im Riversidepark. Mein Mann amüsierte sich stets, wenn wir im Central Park Schlittschuhlaufen gingen. Ich meinte nämlich, wenn ich Schlittschuhlaufen ginge, müßte ich ein besonderes Kostüm, die richtigen Schuhe anhaben und das Schlittschuhlaufen außerdem gut können. Sonst tut man so etwas nicht. Mit welchen Hemmungen man in Deutschland aufwächst. Wie einem alles verleidet wird. Wie vieles entging mir dadurch im Leben! Denn der Perfektionismus führt dazu, daß man am Ende gar nichts tut. Deshalb habe ich nie meine Dissertation geschrieben. Jetzt, auf meine alten Tage, fange ich an zu leben. Ich steige im Grand Canyon auf ein Maultier, ich nehme Unterricht im Tiefseetauchen... Die amerikanische Einstellung ist: Everybody makes mistakes! Das wäre in Deutschland unmöglich. Man HAT keinen Fehler zu machen. Ein Fehler ist verboten. Hier passiert einfach ein Fehler, und man muß sich eben damit abfinden.

Es ist nicht einfach das Deutsche, es ist speziell das Preußische. Woher kommt das? Vom Schulsystem? Obwohl man immer sagt, soundso viele Amerikaner sind deutscher Herkunft, gilt hier das Deutsche nicht viel. Außer jetzt, wo die Mauer fiel. Sie sind Deutsche? Na so was!

Als ich mich scheiden ließ, war ich fest davon überzeugt, bald wieder zu heiraten. Aber eine für mich sehr wichtige

Liebesgeschichte ging auseinander, darüber habe ich sieben Jahre lang geweint. Ein Amerikaner, kein richtiger Schwarzer, doch weiß war er auch nicht. Kam von den Kapverdischen Inseln. Er war sehr klug, ein Französischprofessor in Boston. Wie hat mich diese Geschichte mitgenommen. Seinetwegen hatte ich mit meinen Eltern fürchterliche Kräche, sommers in der DDR. Obwohl sie ihn nie kennengelernt hatte, machte meine Mutter abfällige Bemerkungen. Du mit deinem Schwarzen!, oder so ähnlich. Ich warf die Tischlampe durchs Fenster in den Vorgarten. Damit war natürlich die Familie vor den Nachbarn blamiert! Mein Freund und ich waren mit dem Schiff zusammen nach Europa gereist, er war in Portugal, nun fuhren wir zusammen nach Amerika zurück. Wir verkrachten uns, das war der Anfang vom Ende, obwohl es sich noch einige Jahre hinzog.
Ich meinte, meine Vorurteile anderen Rassen gegenüber abgebaut zu haben, aber plötzlich, in irgendeiner Situation, brechen sie hervor. Na ja, vielleicht ist es ganz gut, daß es mit dieser Ehe nichts geworden ist. Ohne Probleme wäre es sicherlich nicht gegangen. Darauf, daß meine Kinder nicht weiß sein würden, freute ich mich allerdings. Ich finde, die weißen Babies sehen von den Babies aller Rassen am wenigsten niedlich aus... Es war auf dem Schiff. Ich war seekrank. Er hatte das wohl nicht ernstgenommen. Er faßte mich an. Ich sagte so etwas wie: Take your black hands off me! Etwas ganz, ganz Dussliges. Das hat er mir nie verziehen. Eine Weiße indes hat er später geheiratet (keine Deutsche).
Gegenüber dieser Geschichte ist die andere, meine gescheiterte Ehe, beinahe vergessen. Ich war damals eben noch dumm und unerfahren, dazu die deutschen, bürgerlichen Vorurteile... Als ich hier die Verhältnisse sah, kein Teppich, keine Möbel, eine Katze, die überall hinpinkeln durfte... Und George mit seinem Cartooning. Die Bank, in der er nachts arbeitete, wollte ihn befördern. Er lehnte ab: ich

möchte mich auf mein Cartooning konzentrieren! Aber niemand kaufte ihm seine Zeichnungen ab. Und seine Freunde, ehemalige Offizierskollegen, der eine mit seiner deutschen Nutte, die er sich aus dem Krieg mitgebracht hatte. Die wollte einen Ozelot, keinen Mantel, einen richtigen Ozelot, mit dem sie spazierengehen konnte. Der andere besaß eine Hausbibliothek, die bestand aus zehn Paperbacks... Was für ein Abstieg! So dachte ich. Wir Deutschen sind eben nicht flexibel. Die Unordnung in meiner Wohnung ist jetzt eine Trotzreaktion darauf. Sie sehen sie leider nicht, hatte eben die Maler...

Ja, der deutsche Perfektionismus. Ich komme auf Michael Kohlhaas zurück, ein gutes Beispiel für das deutsche Wesen. »Was Recht ist, muß Recht bleiben. Und wenn die ganze Welt in Scherben fällt.« Wenn ich die Geschichte meinen Studenten vorlas, sagten sie immer: Der verrückte Pferdehändler. Sie verstanden ihn nicht. Ich fand ihn gar nicht verrückt und erboste mich. Ein amerikanischer Film wurde über die Novelle gedreht. Da haben sie eigens einen Zusatz erfunden, Kohlhaasens Frau wird mutwillig von der Kutsche des Feindes totgefahren... Kohlhaasens Rechtsprinzip wäre nicht einsehbar. Ein Rechtsprinzip? Dieses Verbissene, unser Erbteil.

Die Kinder der Deutschen hier wollen kein Deutsch mehr lernen. Sie wollen anders sein. Und Fremdsprachenlernen ist in Amerika kein Erziehungsprinzip. Überhaupt die Erziehungsprinzipien hier... »open classroom« oder wie das hieß. Jetzt geht man davon schon wieder ab: Man tut stets das, worauf die Schüler gerade Lust haben. Wollen sie rechnen, rechnet man. Wünschen sie etwas Geschichte, unterrichtet man die. Möchten sie singen... alles in einer Stunde! Es gibt keine Prinzipien in dem Sinne. Die Bildung wird nach Angebot und Nachfrage behandelt wie alles andere in der Wirtschaft. Das konnte ich anfangs nicht kapieren. Hier muß ich die Schüler zunächst davon überzeugen, daß sie etwas lernen müssen. In Deutschland MÜSSEN sie einfach und gut. Manchmal sage ich: Wir haben Englisch gelernt im Krieg, wir sind aus dem Luftschutzkeller dafür in die Schule gegangen, obwohl wir nie daran dachten, einmal nach Amerika zu kommen oder uns mit richtigen Engländern oder Amerikanern zu unterhalten. Wir haben es gelernt, weil es in Deutschland zur Bildung gehört. Oder um vielleicht einmal ein englisches Buch zu lesen... Das glauben mir die Schüler nicht!

Es gibt eine Gegenbewegung. »Die zweite Karriere«: Ich habe in jedem Kurs Leute, die viel zu alt sind. Jetzt habe ich einen Achtzigjährigen in der Klasse, er hatte in Venezuela viel Geld gemacht und spürte plötzlich Lust, ein College Degree zu erreichen. Eine Studentin von mir erwarb mit 77 ihren Bachelor. Sie hatte ihn schon mit 75 geschafft, aber man hatte ihr vergessen zu sagen, daß dafür die Kenntnis einer Fremdsprache nötig ist. Andere belegen Art-Klassen, obwohl sie kaum Talent zum Malen haben. Oder mein Tiefseetauchen. Man tut das nicht, um irgend etwas damit zu erreichen, beispielsweise Geld verdienen. Man tut's einfach. Und Perfektion spielt dabei keine Rolle.

Was mich in den ersten Jahren in New York tröstete, war der Gedanke: Hier weißt du wenigstens hundertprozentig, du wachst morgen früh in deinem Bett wieder auf. In Greifswald und Berlin hatte ich, obwohl ich nicht gläubig bin, jeden Abend vorm Einschlafen gebetet: Lieber Gott, laß mich morgen früh in diesem Bett wieder erwachen. Welch einer Gefahr ich mich ausgesetzt hatte. Warum eigentlich? Ich dachte, ich müsse etwas für die Freiheit tun. Zwar hatte ich die Flugblätter am Körper versteckt, aber sie machten in den Zügen von Berlin nach Greifswald öfters Leibesvisitation. Und täglich wurden in Greifswald Kommilitonen verhaftet. Die wurden nachts rausgeklopft, weg waren sie. Ein Bekannter, er war Arzt, wurde am Operationstisch verhaftet. Man hörte nie wieder von ihm. Das Schlimmste war, wenn einige wiederkamen. Man wußte, sie mußten irgendwas unterschrieben haben, und jeder mied sie. Wie sollte man sich sonst verhalten? An solch einer kleinen Universität, wo man sich auf Schritt und Tritt begegnete! Wie lange wirkten diese Beklemmungen in mir nach? Sie wurden bei jedem DDR-Besuch aufgefrischt.

Aber auch anderes wirkt nach, die DDR-Sprache, die Terminologie. Wenn ich jetzt mein Masters Essay durchlese, was müssen die Professoren gedacht haben! Obwohl ich in Marxismus-Leninismus eine Vier gehabt hatte und mein Bekannter von der theologischen Fakultät mir ständig erklärte, daß man nicht glauben muß, was man sagt. Man plappert einfach daher, was sie hören wollen. Wir übten es: Nach Marx bedeutet das folgendes... nach dem Buch Geschichte der KPdSU heißt das so und so... Welch eine Wohltat, als ich begriff, mich nicht damit identifizieren zu müssen. Niemand verlangte es. Das nächste Mal hatte ich eine Eins. Und plötzlich, in Amerika, haftet mir diese Beurteilungsweise an. Obwohl ich kein Kommunist bin. Man bleibt davon einfach gefärbt.

Ein Maler der Wüste

Bereits eine Woche sitze ich nun in dieser Ecke Utahs. Morgens fahre ich vom Zeltplatz in die Wüste, treibe Studien, abends komme ich zurück. Wenn es mal regnet, zeichne ich im Wagen, was ich durch die Windschutzscheibe sehe; man weiß nie, wozu ich diese Skizzen benötige, für irgendein Bild mit Regenwolken. Selten, daß es mir gelingt, eine Arbeit in eine Ausstellung zu bringen oder zu verkaufen; deshalb muß ich wohl sagen, ich male vornehmlich für mich selbst. Was ich male? Stets die Wüste. Bis jetzt gelang es mir noch nicht, dieses besondere Licht der Wüste einzufangen, deshalb betrachte ich keines meiner Bilder als gelungen. Doch ich hoffe, daß ich bald die Formel für dieses Licht finde, dann brauche ich es nur einzutragen; jetzt fehlt es auf meinen Bildern, was auch heißt, das Geheimnis fehlt.
Vor drei Monaten entschloß ich mich, meine Wohnung in San Franzisko aufzugeben; seither lebe ich in meinem Wohnwagen auf verschiedenen Zeltplätzen und konzentriere mich aufs Malen. In den letzten neun Jahren war ich jährlich für jeweils ein bis zwei Monate unterwegs, das genügte mir schließlich nicht mehr. Ich wollte völlig unabhängig sein, von Wohnung, Familie, Beruf. Fünfundzwanzig Jahre habe ich als Designer für Museumsausstellungen gearbeitet, zunächst als Angestellter verschiedener Museen, später freiberuflich. Meine Spezialität waren Wüstenausstellungen für Besucherzentren, etwa in Parks. Jetzt mag ich in keiner bürokratischen Struktur mehr stecken, das heißt auch, nichts mehr so entwerfen, zeichnen, fabrizieren, wie es andere haben möchten oder wie es am besten irgendwelche Leute irgendwas lehrt. Ein unabhängiger Künstler zu wer-

den und mit Pinsel, Farbe, Staffelei von Wüste zu Wüste zu schweifen, mein Traum all diese Jahre. Jetzt habe ich ihn mir erfüllt, meine Gefühle darüber sind allerdings gemischt. Ein Übergang von einer Art zu leben in eine völlig andere, von einem Platz innerhalb der Struktur zu einem außerhalb... damit verbunden ist eine soziale Isolation. Du bist stets allein. Natürlich triffst du ständig Leute, doch das sind Zufallsbekanntschaften, selten jemand, mit dem du dich richtig unterhalten kannst. Hinzu kommen Identitätsprobleme. Man identifiziert sich mit dem Platz, an dem man lebt, mit seinem Job, mit seinen Freunden. In San Franzisko lebte ich in einem eleganten Studio, in meinem Job war ich erfolgreich, die Menschen, mit denen ich umging, waren zumeist Intellektuelle, und nun... Dabei bin ich gern allein, es ist einfach herrlich, allein zu sein, dennoch gibt es Tage, an denen ich an meinem neuen Dasein zweifele und am liebsten nach San Franzisko zurückrasen möchte... Meine Adresse ist jetzt eine Postfachadresse in San Franzisko; einmal pro Woche rufe ich das dortige Postamt an und bitte, mir meine Post nachzusenden, das ist im Augenblick meine einzige Verbindung zu meinem früheren Leben. Das heißt, alle vier, fünf Monate fahre ich für einige Wochen nach Hause, lebe bei meiner Freundin, sehe meine Kinder, meine Schwester, alte Freunde.

Neulich malte ich für zwei Wochen im Navajo-Reservat, in der Nähe des Monument Valley. Ich wollte die Teile des Tals sehn, in die du als Tourist nicht kommst, dafür benötigst du einen Führer, und mein Navajo-Führer war zufällig auch ein Künstler. Er schnitzte Kachina-Puppen, Symbole der indianischen Spiritualität, lud mich ein, dort zu malen; und an all diesen Tagen – wenn ich mich an meiner Staffelei umdrehte, saß er hinter mir, schnitzte, sein Kommen bemerkte ich nie. Manchmal unterhielten wir uns, über die Indianer, über Amerika; interessante Gespräche! Manchmal kamen Indianer aus dem Tal, um unserer Arbeit zuzusehen. Nicht ein einziger schien sich über meine Anwesenheit zu ärgern. Sie erzählten mir, was sie taten. Fast jeder Navajo ist ein Künstler, schnitzt, webt, knetet, zeichnet, tanzt... Was für kreative Menschen! Den meisten Amerikanern dagegen mangelt jedwedes Vermögen zu künstlerischem Selbstausdruck. Neulich besuchte ich eine Messe, auf der alle Pueblo-Indianer von Phönix bis Süd-Colorado ihre künstlerischen Arbeiten ausstellten. Was ich dort an Keramiken und an Schmuck sah, sensationell!

Was hält mich jetzt hier in der Gegend um den Lake Powell? Etwas in der Qualität des Lichtes plus eine besondere Kombination der Elemente der Landschaft... ein Magnet für mich. Vor fünf Wochen fuhr ich hier durch nach Neu-Mexiko, wollte von dort in die Rocky Mountains, aber nein, es zog mich hierher zurück... Etwas ist an dieser Landschaft, das mich nicht mehr abreisen läßt. Ich will malend herausfinden, was es ist. Etwas Magisches, das ich sonst nirgendwo wahrnahm. Aber wie bringst du das auf die Leinwand? Vor drei Jahren kam ich hier schon vorbei und klebte für vier Wochen fest. Seither komme ich immer wieder. Eigentlich male ich nicht, was ich sehe, sondern ich male aus der unbewußten Erinnerung an das heraus, was mein Auge hier erfuhr. Deshalb sitze ich hier tagein, tagaus, skizziere, schaue; später, vielleicht in einem Jahr, werde ich bei meiner Freundin im Atelier diese Landschaft malen, sie ist in meinem Unbewußten gespeichert. Wirklich sehen kannst du sie indessen erst, wenn du Distanz zu ihr besitzt. Es bedarf eines Risses in Raum und Zeit. Im Augenblick kämpfe ich mit dem Problem, daß ich am Schauplatz der Erfahrung aus der unbewußten Erinnerung an diesen Schauplatz heraus zu arbeiten versuche, es funktioniert nicht. Der sinnliche Eindruck überwältigt mich stets von neuem. Es ist schon genug, diesen Eindruck einfach aufzunehmen, ich sollte ihn nicht gleichzeitig zu verarbeiten versuchen. Viele Landschaftsmaler malen deshalb nicht mehr in der Landschaft, sondern nach Fotografien, da ist der Betrag an Informationen begrenzt, du beherrschst deine Wahrnehmungen. Was ich hier skizziert habe, prüfe ich kritisch, sobald ich nach Kalifornien komme. Das Gefühl für Komposition ist eine physiologische Eigenschaft des Körpers. Wenn ich im Studio meine Bilder betrachte, so sagt mir mein Körper, wenn auf einem die Harmonie fehlt – dieses nagende Gefühl im Bauch! Wie wenn du jemanden liebst und plötzlich fühlst, etwas stimmt nicht mehr... Dann ändere ich die Struktur der Elemente, plötzlich ist das Unbehagen weg. Intellektuell könnte ich nicht erkennen, ob eine Komposition stimmt oder nicht. Für viele Jahre war ich mir dieser Zusammenhänge nicht bewußt, dann nahm ich an einem Kurs »Sensuelle Bewußtheit und künstlerischer Ausdruck« teil, den eine bekannte Landschaftsmalerin leitete; von ihr lernte ich diese Bewertungstechnik. Du mußt nur immer aufmerksam auf ALLE deine Sinne hören.

In eine bestimmte Kirche gehe ich nicht, insofern bin ich kein typischer Amerikaner. Ein Atheist indessen bin ich ebenfalls nicht. Manchmal setze ich mich einfach in irgendeine Kirche, für eine Stunde oder zwei, ich mag die spirituelle Energie in diesen Räumen. Die äußere bürokratische Struktur und das Glaubenssystem, welche mit einer Kirche verbunden sind, interessieren mich nicht. Eher stören sie mich. Vermutlich bin ich ein Mystiker. Gott ist für mich die Energie, die alles im Universum miteinander verwebt, somit die Welt in Gang hält, eine Art allgegenwärtige Intelligenz... Alles sieht zufällig aus, doch nein, der Zufall spielt meines Erachtens kaum eine Rolle. Diese Energie bestimmt auch deine persönliche Entwicklung, dein inneres Wachstum, geistiges Erwachen – ursprünglich meinte Religion nur das, dann ging dieses Wissen in Dogmen, Machtspielen, in

der Struktur verloren. Vom Bewußtsein der ursprünglichen spirituellen Kraft, die alle Netze webt, ist in den herrschenden Kirchen nicht mehr viel da. Manchmal beneide ich die Kirchgänger um das Eingebundensein in ihre Gemeinde; oder hier in Utah die Mormonen um ihre vollkommen zuverlässigen Familienbande, doch dann sag ich mir, dafür meinen Geist in das Dogma eines Glaubenssystems sperren? Dennoch, welche verantwortlichen Erwachsenen gehen aus diesen Mormonenfamilien hervor, eine Familienstruktur, die funktioniert. Sie ist ein Erfordernis ihres Glaubenssystems. In bestimmter Hinsicht kann ich dieser Kirche meine Bewunderung nicht versagen. Sie nützt ihren Anhängern fraglos für ein harmonisches Leben. Ich dagegen bin zweifach geschieden und kenne niemanden unter meinen Bekannten und Freunden, der relativ glücklich verheiratet ist. In den Indianerfamilien zerstört sehr oft der Alkohol die Familien. Ich trank früher auch ein bißchen, dann fand ich heraus, während ich an einem Kurs über Selbsthypnose teilnahm, daß ein einziges Glas Wein meine innere Wachheit für drei Tage beeinträchtigt. Diese kreative Trance, die ich mir zu erarbeiten versuchte, verhinderte ein Schluck Alkohol. Von diesem Zeitpunkt an mied ich ihn vollkommen. Worauf es mir stets ankommt, ist die Art meines Bewußtseins, ich möchte meiner selbst völlig gewiß sein.
Wenn ich nur wüßte, was dieses Ansteckende an der Wüste ist. Zu malen vermag ich es noch nicht, geschweige, daß ich es definieren könnte. Es infiziert deine Seele, du kommst nicht wieder los. Da lebte ich nun erfolgreich in Kalifornien, machte Geld, doch es riß mich in die Wüste. Als ich das erstemal in Südkalifornien eine Wüste sah, kam ich fast nicht wieder fort; ich war von dem eigenartigen Licht wie hypnotisiert. Ja, das Geheimnis der Wüste hat viel mit der Konsistenz ihres Lichtes zu tun, aber wie ist dieses Licht?
Ich wuchs in Kalifornien auf und hatte von Kind an mit sei-

nen Wüsten Berührung; wenn ich den Staat verließ, dann nur, um in andere Wüsten zu ziehen. In Kalifornien ist es mir jetzt zu eng. Zu viele Leute, Autos, Häuser, Touristen, Luftverschmutzung; die dortigen Wüsten sind gleichsam eingekeilt von Zentren der Zivilisation. Und was für eine Zivilisation: Mickymaus als König! Das heißt nicht, daß ich Kalifornien nicht mehr mag, die hohe Geschwindigkeit und eigenartige Unwirklichkeit des Lebens dort haben auch etwas Faszinierendes für mich; nur einen Platz zur Selbstbesinnung bietet dieser Ort nicht mehr.

Bis ich zehn war, hatten wir in der Stadt gelebt, dann bauten wir ein Häuschen auf dem Land, hielten alle möglichen Tiere. Meine Mutter arbeitete als Lehrerin, mein Vater im Hochbau, später im Schiffsbau. Ich besaß ein Fahrrad, einen Hund, ein Boot zum Fischen und alle Freiheiten, deren ich bedurfte. Leider kam ich bis zu meinem 25. Lebensjahr mit der Malerei nicht in Berührung, Kunst spielte in meinem Elternhaus und in unserer Schule keine Rolle. Später stellte mich ein Arbeitskollege seinem Bruder vor, der Maler war; er lud mich ein, ich sah seine Bilder, es warf mich um. Noch am selben Tag begann ich zu zeichnen. Ich hatte intuitiv erkannt, dies war ein Werkzeug, um der Wüste näherzukommen. Von diesem Augenblick an belegte ich Kurse, nahm an Arbeitsgemeinschaften teil, las tausend Bücher über Malerei und zeichnete unausgesetzt. Das große Maß an Handwerklichem, das für diese Kunst erforderlich ist, flößte mir Vertrauen ein, denn ich gehe gern mit Werkzeugen um. Als Kind hatte ich viel gebastelt, geschnitzt, alles mögliche fabriziert. Zudem hatte ich während meiner Schulzeit in einer Jazzband Saxophon gespielt. Kreativ tätig sein war für mich also nichts Neues. Es fiel mir leicht, wohingegen ich mit einem zielgerichteten Studium die allergrößten Schwierigkeiten hatte. Am College schmiß ich nach zwei Jahren alles hin. Indessen tat ich das nicht, um ein Hippie zu werden, wie andere, die in jener Zeit das Studium abbrachen (hatte bereits eine Frau und zwei Kinder, die ich ernähren mußte), sondern ich hatte erkannt, daß ich zum Büffeln (ich studierte Management) einfach nicht geeignet bin. Wahrscheinlich mache ich auf Sie den Eindruck eines verspäteten Hippie. Bin ich einer? Ehrlich gesagt, weiß ich nicht, was ein Hippie ist. Arbeitsscheu, ist das einzige, was ich über diese Spezies Mensch aussagen kann. Ich dagegen muß ständig arbeiten, um zu wissen, wer ich bin. Auch was ich jetzt tue, empfinde ich als eine nützliche Arbeit. Nur bin ich halt ein Arbeiter auf der Reise und insofern eine Ausnahme. Drei wie mich traf ich in den letzten Monaten. Einen Fotografen, einen Dichter und einen, der noch danach sucht, was er werden möchte. Sie hatten ihre Wohnung aufgegeben, lebten in einem Trailer, immerzu unterwegs. Davon abgesehen sind derzeit riesige Schwärme Rentner auf Reisen, die ihre Häuser verkauft und sich dafür riesige Wohnwagen angeschafft haben. Im Sommer in Kanada, im Winter in Mexiko, so ziehen sie, meist in der Gruppe, hinauf und hinunter.

Natürlich bringt mir die Beschäftigung, der ich derzeit fröne, nichts ein. Meine Ersparnisse reichen für ein Jahr. Wenn es mir bis dahin nicht gelingt, den Ausdruck für das Licht zu finden und Bilder zu verkaufen... ich weiß nicht, wie es dann weitergeht. Krankenversichert bin ich bereits jetzt nicht mehr. Doch ich glaube, ich habe zu lange in sozialer Sicherheit gelebt, als daß mich solch ein vorübergehender Zustand der Unsicherheit schrecken könnte. Schlimmer ist es, in der Sicherheit zu leben und mit seinem alltäglichen Tun unzufrieden zu sein. Im schlimmsten Fall kann ich jederzeit meinen früheren Beruf wieder aufnehmen, es dauerte höchstens acht Wochen, um wieder hineinzukommen. Ohne solche finanziellen, rationalen und emotionalen Absicherungen hält man ein Leben auf der Straße, wie ich es jetzt führe, nicht lange durch. Deshalb mag es gut sein, daß ich so spät

(bin 52) damit begonnen habe. Ich kenne dieses Land und mich selbst gut genug, um genau abschätzen zu können, was ich mir erlauben kann.
Ins Ausland reiste ich nie, hab auch kein Bedürfnis danach. Die USA bieten mir in Hülle und Fülle herrliche Landschaften, meine Lebenszeit reicht nicht aus, um sie alle zu erforschen. Eine tiefe emotionale und ästhetische Beziehung zur Natur zu finden, mein Hauptantrieb. Die Ausstellungen über Naturgeschichte, die ich früher für Museen entwarf und aufbaute, setzten voraus, daß ich viel reiste. Ich trug mir in verschiedenen Biotopen alles selbst zusammen, was ich für meine Ausstellungen benötigte; dabei erhielt ich einen Eindruck von der Größe und Vielfalt Amerikas. Ich sagte schon, daß mich von allen Phänomenen dieser Welt das Licht besonders fesselt. Wenn ich einen Wunsch äußern dürfte, so würde ich gern eine Weile am Hudson-Fluß an der Ostküste leben und malen; haben Sie von der Malerschule am Hudson-River gehört? Ihren Bildern zufolge muß dort ein ganz eigentümliches Licht vorherrschen. Im Winter ziehe ich hinunter nach Arizona, im nächsten Frühling hoch in die Rockies, falls es mich nicht abermals hierher zurückreißt.
An Feiertagen überwältigt mich öfter die Sentimentalität, zu Thanksgiving möchte ich bei meiner Schwester sein, zu Weihnachten bei meinen Kindern und Enkelkindern. Es ist schon passiert, daß ich am Abend vor einem Feiertag zum nächsten Flugplatz fahre und für drei Tage nach Kalifornien fliege. Warum nicht? Die Familie ist äußerst wichtig, und ich hänge an den Bruchstücken, die von meiner Familie übrig sind. Als ich bei meiner ersten Scheidung meine Kinder verlor, eins war sieben, das andere neun, hatte ich das Gefühl, amputiert worden zu sein. Der stärkste Schmerz, den ich je auszuhalten hatte. Entsetzlich, wenn eine Familie zerbricht. Dabei weiß ich, daß genau die Familie es ist, die uns nicht

wirklich frei sein läßt. In dieser Kultur benötigen wir die meiste Zeit unseres Lebens, um bewußt oder unbewußt die Normen zu erfüllen, die unsere Eltern uns vermittelt haben. Die Familie, der Hebel aller Instrumentalisierung. Ich selbst spielte auch die Rolle, die von mir erwartet wurde, als Vater, Geschäftsmann, Bürger, der Steuern zahlte – frei fühlte ich mich dabei niemals. Und jetzt, wo ich frei bin, drückt mich bisweilen ein schlechtes Gewissen. Sie sollten die Bemerkungen hören, die die Leute, die anhalten, um zu sehen, was ich male, von sich geben. Ich bin wie ein Magnet für sie, ein Symbol für Unabhängigkeit und Kreativität. Wie gern würden viele von ihnen tun, was ich tue. Ich agiere die heimlichen Wünsche einer ganzen Kultur aus. »Als ein Kind pflegte ich zu malen«, sagen sie meist, dann ein Seufzer. Ich antworte: »Und was passierte dann, wurdest du erwachsen?« Warum hört einer auf zu malen, wenn er erwachsen wird? Warum gibt er seine kreative Beziehung zu sich selbst und zu seiner Umgebung auf? Natürlich sind die Leute hier insofern frei, als sie die Wahl haben, so zu leben, wie sie es gewöhnlich tun, oder so, wie ich jetzt lebe. Jeder besitzt, im Unterschied zu jenem Gesellschaftssystem, aus dem Sie stammen, die Chance, frei zu sein. Nur verspielen die meisten sie. Man muß ja nicht gleich völlig ausbrechen wie ich. Man kann in der Freizeit malen, wie ich es all die Jahre tat, statt nach der Arbeit einen zweiten Job auszuüben, um noch mehr Geld zu machen. Stets berührt mich der Respekt, mit dem die Leute sich einem, der seine Kreativität zeigt, nähern. Wie sie auch sonst herumtrampeln mögen, an meine Staffelei treten sie fast auf Zehenspitzen heran. Nur nicht stören! Andere sagen amüsanterweise: »Ich habe keinerlei künstlerisches Talent, kann keine gerade Linie ziehn!« Und du hörst deutlich das unausgesprochene »leider« in diesem Satz. Keiner, der richtet, der mich und das, was ich tue, ablehnt. Ein merkwürdiges Gefühl, in der Öffentlichkeit als eine Privat-

person aufzutreten und damit auf gewisse Weise eine bestimmte soziale Phantasie zu verkörpern! Manchmal sehe ich mich von außen, und es scheint mir, als würde der, der da vor seiner Staffelei sitzt, von der Verwaltung der Nationalparks dafür bezahlt. Der Park erfüllt seinen Zweck erst vollständig, wenn da ein Maler sitzt und jene, die vorüberkommen, an ihre Sehnsüchte erinnert, aus der Struktur auszubrechen. Normalerweise funktioniert ja der Künstler in dieser Gesellschaft als ein Mythos, sein Platz ist irgendwo am Rand der Gesellschaft, ein bißchen verrückt ist er und nicht sehr verantwortlich. Das Wichtigste: man sieht ihn nicht. Und plötzlich, wenn du wie ich nicht weit vom Straßenrand in der Wüste sitzt, sind sie plötzlich mit dir konfrontiert und du fühlst, wie sie den Atem anhalten. Das tröstet mich im Augenblick: Wenn ich auch noch keins meiner Bilder zu vollenden vermochte, einfach dadurch, daß ich mich als Künstler in der Öffentlichkeit zu erkennen gebe, erfülle ich eine wichtige Funktion, ich tröste. All jene, die hier vorbeifahren, um am Lake Powell zu angeln, und kurz anhalten, um mir über die Schulter zu sehn, sie brauchen mich. Ob sie verstehen, was ich tue oder nicht, sie benötigen meinen Anblick, um sich an die andere Möglichkeit für ihr Leben zu erinnern. Einen Augenblick lang beißt es sie, nachher fühlen sie sich erleichtert.
Trotz all der ambivalenten Gefühle angesichts meines Ausbruchs aus meinem früheren Leben, kann ich die jetzige Zeit als die schönste bezeichnen, die ich je erlebte. Nicht nur wegen des Erlebnisses der Freiheit, auch, weil ich mit meiner derzeitigen Freundin in Kalifornien die kreativste aller Beziehungen erlebe, die mir möglich scheint. Wir machen seit drei Jahren ständig mehr daraus, als es wirklich ist – in einem schöpferischen Sinn. Wie soll ich das erklären? Es ist magisch. Wir erzeugen gemeinsam eine Realität, die anders ist als jene, die ich allein erschaffe. Etwas Ähnliches habe ich

früher niemals erlebt. Interessanterweise stört es nicht einmal, daß wir uns neuerdings selten sehen. Trotz der Distanz ist eine Nähe da. Ein bedingungsloses Füreinander-Sorgen, ohne irgendwelche Bedingungen, ohne Verurteilungen. Sie ist Keramikerin. Die erste Frau, die mir wirklich die Erfahrung »Frau« vermittelt, nicht als ein abstrakter Begriff, sondern als eine konkrete Erfahrung, sofern ich freilich, eingesperrt in einen männlichen Körper, das, was »Frau« bedeutet, überhaupt erfahren kann. Es ist die Erfahrung von Ganzheit, eine Ganzheit, die Männliches und Weibliches zugleich enthält. Diese Erfahrung führt zu einer Veränderung meiner visuellen Wahrnehmung. Häßliches wird plötzlich schön, und die gewöhnlich dreidimensionale Welt, die ich durchfahre, verwandelt sich in ein Gemälde. In meiner Kindheit und Jugend war meine Schwester mein einziger Spielkamerad. Möglicherweise ein Grund, warum mich Männerfreundschaften nie interessierten. Statt dessen pflegte ich unablässig interessante Freundschaften und Liebesverhältnisse zu Frauen, als hätte ich gewußt, eines Tages wächst mir durch sie ein Gefühl von Ganzheit zu, nach dem ich vom Ende der Kindheit an suchte.

Noch stärker als zu den Frauen zog es mich von Kindheit an in die Natur, nichts kann mich innerlich so kräftigen wie ein paar Stunden weit entfernt von aller Zivilisation, allein mit Pflanzen, Tieren und dem Spiel des Lichtes. Dies ist der rote Faden, der mein Leben innerlich zusammenhielt. Anderen Menschen, beobachte ich, geht es ähnlich. Warum ist das so? Ich möchte es intellektuell verstehen und einen künstlerischen Ausdruck finden, der meine diesbezüglichen Erfahrungen komprimiert. Es sind spirituelle Erfahrungen. Ich will sie denen, die meine Bilder betrachten, vermitteln, damit sie inneren Frieden finden, Heilung, oder sich erregen oder was auch immer. Wer in den amerikanischen Westen kommt und hier in die Wildnis geht, hat bereits einen Sinn dafür, er sucht nach etwas wie Spiritualität. Sonst käme er nicht. Nur ist ihm der Grund, warum er kommt, meist nicht bewußt. Ich möchte, daß die Leute darüber nachdenken, was und warum sie suchen. Die Struktur der Landschaft führt uns zu einer metaphorischen Erfahrung unserer selbst. Wenn ich male, setze ich zum Beispiel oft den Vordergrund in den Schatten und das Licht tief in den Raum. Der Betrachter muß sich also durch den Schatten ins Licht bewegen. Das entspricht meines Erachtens einer inneren Erfahrung: stets bewegen wir uns aus einem inneren Schatten ins innere Licht, letzteres ist unsere transzendente Verankerung in Gott oder worin auch immer. Somit ist, was ich male, eine Metapher und zugleich eine Landkarte. Eine Karte dafür, wie wir unsere innere Dunkelheit buchstäblich transzendieren können, indem wir eine Beziehung zu unserem inneren Bewußtsein finden. Ohne die Dunkelheit gäbe es keine Reise. Denn wir kommen in diese Welt als ein Ganzes, Vollständiges. Später werden wir auf vielfältige Art und Weise verwundet, darauf arbeiten wir uns durch unsere Wunden hindurch zu einer neuen Ganzheit. Wer sich an seine Kindheit nicht erinnern kann oder wessen Kindheit nicht schön war, weiß dennoch von der Ganzheit, sie ist Teil unserer genetischen Struktur. Und das Wissen darum treibt uns alle in die Natur, in die Beziehung mit den Bäumen, Vögeln, Felsen, dem Raum, Wasser, und Feuer, in die Berührung mit den Elementen, in der unsere Physikalität und Emotionalität plötzlich zusammenfinden. Auf manche übt der Ozean eine ebenso starke Wirkung aus wie auf mich die Wüste. Auf andere Berge oder tiefe Wälder. Wahrscheinlich hängt es vom Ort deiner Geburt ab. Ich wuchs im Inneren Kaliforniens, in der Nähe der Wüste, auf. Wichtig ist, was man in seinem Bewußtsein aus dieser Beziehung macht. Ob man sie benutzt, um innerlich zu wachsen. Wenn einem dies gelingt, wird das Leben mit dem Älterwerden immer besser. Erst spät lernt man sich selbst zu lieben und damit auch die anderen. Vorher läuft man äußerlichen Dingen nach und lebt folgerichtig gefangen in verschiedenen negativen Emotionen. Dann erwacht man allmählich und lebt mehr aus dem Herzen heraus. Von diesem Augenblick an scheint das Leben reich und voll. Aus nichts wächst dir Freude zu, einfach weil die Freude in dir existiert. Das bringt inneren Frieden und Geduld mit sich, Harmonie. Das ist meine persönliche Philosophie, ich weiß nicht, ob sie für alle gilt. Für mich war, was ich eben beschrieb, eine ganz konkrete, beschreibbare Reise, die Rückkehr in die Kindheit, in die Liebe. Natürlich habe ich noch negative Emotionen (Ärger, Angst, Schuldgefühle, Depressionen), aber sie haben mich nicht mehr, ihre Macht über mich ist gebrochen.

Viele Menschen ändern sich nie. In meinem Leben folgten die verschiedensten Entwicklungsstadien aufeinander. Das ist schwierig für das Zusammenleben mit anderen Menschen, vor allem mit jenen, die sich nie ändern. Von einem bestimmten Zeitpunkt an funktioniert das Ineinander-Spiegeln nicht mehr. Dann treten Ressentiments auf, schließlich Haß, das Leben wird zur Hölle, Grund für meine zwei Scheidungen. Beide Ehefrauen hatten versucht, meine innere Reise zu bremsen. Viele Ehen funktionieren nur dadurch, daß beide Partner einander davor bewahren, aufzuwachen. Schlafend leben sie nebeneinander dahin. Eigentlich sollte eine Beziehung aber doch auf einem Abkommen basieren, einander wach zu halten. Meines Erachtens ist es eine Illusion, daß man das ganze Leben lang mit einem Partner auskommen könnte, es sei denn, man bleibt sich stets gleich, und in diesem Fall erwacht man nie, das heißt auch, man fühlt, hört, sieht, versteht niemals richtig. Aber was heißt »richtig«. Obschon ich diese Ansichten pflege, höre ich auch gern Leuten zu, die völlig gegensätzliche Standpunkte einnehmen, etwa den Mormonen oder meinem Sohn, der ein überzeugter Lutheraner ist, das heißt, seine Identität ist in einem Gott verankert, er ist sich stets gleich, sucht nicht. Stundenlang kann ich meinem Sohn fasziniert lauschen, obschon ich vollkommen anderer Ansicht bin. Die Indianer haben ein interessantes Bild, das in diesem Zusammenhang relevant ist:

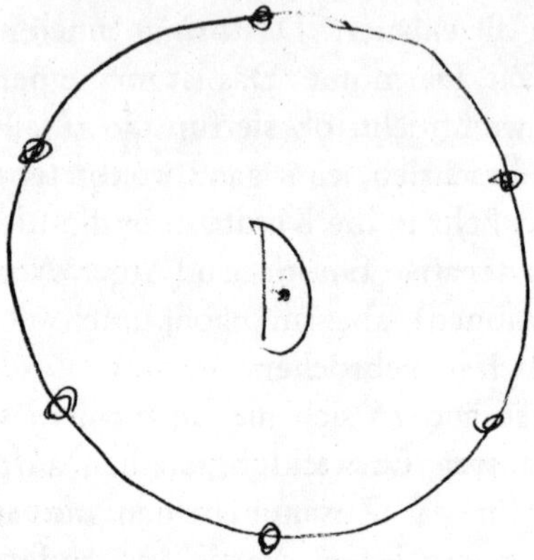

Wenn du von den verschiedenen Punkten auf dem Kreis des Lebens auf den Gegenstand in der Mitte siehst, siehst du stets etwas Verschiedenes und triffst verschiedene Aussagen darüber. Es wäre deshalb blödsinnig, meinem Sohn zu sagen, du liegst schief mit deinen Ansichten über Gott und ewige Treue. Oder den Mormonen, die um ihres inneren Friedens willen das ganze Leben lang an ein und demselben Blickwinkel festhalten, dann bleibt sich der Gegenstand in der Mitte natürlich stets gleich. Ein Schutz vor dem Trauma des Lebens. Deshalb wirken sie so ausgeruht. Ich dagegen eile von einem Betrachtungspunkt zum nächsten mit stets neuen Fragen und Bedürfnissen. Ist es nicht herrlich, daß wir in dieser Gesellschaft alle friedlich nebeneinander leben, daß jene, die für sich die absolute Wahrheit gefunden zu haben meinen, mich tolerieren, und ich toleriere sie? Für mich gibt es keine endgültige Wahrheit. Habe ich eine gefunden,

frage ich sofort, was steckt dahinter? Jeder Mensch ist in seiner inneren Natur verschieden strukturiert, und diese Struktur vermagst du nicht zu ändern. Ich werde nie aufhören können, zu fragen. Bis 18 ging ich jeden Sonntag in eine presbyterianische Kirche, glaubte an Gott, dann rückte ich zur nächsten Betrachtungsperspektive vor, und von dieser bot Gott einen Anblick, der alle kirchlichen Dogmen in Frage stellte. Ich gab sofort den Kirchbesuch auf.
Alles hinterfragen heißt natürlich auch, sich selbst hinterfragen. Ohne diese Fähigkeit machst du keine neuen Lebenserfahrungen. Und wenn ich mich auch gern mit Leuten unterhalte, deren starre Weltstruktur ich respektieren muß, am liebsten kommuniziere ich mit jenen, die wie ich verbissen nach der Wahrheit suchen, im Bewußtsein, daß sie sie nie finden. Einst nahm ich an einer Hypnose-Ausbildung teil und arbeitete eine Weile als Hypnotiseur. Und über Jahre arbeitete ich mit Leuten, deren Verhaltensmuster wir zu ändern versuchten, um Kindheitstraumata aufzubrechen. Was du dabei versuchst, ist, diese Leute in einen Raum hineinzuziehen, in denen ihr Herz erwacht, sie ihre Liebeskraft entdecken. Ein Raum, in dem keine Bedingungen existieren, in dem man nicht verurteilt, denn es gibt in diesem Raum kein richtig oder falsch. Der Aufenthalt in diesem Raum ist äußerst heilsam. Und während jedes guten Gespräches mit Leuten, die ähnlich strukturiert sind wie ich, befinde ich mich in diesem Raum. Daß ich jetzt mit dir in diesem Raum bin, heißt, ich bin hier mit mir selbst, ich erfahre mich neu – das ist so aufregend, wie wenn du als zehnjähriger Junge zum erstenmal einen Lastwagen fährst. Daß es waghalsig ist, weißt du, und du fragst dich, aber ist es erlaubt? Dieses begeisterte Kind in mir lebt noch.
Was woll'n Sie noch über mich wissen? Ich bin ein erwachsener, befreiter Mann. Ich habe lange genug an mir gearbeitet, um ganz zu sein, wohlauf, froh und vor allem lebendig.

Natürlich gibt es Augenblicke, in denen ich dies alles nicht bin, wie heute morgen, als ich wegen des wochenlangen Alleinseins depressiv wurde und deshalb nicht arbeiten konnte. Ein Teil von mir, begriff ich, kommt ohne andere Menschen nicht aus. Übrigens existiert kein unbewußter Geist in uns; unser Unbewußtes ist ein Komitee verschiedener Stimmen, die keineswegs miteinander übereinstimmen. Wenn es geschieht, daß sie sich heftig streiten, löst das in mir eine Depression aus. Dann muß ich versuchen, diesen verschiedenen Stimmen genau zuzuhören. Oft ist es so, daß autoritäre Stimmen die des kreativen Kindes, das ständig nach neuen Erfahrungen sucht und vor Lebenslust vibriert, zum Schweigen zu bringen versuchen. Dann rebelliert dieses innere Kind, und ich, der ganze Mann, funktionierte nicht mehr. Die Depression löst sich, sobald es mir gelingt, bestimmte Übereinkünfte zu treffen, den Streit zu schlichten. Heute morgen führte es dazu, daß ich beschloß, hierzubleiben und meine Arbeit fortzusetzen, anstatt, was ich sogleich nach dem Erwachen impulsiv vorhatte, auf dem schnellsten Weg nach Kalifornien zurückzufahren. Was soll dieses Gekleckse, dachte ich, wirst ja doch nie ein großer Maler, und Elisabeth wartet auf dich. Die Übereinkunft bestand darin, daß ich beschloß, noch vier Wochen fleißig zu arbeiten, um darauf für zwei Wochen zu Elisabeth zu fahren. Das schrieb ich auf ein Stück Papier, danach arbeitete ich wieder enthusiastisch. Das Gefühl der Dumpfheit, wie wenn du im Traum versuchst aufzuwachen, und es gelingt nicht, hatte sich gelöst, die Sinne hatten sich wieder geöffnet. Sonst wäre ich kurz darauf beispielsweise nicht in der Lage gewesen, Ihren Tanz mit dem Raum wahrzunehmen. Als ich von meiner Leinwand aufstand, ging ich einen Schritt auf Sie zu, weil ich über diese Entfernung hinweg nicht mit Ihnen kommunizieren wollte. Instinktiv traten Sie einen Schritt zurück. Ich wußte sofort, Sie brauchen viel Raum um sich, trat meinerseits zurück, daraufhin hoben Sie Ihren Fuß und setzten ihn in den Raum hinein... Ständig tanzen wir um unser Bedürfnis nach Raum herum und damit um andere Menschen. Der eine braucht mehr, der andere weniger, und wieviel Raum wir benötigen, ändert sich ständig, in diesem Augenblick brauchen Sie mehr Raum als ich. Gut, wenn wir uns dessen bewußt sind. Es macht nämlich Freude, diesen Tanz zu beobachten. Ist das Leben nicht wundervoll? Freilich ist es das erst, nachdem wir uns durch unser Trauma hindurchgearbeitet haben. Einer der wichtigsten Tage in meinem Leben war jener, an dem ich zu jenem Kummer erwachte, den ich einst nicht durchlitten hatte, weil ich ihn unterdrückte. So nahm ich mir einen Tag und erlitt buchstäblich so viel Kummer, wie ich vermochte. Ein absichtsvolles Leiden. Es war mir dabei, als öffnete einer die Tür, ich ging hindurch und auf der anderen Seite empfing mich frische Luft. Ich fühlte meinen Körper ganz neu, eine geradezu physiologische Heilung. Wie viele Menschen in dieser Gesellschaft durchleben schon ihren Kummer! Das Leben ist ein ständiger Verlust, und die Gedanken an diesen Verlust verdrängen wir unaufhörlich. Die meisten haben ihre Arbeit nicht getan; die Wunden ihrer Kindheit nicht geheilt. Sie leiden allerdings auch nicht daran, der Schmerz wird verdrängt. Und weil sie keinen Schmerz fühlen können, sind sie auch außerstande zu einem Gefühl der Freude. Sie mögen hilfsbereit und nett sein, und das sind sie auch nur deshalb, weil die ökonomische und politische Situation in dieser Gesellschaft ihnen ein relatives hohes Maß an Sicherheit verleiht, doch sind sie fröhlich? Wo ist ihre Leidenschaft, ihre Ekstase? Letztere aber sind der Saft, aus dem das Leben eigentlich gemacht ist. Natürlich haben wir gut reden, du und ich, sind kreativ. Die kreative Energie ist eine Heilenergie, sie bringt das Individuum in eine innere Balance, und was sollen jene sagen, die nicht schreiben oder

malen? Viele von ihnen laufen zu Therapeuten, wir haben das nicht nötig.
Hach, wie sich die Horizonte im Leben erweitern, in jede Richtung. In der Kindheit ist dein Bewegungsspielraum so begrenzt, dann wird er größer und größer. Mein schönster Tag: als ich vor zwanzig Jahren das erstemal mit einem Jeep und einem kleinen Zelt in die Wüste loszog. Wenn du Einsamkeit suchst und viel Raum, sind diese Wüstenlandschaften hier im Südwesten für dich das richtige. Manche Stellen sind leider von den Touristen zertrampelt, der Grand Canyon zum Beispiel. Mitte der siebziger Jahre hatten wir in Kalifornien eine Bevölkerungsexplosion unter den Mäusen, es gab so viele, daß sie buchstäblich überall Tunnel bauten, und so sieht heute der Grand Canyon aus, als ob er mit einer Überbevölkerung an Mäusen geschlagen wäre.
Wenn Sie wieder mal in den Südwesten kommen, fahren Sie in Nord-Arizona die 160 von Tuba City aus ins Hopi-Reservat, sehen Sie sich die Tänze der Hopi an, es gibt im ganzen Universum nicht noch einmal solche Tänze. Diesen Tänzen zuzusehen, war meine stärkste spirituelle Erfahrung. Die Tänze auf der Leinwand darstellen zu wollen, wäre allerdings ein Sakrileg für mich. Wenn ein Hopi-Indianer das tun möchte, meinetwegen, die Tänze sind ein Teil ihrer Kultur. Dennoch zweifle ich, ob man sie überhaupt repräsentieren kann. Und kommen Sie im Oktober, denn Sie müssen außer den Tänzen der Hopi auch das Licht im Oktober sehn. Dann sind die Effekte am stärksten, das Licht ist auch am beständigsten. Sogar in San Franzisko nimmt das Licht im Oktober für zwei Wochen eine geradezu magische Qualität an. Die Stadt wirkt wie ein völlig anderer Platz auf Erden. Dann ist dieses Licht plötzlich weg, der Winter kommt. Sehen Sie dieses Bild hier. An ihm spiele ich nun schon seit einem dreiviertel Jahr herum, ein künstlerisches Problem, für das ich eine Lösung zu finden versuche. Irgendwas

stimmt nicht an der Komposition der Farben, ich hoffe, im kommenden Oktober finde ich die Lösung. Wenn man in das Feld einer Farbe eine neutrale Farbe hineinsetzt, verwandelt sich die neutrale Farbe optisch in die Komplementärfarbe des Grundes, das heißt, setze ich in die Grundfarbe Purpurrot dieser Landschaft um uns einen grauen Fleck ein, verwandelt sich dieses Grau für Ihre Augen in Grün. Darüber der Himmel: in dieses unglaubliche Blau ein Grau hineingesetzt, und Sie sehen unwillkürlich gelb. Daher rührt meines Erachtens dieses geheimnisvolle Farbenspiel; einige der Farben, die sie sehen, existieren nicht wirklich, Ihr Auge setzt die Komplementärfarben ein, um eine Balance zu schaffen. Dies ist ein Trick der Maler, um eine besonders leuchtende Qualität der Farben zu erreichen, und wahrscheinlich ebenfalls ein Trick der Wüste. Woher sonst das wahnsinnige Farbenspiel, das uns den Atem verschlägt. Und gestern abend zu all dem auch noch zwei Regenbögen, haben Sie sie gesehn? Dennoch geht es nicht nur um die richtige Formel, mit deren Hilfe es mir gelänge, diese Farben und das Licht auf der Leinwand abzubilden, vor allem hängt das Gelingen einer Arbeit von der inneren psychischen Konstitution des Malers ab. Und an dieser arbeite ich jetzt bereits, wenn ich wochenlang hier sitze, den Wechsel des Lichtes und meine innere Reaktion darauf beobachte und skizziere. Manchmal geraten die Skizzen zu Abstraktionen, hier, sehen Sie! Diesen Weg möchte ich indessen nicht weiter verfolgen, er führt zu sehr von der Wüste weg, und worum es mir geht, ist die Wiedergabe der Wüste und ihres Lichtes. An Regentagen knete ich. Sehen Sie diese Figur, das bin ich, ein Dachs. Wie fühlt sich die Figur an? Das heißt, das bin ich noch nicht ganz. Jetzt befestige ich auf dem Rücken des Dachses diese Pfeilspitze, sie gilt bei den Indianern als ein Symbol der Männlichkeit. So, das bin ich nun. Wie fühlt sich diese Figur an? Ich dachte mir, daß Sie erröten werden.

Ist es nicht ein Wunder, die Geschwindigkeit der Liebe? Vor sechs Stunden stiegen Sie aus Ihrem Auto, um zu sehen, was ich male. Jetzt sitzen Sie hier feuerrot wie die Felsen ringsum und schlagen die Augen nieder.

Ein Teenager

13 bin ich, gehe in die achte Klasse. Ehrlich gesagt, die Schule mag ich gar nicht, obwohl unsere ganz gut ist. Eine »open school«, nicht so viel Organisation und Druck. Die Lehrer rufen wir bei ihren Vornamen. Die Klassen sind gemischt. Jetzt sind wir mit einer siebenten zusammen; nebenan ist eine zehnte, mit einer dritten Klasse im selben Raum, auf diese Weise lernen sich die verschiedenen Jahrgänge kennen. Find ich gut. Und in den Highschools müssen die Schüler stündlich in ein anderes Zimmer wandern, das brauchen wir nicht. Sitzen auch nicht ständig auf einem Platz und heben die Hand, wenn wir was sagen wolln; alles ist lockerer. Natürlich funktioniert das nur in kleineren Schulen, wir sind 350 Schüler. Wenn Lehrer von Highschools zu uns kommen, sind sie stets überrascht, daß es trotz fehlender Autorität so diszipliniert zugeht. Kein Wunder. Wenn du mit Sicherheit weißt, daß kein Lehrer dich jemals anschreit, bist du innerlich nicht gestreßt, es fällt dir leichter, höflich zu sein. Viele Fächer sind fakultativ. Mathe und einiges andere mußt du lernen, aber Turnen etwa ist freiwillig. Mit 18 mußt du Prüfungen ablegen, dann bekommst du dein Schuldiplom. Viele von unserer Schule gehn anschließend zum College. Ich nicht. Will nach Alaska. Mag Wölfe. Irgendeinen Job werd ich dort oben schon finden. Bin nicht wählerisch. Nur Rechtsanwalt will ich nicht werden. So viel Papierkram, würde mich zu Tode langweilen. In Nordminnesota haben wir auch Wölfe, aber es werden immer weniger. Zu dicht besiedelt. Falls es mir in Alaska mal zu viele Menschen werden, ziehe ich weiter ins nördliche Yukon in Kanada. Gibt viele Karibus dort.

Wir haben ein Wochenendhaus in Nordminnesota, fahren fast jedes Wochenende hin, nur vier Stunden von hier. Ich habe zwei Jagdgewehre, im Herbst jage ich Eichhörnchen. In der 6. Klasse lernte ich in einem freiwilligen Sicherheitskurs schießen. Mein erstes Gewehr bekam ich zu meinem zwölften Geburtstag. Zuerst schoß ich immer daneben, bis sich herausstellte, daß ich eine Brille benötigte. Dieses Jahr hab ich – mit Brille – bereits elf Eichhörnchen geschossen. Ich ziehe das Fell ab, nehme sie aus, backe oder brate sie... Köstlich!

Meine frühste Erinnerung... die Geschirrspülmaschine. Ich war drei oder so, mochte das Summen und kroch immer zu ihr hin. Schlechte Erinnerungen hab ich an meine frühere Schule. Alles drehte sich um Disziplin. Fürchterlich. Ich hatte manchmal das Gefühl, wenn die Lehrer nur dürften, schlügen sie zu. Wie wilde Koyoten. Na ja, wir waren damals dreißig Schüler in der Klasse, in meiner neuen Schule sind wir niemals mehr als fünfzehn. Jetzt streikten alle Highschoollehrer in Saint Paul, sie verlangen kleinere Klassen. Am liebsten erinnere ich mich ans Zelten. Ein Campingplatz unter Rotkiefern, kein Unterholz, der Boden ganz weich von den Nadeln. Mit meinem Vater und Bruder zeltete ich dort, unweit von unserem Wochenendhaus. Mein Bruder ist jünger. Wir streiten uns viel. Haben zu verschiedene Interessen. Ich denke an Wälder, Wölfe, Gewehre, er einzig an Baseball. Will ein professioneller Spieler werden und zwei Millionen im Jahr verdienen. Sport, wie langweilig! Und Rennen tu ich schon gar nicht gern. Wandern dagegen schon, wenn ich mit meinem Vater auf Jagd bin, legen wir manchmal 15 Meilen pro Tag zurück. Und wenn du dein 15 Pfund schweres Gewehr schleppst, hast du am Ende auch genug Anstrengung gehabt.

Hab ein paar ganz gute Freunde. Mein bester Freund ist 17, interessiert sich für Samurais und so'n Zeug. Neulich waren wir zusammen in einer Ausstellung über postrevolutionäre Kunst in Rußland, die Stalin später verboten hatte. Da war zum Beispiel eine Plastik... ein großer Löffel mit einer Kirsche drauf inmitten von Wasser. Meinen Freund interessierte das sehr, ich konnte, ehrlich gesagt, nix damit anfangen. Lieber quatsche ich mit ihm über die Lehrer oder über Politik. Gestern unterhielten wir uns über die Krise am Persischen Golf. Ich hab Angst, wir verlieren den Krieg. Und dann kämen wir in riesigen Trouble. Irak, eine neue Supermacht... nicht auszudenken! Oder wir sprechen davon, ob eine neue Wirtschaftskrise vor der Tür steht. Wahrscheinlich ja. Mich trifft's nicht. Verziehe mich ja nach Alaska. Die sind dort durch ihr Öl von dem Rest der Welt unabhängig. Obwohl, in den meisten Gegenden darf aus Gründen des Umweltschutzes nicht nach Öl gebohrt werden. Ist richtig so, im Interesse der Karibus. Man muß ihren Lebensraum schützen. Und die Lebensgrundlage der Indianer ebenfalls, die sich zum Teil von Karibus ernähren. Ich bin an unserer Schule verschrieen, weil ich strikteste Gesetze zum Schutz der Umwelt verlange. Bin auch dagegen, daß noch mehr Wälder abgeschlagen werden. Hast du mal von den Weiß- und Rotkiefernwäldern in Minnesota gehört? 150 Fuß hoch und 6 Fuß dick ist solch ein Baum. Jetzt schlagen sie auch noch die letzten davon. Das Holz ist kostbar, vor allem das der Weißkiefer. Wir sollten eine Revolution machen zum Schutz der Umwelt. Autos weg, dafür Straßenbahnen her! Alternative Methoden zur Energieerzeugung! Schluß mit dem Rindfleischessen! Rinderzucht erzeugt Methan, ein Treibhausgas, das die Temperatur der Erde hochtreibt. Die Leute sollten auch erzogen werden, nicht mehr so viele Kinder zu kriegen. Hier hat man gewöhnlich nur zwei, aber in Afrika... Exxon hätte ich für die Ölkatastrophe an der Küste Alaskas tausendmal härter bestraft. Ich hätte ihnen ihre Schiffe weggenommen, ihr Geld beschlagnahmt, den versoffenen Kapitän an die Wand gestellt. Das größte Verbrechen für mich ist die Vernichtung des Ökosystems dieser Welt. Der Kommunismus ist in dieser Hinsicht keine Alternative, im Gegenteil. Wie haben die Kommunisten Sibirien zugrunde gerichtet! Glücklicherweise hatte noch der russische Zar Alaska den Amerikanern verkauft.

Eine Freundin hab ich nicht, will auch keine. Da muß man heiraten, das schafft zu viel Verantwortung. Kinder will ich auch nicht. Schaff mir lieber einen Hund an. Wenn ich sehe, welchen Trouble meine Eltern mit mir haben. Liegen mir unausgesetzt in den Ohren, ich soll in der Schule mehr tun. Bin faul, und sie schreien deshalb öfters. Davon abgesehen bin ich ein artiges Kind. Geschlagen wurde ich nie. Ist hier nicht üblich. Obwohl, einmal... ich wollte Sesamstraße gukken, mein Bruder, er war noch ein Baby, schrie... da drückte ich ihm ein Kissen aufs Gesicht, damit er endlich aufhört. Als meine Mutter das sah und ich ihr Gesicht, da dachte ich, sie erschlägt mich. Aber sie tat mir nichts. Hab ziemlich nette Eltern. Mein Vater ist autoritär, aber meine Mutter setzt ihren Willen stets durch. Das hat sich alles gut eingespielt. Laute Worte gibt es eigentlich wirklich nur angesichts meiner Faulheit.

In die Kirche geht unsere Familie nicht. Wir sind Atheisten. Meine Freunde in der Schule beten ständig. Weiß nicht, warum sie das tun. Ich finde, die Leute sollen ihre inneren Probleme lösen, dann ist es nicht nötig zu beten. Einen Gott könnte ich nicht ertragen, jemanden, der mich führt. Will frei sein. Die Regierung stört mich nicht. Spürst sie kaum. Amerika ist so groß, so viele Menschen, da hat eine Regierung nicht viel zu sagen. Wenn ich Präsident wäre, würde ich in zweierlei Hinsicht sehr streng sein. Erstens in der Ökologie. Zweitens würde ich die automatischen Waffen verbieten. Und noch was: Die Indianer sollten mehr Rechte bekommen. Sie leben so ärmlich in ihren Reservaten, die Ureinwohner Amerikas! Jetzt haben sie wenigstens hier und da Spielkasinos in ihren Dörfern. Machen damit ein bißchen Geld. Einmal pokerte ich, wurde aber nicht davon abhängig wie andere. Wie schnell wird man von etwas abhängig. Trinkst zum Frühstück eine Tasse Kaffee und nochmals und nochmals... schon ist dein Körper vom Koffein abhängig. Noch schlimmer sind Drogen oder Zigaretten. Hier ist das Drogenproblem nicht so schlimm, aber was man so von New York und Los Angeles hört! Ich bin nur vom Fernsehgucken abhängig. Manche Tage guck ich drei Stunden, am liebsten Cartoons von Disney. Auch Krimis mag ich. Wenn ich nicht vorm Fernseher sitze, lese ich. Bücher über Geschichte und andere Länder und Wälder, über Wälder am liebsten... oben bei unserem Wochenendhäuschen pflanze ich ständig Bäume. Jede Woche hole ich mir einen Schwung Bücher aus der Bibliothek. Öfter spiele ich auch Computerspiele, einige von ihnen sind ziemlich grausam. Manche sagen, davon kommt die hohe Kriminalität in den Vereinigten Staaten. Ich finde, sie müßten nur strengere Gesetze schaffen. Mein Vater arbeitet für die Regierung im Ressort Kriminalität, wir haben viele Diskussionen über dieses Thema. Minnesota ist noch ein ziemlich sicherer Platz zum Leben, aber Texas oder Kalifornien... Der eisigkalte Wind hier, nichts für Obdachlose und Verbrecher, vielleicht ist nur dies der Grund für die Sicherheit Minnesotas. Obschon, die Sicherheit ist nur relativ. Vor ein paar Jahren wurde in einem Einfamilienhaus in unserer Straße eingebrochen, die Hausfrau erwürgt, und vor einigen Monaten wurde in einer Kleinstadt in Nordminnesota ein Junge entführt. Den Mörder der Frau und den Entführer des Jungen fand man nie. Vermutlich wurde der Junge längst umgebracht. Menschen tun manchmal verrückte Dinge, und Amerika hat viel zu wenige Polizisten.

Ich sagte, daß ich nicht an Gott glaube. Indessen glaube ich an Reinkarnation. Du hast schon mal als irgendein Tier ge-

lebt und wirst als ein Tier wiedergeboren. Das letztemal war ich ein Wolf. Was ich das nächste Mal sein werde... weiß nicht. Am liebsten ein Grizzlybär... die schlafen so viel. An Schultagen muß ich früh um sechs raus. Barfuß auf dem kalten Flur... diese schrecklichen Minuten jeden Morgen, bis ich endlich meine Socken angezogen habe. Als Grizzlybär bliebe mir das erspart. Ich könnte schlafen, solange ich wollte. Mein Bruder möchte abends nicht ins Bett. Mit mir haben meine Eltern in dieser Hinsicht keine Probleme. Pünktlich um neun Uhr fünfzehn kuschele ich mich unter die Bettdecke.
Meine Eltern haben sich am College kennengelernt. Meine Mutter hat später als Lehrerin und noch später als technische Zeichnerin gearbeitet. Aber seit sie wegen uns Kindern einige Jahre zu Hause geblieben ist, findet sie keine Arbeit mehr. Letzten Sommer sah es so aus, als hätte sie endlich Glück. Toller Job. Doch ihre Chefin war ein Ekel, brüllte Mam ohne einen Grund ununterbrochen an, da kündigte sie nach zwei Monaten. Ich will nicht studieren. Als meine Mutter zum College ging, kostete das fünftausend Dollar pro Jahr. Jetzt kostet es fünfzehntausend... Obschon, ein Anthropologie-Studium würde mich interessieren. Unser Lehrer hat mir die Anthropologie schmackhaft gemacht, die verschiedenen Kulturen dieser Welt... Der Lehrer wanderte mit 19 aus Belgien nach Amerika aus, war an einer Jesuitenschule gewesen, seine Lehrer hatten die Schüler mit einem Stock auf die Finger geschlagen, deshalb wanderte er aus... Jetzt ist er 60, lebte unterdessen auch lange in Nordafrika, mochte die Leute dort sehr. Wie interessant er erzählen kann. Die Leute hier mögen die Moslems nicht, wenn du unserem Lehrer zuhörst, baust du deine Voreingenommenheit ab und stehst ihnen tolerant gegenüber.
Bevor ich später nach Alaska ziehe, reise ich nach Australien, um mir die Wölfe in Tasmanien anzusehn. Bislang sah

ich Wölfe nur im Zoo. Ich mag sie, weil sie klug sind. Und so gewandt. Überhaupt bewundere ich Raubtiere. Menschen sind ja auch Raubtiere. Trotzdem wäre ich lieber ein Wolf. Wie blödsinnig anzunehmen, die könnten nicht fühlen, nicht denken. Freilich, überall lauern Gewehre und Fallen auf dich... Letztere akzeptiere ich nur, wenn sie rasch töten, ohne das gefangene Tier zu quälen. Ich persönlich würde nie einem Wolf etwas zuleide tun. Den Indern sind die Kühe heilig. Mir die Wölfe. Wäre ich ein Wolf, jagte ich Rehe und Bergschafe und Karibus. Manchmal sitze ich am Fenster, sehe hinaus in den Schneefall und träume von meinem Leben als Wolf: meine Jagden, mein gigantisches Geheul. Es richtet sich gegen die Zivilisation. Wär doch schön, wenn Nordamerika in seinen ursprünglichen Zustand zurückkehren dürfte, mit riesigen Wäldern und Büffeln...

Am schönsten träumt es sich, wenn wir oben in unserem Wochenendhaus sind. Mein Vater fährt Rad oder Ski. Er hat nur wenig Urlaub, zehn Tage im Sommer, zehn über Weihnachten, genießt jede Minute in der Natur. Ich jage oder fahre auch ein bißchen Rad. Meist sitze ich nur so am Fenster und sehe in den schneebedeckten Wald hinaus. Ich bevorzuge den Winter. Du siehst die Spuren der Tiere im Schnee, und alles glänzt und glitzert. Und dort oben im Wochenendhaus ist es nicht so günstig zu kochen. Da nehmen wir zu jeder Mahlzeit gefrorene Pizza aus dem Gefrierschrank und stecken sie in die Backröhre... Pizza esse ich am liebsten. Dazu trinke ich Milch oder Orangensaft. Dann gehe ich wieder ans Fenster. Hat sich mein Traum vom Wolfsein erschöpft, stelle ich mir vor, ich hätte vor 300 Jahren gelebt. Minnesota war damals nur von Indianern besiedelt. Sie hätten mir nichts getan. Eine Lüge, sie wären aggressiv gewesen. Die weißen Siedler brachten die Indianer um, nicht die Indianer die weißen Siedler... Heutzutage ist Alaska das letzte Neuland. Vielleicht kann ich dort oben

eine Arbeit als Ranger finden. Du paßt auf, daß die Leute nur einen Elch pro Jahr jagen und nur so und so viele Karibus. Nebenher jagst du selbst. Ist gar nicht so leicht, einen Elch zu erwischen. Sie halten sich am liebsten in unwegsamen Gegenden, zum Beispiel in Sümpfen, auf.
Schau mal, meine Taschenmesser! Ich sammele sie. Mit diesem hier ziehe ich den Eichhörnchen, die ich geschossen habe, das Fell ab. Beim erstenmal ekelte ich mich, dann überwand ich den Ekel. Wenn du ein Jäger sein willst... Mit dem hier nehme ich sie aus. Mit jenem zerlege ich sie, so daß die Teile gut in die Bratpfanne passen. Leider macht sich meine Familie nichts aus gebratenen Eichhörnchen. Ich esse sie selbst. Skrupel hab ich nicht. Ein Eichhörnchen lebt nur drei Jahre. Wenn ich es nicht esse, stirbt es sowieso. Meist nicht mal eines natürlichen Todes. Fast kein Tier tut das. Ich fand sogar Wolfsschädel, die ein Elch mit seinem Geweih zerstieß. Nicht immer ist der Wolf im Kampf der Sieger. Mit diesem Messer hier kannst du Büchsen öffnen...
Vor unserem Wochenendhaus ist ein See. Manchmal fahre ich mit dem Boot raus, sehe Biber und Ottern. Aus dem Schwimmen mache ich mir nichts. Aus Angeln ebenfalls nicht. Fängst kaum mehr was. Früher fing mein Vater fünfzehn große Fische am Tag, heute zwei kleine. Außerdem esse ich Fisch nicht gern. Meine Eltern und mein Bruder mögen Fisch, ich sitze neben ihnen mit meinen gebratenen Eichhörnchen.
Manchmal denke ich an Luxemburg. Unglaublich, 998 Quadratmeilen nimmt dieses Land nur ein. Du brauchtest mit unserem Wagen nicht mal eine halbe Stunde, um es zu durchqueren. Was ist das übrigens für eine Sprache, Luxemburgisch? Ich vermute, ein Gemisch aus Holländisch, Deutsch, Französisch. Wie ist in solch einem kleinen Land Freiheit möglich? Die Menschen wohnen zu dicht beieinander. Mir wird es schon hier zu eng, und Minnesota ist viele

dutzendmal dünner besiedelt als Luxemburg. Sobald ich ein Auto und einen Führerschein habe, geht's ab nach Alaska, durch Kanada den Alaska-Highway hoch... natürlich allein, in meinem Alter willst du deiner Eltern endlich ledig sein. Nicht mal meinen Freund nehme ich mit. Ich bin mit diesen Zukunftsträumen übrigens eine Ausnahme. Meine Klassenkameraden wollen zumeist Computerprogrammierer werden und träumen von Japan.

Eine Schwarze mit weißem Ehemann

Ich komme aus Selma, Alabama – eine berühmte Kleinstadt aus dem Bürgerkrieg, die Festung der Südstaatenarmee. Auch ein wichtiges Baumwollhandelszentrum. Als ich dort 1945 geboren wurde, war die große Zeit für die Stadt vorüber, ich erinnere mich an sie als eine unbeschreiblich hübsche Collegestadt an einem Fluß, umgeben von unbeschreiblicher Armut. Die Stadt – stell dir eine gut gekleidete, vornehme alte Dame vor, faltiger Hals über kostbarem Spitzenkragen. Dort verbrachte ich meine Kindheit, bevor wir nach Nordcarolina, später nach Nebraska zogen. Meine Eltern arbeiteten am College, mit die ersten schwarzen Professoren, Theologen. Später arbeitete mein Vater als lutheranischer Pfarrer und engagierte sich in der Bürgerrechtsbewegung mit Martin Luther King.

Ich studierte Musik, Kontrabaß, nebenher malte ich. Nach dem College tat ich alles zugleich, unterrichten, malen, musizieren, alle paar Wochen ein großes Konzert. Ich übte nächtelang, wahnsinnig ehrgeizig, dann brach ich zusammen. Es war zuviel. Ich mußte raus aus diesem Streß, etwas ganz anderes machen. Bewarb mich beim Peace-Korps, um nach Afrika zu gehn, nach Sierra Leone, um dort ein Kulturprojekt zu eröffnen. Hatte dafür schon Französisch gelernt und mich mit Sierra Leone beschäftigt – die Vorfahren meiner Mutter waren einst aus diesem Land verschleppt worden. Aber ich erhielt Bescheid, daß ich nach Afghanistan gehen sollte. Das lehnte ich ab. Wurde statt dessen Sozialarbeiterin. Ein Trainingsprogramm in Nebraska für Mädchen aus armen Familien, die in irgendeiner Weise gegen die Gesetze verstoßen hatten. Die meisten waren schwarz oder Indianerinnen. Neben der Arbeit studierte ich Sozialpädagogik.

Offen gestanden war diese Arbeit der reine Wahnsinn. Ich mochte sie nicht. Aber die Kinder brauchten so dringend Hilfe, daß ich es nicht fertigbrachte, wegzugehn. Mädchen aus den Bergen, Hillbillies, oder aus dem tiefen Süden; die meisten hatten mit sechzehn noch niemals Schuhe getragen. Geschweige, daß eine wußte, wie eine Spültoilette funktioniert. Eine kackte stets in Handtücher; ich bekam einen Anruf aus der Wäscherei: Also, was ist denn bei euch los? Als ich herausfand, um welches Mädchen es sich handelte und es zur Rede stellte, weinte es: Hab Angst, daß mich die Wasserspülung im Klo mit hinabzieht... Alle die Mädchen hatten noch nie einen Arzt gesehen, viele zeigten verrottete Zähne; die Schwarzen hatten von ihrem zwölften, dreizehnten Lebensjahr an fast allesamt als Prostituierte gearbeitet. Selbstverständlich waren viele drogenabhängig, dazu Inzestgeschichten. Eins der Mädchen litt an furchtbaren Rückenschmerzen, konnte nicht sitzen. Da fanden wir schließlich heraus, sie hatte Syphilis, war damit schon geboren worden, und ihr zweijähriges Kind (sie selbst war 14) hatte ebenfalls die Syphilis. Die ganze Familie mußte ins Krankenhaus. Etliche unserer Mädchen waren auch Kindsmörderinnen. Man hatte sie zu uns geschickt, weil sie zu jung waren, um sie ins Gefängnis zu bringen. Wir lebten Tag und Nacht mit den Mädchen zusammen, rund um die Uhr, versuchten, ihnen etwas beizubringen, so daß sie in der Lage waren, nach ihrer Entlassung zu arbeiten und sich damit durchzubringen. Nach einigen Jahren war ich so erschöpft, daß ich unausgesetzt krank wurde. Da kündigte ich und zog nach Minneapolis um. Ich hatte gehört, dort suchten sie Sozialarbeiter für neu zugezogene Einwandererfamilien, die auf das Leben in der amerikanischen Gesellschaft vorbereitet werden mußten. Das würde, so sagte ich mir, weniger anstrengend sein. Und das war es, eine Arbeit, die einfach Spaß machte. Familien zumeist, die illegal aus Mexiko eingewandert waren und nun

zum Norden heraufwanderten, weil sie im Süden keine Arbeit fanden. Während die Erwachsenen geschult wurden, beschäftigte ich mich mit den Kindern.
In dieser Zeit heirateten George und ich. Wir hatten zusammen das College besucht und waren all die Jahre eng befreundet gewesen. Er hatte in der Zwischenzeit als Sozialarbeiter mit kriminellen Jungs in Kentucky gearbeitet. Mit Georges Hilfe konnte ich nun mein Studium beenden, sogar promovieren. Danach begann ich, am College zu unterrichten, Psychologie, Religion, Sozialarbeit. Hauptsächlich kümmere ich mich um die Sorgen und Nöte der schwarzen Studenten. Ich mag das Unterrichten. Es entschädigt mich dafür, daß ich nicht mehr malen und musizieren kann. Wurde vor vielen Jahren in einen schweren Verkehrsunfall verwickelt, seither sind die Nerven in meinen Händen beschädigt. Einen Pinsel oder Füllhalter kann ich nicht mehr führen. Glücklicherweise gibt es Computer, ich schreibe so gern, Zeitungsartikel, lange Briefe.
Vor drei Jahren geschah etwas, das meine beruflichen Interessen in eine völlig neue Richtung lenkte. Unser College war gerade dabei, ein neues Gebäude einzuweihen, der Name eines der reichsten Geldgeber des Colleges groß und dick über der Tür eingemeißelt. Da fanden Journalisten heraus, daß dieser Mann, Elroy Stock, ausgerechnet jener war, der über hunderttausend Haßbriefe in den USA und in Kanada verschickt hatte, Briefe an Ehepaare, wo die Partner verschiedenen Rassen angehören. George und ich haben auch solche Briefe erhalten: Ein Hundezüchter würde nie daran denken, verschiedene Hundesorten miteinander zu mischen... Ihr Bastarde... Alle Amerikaner, die nicht weißer Hautfarbe sind, sollten in die Länder zurückgeschickt werden, aus denen sie einst gekommen sind... Er verlangte das Verbot von Heiraten zwischen den Rassen. Übrigens habe Hitler mit seiner Rassenpolitik Recht gehabt... Stell dir vor,

der Präsident des Colleges wollte nichtsdestoweniger dem Gebäude den Namen dieses Mannes geben. Der sei doch ein netter Kerl, und man solle diese Briefe nicht so tragisch nehmen. Es bedurfte einer Woche landesweiter Proteste, bis der Präsident seine Entscheidung änderte. Sogar die New York Times schrieb darüber, alle Medien schlugen Alarm – hier ein Artikel, sieh: »Nimmt dein College Geld von Schurken?« Für unser College gilt: ja, sie nehmen sein Geld immer noch. Als Ausgleich, so schlug der Präsident vor, könnten wir ja damit Stipendien für schwarze Studenten finanzieren. Kein schwarzer Student, sagte ich, wird dieses Stipendium annehmen. Wenn schon das Geld, dann muß damit etwas gemacht werden, das den Interessen dieses Mannes diametral entgegenläuft. Wir eröffneten die Organisation »Interrace«, eine internationale Einrichtung zur Förderung der guten Beziehungen zwischen den Rassen, sei es durch Ehen, sei es durch die Adoption von Kindern anderer Rassen. Wir sind eine Forschungseinrichtung, publizieren unsere Forschungsergebnisse; außerdem führen wir Schulungen durch; wir acht Mitarbeiter leisten wirklich Pionierarbeit. Ich bin die Leiterin. George hilft mir, wo er kann. Er arbeitet als Berater für Transportsysteme von Schulkindern und Behinderten; dieser Beruf läßt ihm viel Freizeit, er steckt sie fast gänzlich in unser »Interrace«-Programm. Kein Tag, wo er nicht mit hier in einem der Büros ist. Diese Arbeit ist unser gemeinsames Hobby. Im Augenblick konzentrieren wir uns auf die Adoption. Minnesota steht landesweit an der Spitze bei der Adoption schwarzer Kinder durch weiße Familien, doch nun gibt es das Problem, daß viele dieser Kinder drogenabhängig sind. In einem anderen Zweig unserer Arbeit beschäftigen wir uns mit den Problemen der Minoritäten am Arbeitsplatz. Immer mehr Farbige strömen ins Land, hauptsächlich aus Mexiko, es gibt Probleme mit den weißen Arbeitgebern und den Beziehungen zwischen weißen und far-

bigen Arbeitskollegen. Wir untersuchen derlei Probleme und entwickeln Lösungsvorschläge. Es ist uns auch gelungen, ein Gesetz durchzubringen, daß das Versenden solcher Haßbriefe, wie wir sie bekommen hatten, verbietet. Dennoch kam im vergangenen Oktober wiederum ekelhafte Post dieser Art, sichtlich aus einer neuen Quelle.
Leider muß ich sagen, daß auch Schwarze allergisch auf meine Ehe mit George reagierten. Schau in die Zeitungen, schwarze Journalisten schreiben, die Ehe mit einer/einem Weißen wäre Verrat an der eigenen Rasse und derlei Unsinn. In den Südstaaten ist es mit all diesen Dingen einfacher. Wenn dich einer deiner Hautfarbe wegen haßt, sagt er das offen. Du weißt immer, woran du bist. Hier im Norden verdecken die Leute ihre Gefühle. Sicher würde der Typ, der uns die Haßbriefe schrieb, mir in der Öffentlichkeit gnädig zulächeln. Der Haß äußert sich sublimiert, verdeckt. Du blutest, aber du siehst das Messer nicht. Für Kinder ist es besonders schmerzhaft. Sie sind so vertrauensvoll. Wenn ein schwarzes Kind in einer weißen Nachbarschaft wohnt, sind die Leute freundlich zu ihm: Hi, how are you? Veranstalten sie indessen für ihr eigenes Kind eine Geburtstagsparty, wird das schwarze nicht mit eingeladen. Dennoch muß ich sagen, daß ich es in bestimmten Kleinstädten im Süden nicht wagen würde, mit einem weißen Mann verheiratet zu sein.
George kommt aus einer Kleinstadt in Nebraska. Seine Eltern lebten nicht mehr, als wir heirateten. Sein Bruder, seine Onkel, Tanten unterstützten unsere Ehe, sind unterdessen mit meinen Verwandten in Nebraska eng befreundet. Nur eine dänische Großmutter fürchteten wir, sie war die einzige Konservative in der Familie. So sagte ihr keiner, daß Georges Frau, also ich, schwarz ist. Großmutter rief uns öfter an, wir sprachen am Telefon, sie ahnte nicht im geringsten, warum wir stets eine Ausrede fanden, um abzulehnen, wenn sie uns einlud. Da bestand sie plötzlich darauf, daß wir sie

endlich besuchten, Truthahnessen zum Erntedankfest. Wir fuhren hin, und es gab zu unserem Erstaunen überhaupt keine Probleme. Sie tat so, als sei es selbstverständlich, daß ihr Georglein eine Schwarze geheiratet hatte. Das ganze Versteckspiel über acht Jahre war also umsonst gewesen. Bald wurde sie krank und sollte ins Pflegeheim. Ich erzählte das meinen Eltern, die wurden nicht wieder, als sie das hörten. Für Schwarze gilt es als Schande, einen alten Menschen in ein Alters- oder Pflegeheim zu bringen. Deshalb bestimmte meine Mutter: Sie kommt zu uns! So lebte Grandma auf ihre alten Tage in einer Umgebung von lauter Schwarzen.

Für meine Mutter war meine Heirat mit George anfangs hart gewesen. Sie litt. Mein Vater sagte: Ich möchte, daß du glücklich bist, heirate, wen du willst! Meiner Erfahrung nach sind Mütter meist viel konservativer als Väter. In den ersten Jahren lud Mutter stets, wenn ich sie besuchte, einen meiner früheren Boyfriends zum Abendessen ein. Bis sie schließlich herausfand, daß meine Geschwister mit ihren schwarzen Ehepartnern unglücklich waren, ihre Ehe ging bald in die Brüche, George und ich dagegen kamen gut miteinander aus. Im Unterschied zu Mutter akzeptierten alle in unserer (schwarzen) Kirchengemeinde George mühelos. Kein Problem, daß George bei den Gottesdiensten der einzige Weiße ist.

Gott ist für mich das geheime Zentrum unseres Lebens. Am College ging ich durch Phasen von Agnostizismus, Atheismus, aber schließlich kehrte ich wieder zur lutherischen Kirche zurück. Freilich ist Gott für mich jetzt nicht mehr der Vater im Himmel, so wie ich als Kind von ihm dachte, sondern das ethische Zentrum, das uns Menschen zusammenhält; der Glaube an Gott als eine Art Bewußtheit für das andere, das dir hilft, aus dem Gefängnis deines eigenen Ich herauszukommen. Die christliche Erklärung dafür, wie die Welt entstand, ist für mich absolut irrelevant, indessen dar-

über, wie die Welt sein sollte, hat das Christentum mir Wichtiges zu sagen. Zu der Erfahrung der Gemeinschaft angesichts gemeinsamer ethischer Ziele, die mit jedem Gottesdienst für mich verknüpft ist, kommt das Gefühl des inneren Friedens, darin allerdings ein Stachel Ungeduld. Wie ärgern mich jene Christen, die in ihrer Gemeinschaft mit Jesus einen inneren Frieden genießen, der sie blind macht für die Probleme der Gesellschaft. »Ich lebe in Gott, mir geht es gut, soll die Welt doch zur Hölle gehn!« Und sie versuchen, alle zu dem gleichen faulen Frieden zu bekehren. Erwachsene kannst du meist nicht mehr ändern. Wenn sie erst einmal wie eine Schallplatte ständig die Bibel zitieren, kriegst du sie davon nicht mehr weg. Deshalb spreche ich am liebsten zu den Kindern, George und ich halten öfter die Sonntagsschule. Mich ärgert auch die patriarchalische Arroganz der Kirche, das Machtgehabe.
Es ist herrlich, einen Beruf zu haben, in dem du deine Kreativität richtig entfalten kannst; unsere »Interrace«-Organisation ist meine Leidenschaft. Natürlich gibt's ständig Probleme, weil dies oder jenes nicht sofort klappt, aber das ist normal. In meiner Freizeit bin ich lesesüchtig, Untersuchungen über Rassenfragen oder über die Psychologie von Frauen, nebenher Kriminalromane. Du solltest uns angeln sehn. Da sitzt der rotblonde George mit seiner sonnenempfindlichen Haut, neben ihm mein schwarzer Vater, beide halten eine Angel, daneben sitze ich mit einem Kriminalroman. Ohne Krimi würde ich vor Langeweile sterben. Der Alptraum meiner Kindheit – die ganze Familie mietet für mehrere Tage eine Hütte an einem See, alle verwachsen mit ihren Angelruten... Erst die Entdeckung der Leihbücherei erlöste mich aus dieser Paralyse. Leider verlor ich stets Bücher auf diesen Angeltrips, meine Eltern mußten regelmäßig in der Bücherei dafür zahlen. Und man durfte nur sechs Bücher auf einmal ausleihen. Das war zu wenig für ein Angel-

wochenende. So schloß mein Vater mit der Bücherei einen Vertrag: Ich durfte so viele Bücher ausleihen, wie ich tragen konnte, das waren mindestens zehn. Ich las alles, bis meine Eltern fanden, meine Lektüre müsse systematisch betrieben werden. Sie stellten mir eine Liste der Weltliteratur auf. Von Jane Austen bis Henry James, dazu historische Schinken. Einen werd ich nie vergessen: »Stiefel und Sattel«, ein Buch über den General Custer, von einem seiner Verwandten verfaßt. Welch ein Idiot! sagte ich. Niemand glaubte mir: Oh, der große Custer, ein Held! Nein, es war das dämlichste Buch, das ich je gelesen hatte, über den dämlichsten Kerl, der je lebte. In diesem Augenblick lernte ich zufällig eine Sioux-Indianerin kennen, deren Großvater (er lebte noch) selbst am Big Horn mit gekämpft hatte; er war bei Custers Niederlage dabeigewesen. Kleiner grauer Wolf war sein Name. Ich besuchte ihn. Und er bestätigte mir, was ich schon wußte: Custer war ein arroganter Dummkopf. Kein Grund zur Glorifizierung. Ich schrieb einen Essay darüber. Auch Gedichte schrieb ich in jener Zeit, Haikus, dazu Lieder, die ich selbst vertonte. Sie wurden in der Schülerzeitung abgedruckt. Heute schreibe ich nur noch Artikel. Mein letzter Artikel handelte von den verschiedenen Einstellungen zum Tod bei Schwarzen und Weißen und den verschiedenen Arten, zu trauern. Offen gestanden träume ich ständig davon, einen Krimi zu verfassen. Ein lutherischer Bischof wird darin ermordet, der Mörder bin ich. Eines Tages schreibe ich ihn, ein dicker Roman.

Das Beste in meinem Leben ist fraglos die Ehe mit George. Er inspiriert mich, all das zu tun, was ich tue. Das Schlimmste, der Tod meines jüngsten Bruders. Mit 38 starb er an einem Herzanfall. Er hatte zwei schwere Operationen hinter sich, von denen er sich nie wieder richtig erholte. Mein Bruder, ein unglaublich kluger, faszinierender Mensch, Sozialpädagoge. Früher hatte er lange bei den »Black Panthers«

gekämpft, saß dafür ein halbes Jahr im Gefängnis. Als ein Elektronikspezialist hatte er die »Panther« mit speziellen Geräten ausgestattet, mittels welcher sie hören konnten, was in den Polizeiautos gesprochen wurde, deshalb erwischten jene die »Panther« nicht. Aber nach amerikanischem Gesetz ist das noch lange kein Grund zur Verhaftung; nach einem langen, komplizierten Gerichtsprozeß kam mein Bruder frei. Meinen älteren Bruder, der Lehrer ist, hatte unterdessen der Schuldirektor gebeten, nicht mehr zur Schule zu kommen, solange die Angelegenheiten meines jüngeren Bruders nicht geklärt waren. Was machte mein älterer Bruder? Besuchte täglich für mehrere Stunden meinen jüngeren Bruder im Knast. Welch eine komplizierte Zeit für unsere Familie! Mein Vater auf der Martin-Luther-King-Linie, mein Bruder bei den »Black Panthers«, zwei völlig verschiedene Formen politischer Radikalität. Beide hatten für ihr Engagement zu büßen, mein Vater wurde als Pfarrer aus Schikane ständig versetzt, mein Bruder war im Gefängnis, dennoch stritten sie sich bis aufs Messer. Fürchterliche Familienkräche. Nie vergesse ich jenes Thanksgiving-Truthahnessen: Georges jüngerer Bruder und mein jüngerer Bruder auf der einen Seite, beide einen Colt am Bauch, vertraten die Ansicht, nur durch einen bewaffneten Aufstand könne man den Rassismus beseitigen. Auf der anderen Seite mein Vater, George und mein älterer Bruder, sie opponierten: nein, keine Gewalt! Man müsse die Weißen bilden, ihre Gefühle erziehen, das braucht Geduld... Geduld? schrie Georges jüngerer Bruder. Ich selber bin weiß und kenne die Weißen, die ändern sich nie, wenn ihr sie nicht dazu zwingt! Mein jüngerer Bruder fuchtelte dazu mit seiner Waffe... Ich kann es einfach nicht akzeptieren, daß er nicht mehr lebt.
George und ich reisen viel. Ein Schock für mich: Europa. In London sah ich öfter das Wort *Nigger*! an den Hauswänden als in Alabama. Ich konnte es zuerst kaum glauben. Bei

einem Gespräch mit Regierungsvertretern sprach ich den für Rassenfragen zuständigen Parlamentarier darauf an; der lächelte begütigend: Oh, das Wort *Nigger*! ist nicht gegen euch Schwarze gerichtet, hier meint man damit Inder und alle möglichen anderen Ausländer. Ich sagte: Das macht es ja nur noch schlimmer... Darauf kamen wir nach Deutschland. Hier schlug mir die Feindseligkeit offen entgegen. George hatte sehr sorgsam in einer hübschen kleinen Stadt, die er aus seiner Armeezeit kannte, ein Zimmer in einem Hotel vorbestellt, trug die Briefe und alles bei sich. Nun kamen wir in das Hotel, gegen neun am Abend. Piekfeines Hotel. Der Angestellte an der Rezeption sah einen amerikanischen Film »Dancing in the Rain«, nie werd ich die Atmosphäre vergessen, es regnete draußen. Ich hörte die vertrauten Lieder, lächelte. In diesem Augenblick drehte er sich zu uns um. George wies die Bestätigung der Reservation vor. Der Angestellte sah auf mich, verzog das Gesicht, schnarrte: Wir haben kein Zimmer frei! George sagte, zuerst mild und als das nichts half, ein zweites Mal scharf (wir hatten vor der Reise beide Deutsch gelernt): Natürlich haben Sie Zimmer frei, wir haben nur in zwei Zimmern Licht gesehn! Darauf schob der Angestellte widerstrebend einen Zimmerschlüssel über den Tisch. Oder stell dir vor, wir sitzen im Zug nach Dänemark, im Wagen erster Klasse. Ich halte in der Fensterecke ein Mittagsschläfchen, bedecke mein Gesicht mit dem Mantel. Im Halbschlaf höre ich eine Frauenstimme: Ist hier noch frei? Dann plaudert sie mit George. Alles ist gut. Schließlich richte ich mich auf, nehme den Mantel von meinem Gesicht. Die Frau scheint zu erstarren, dann springt sie auf und reißt die Abteiltür und draußen das Fenster auf. Es ist Winter, sehr kalt. George schließt die Abteiltür, sie reißt sie auf, es wiederholt sich einige Male. Die ganze Zeit starrt sie mich an. Schließlich sage ich: Nebenan ist ein Abteil frei. Wenn Sie in der Kälte sitzen wollen, bitte, gehen Sie dorthin!

Uns friert. Sie ging. Als der Schaffner kam, sagte er, die Frau nebenan hätte sich beschwert, ich hätte sie rausgeschmissen! Ich erklärte ihm, was vorgefallen war, er entschuldigte sich für ihr Gebaren. Später traf ich in einer ebensolchen sauberen deutschen Kleinstadt wie jene mit dem feinen Hotel eine Schwarze. Wir entdeckten einander sofort, begrüßten uns: Hallo, Schwester, was bringt dich hierher...? Sie war die Frau eines Armeeangehörigen und klagte über den offenen Haß vieler Deutscher ihr und ihren Kindern gegenüber. In Frankreich stand es mit dem Rassismus ebenso schlimm. In einem Zeitungsladen kaufte ich eine »Le Monde«. Ein Japaner trat ein, nahm eine Zeitung, hielt der Verkäuferin fragend einen größeren Geldschein entgegen, offensichtlich verstand er kein Wort Französisch. Sie sagte auf Französisch: Du Hund!, nahm sein Geld, wechselte. Ich antwortete auf Französisch: Oh, was Sie sagen, ist nicht sehr nett! Sie: Oh, diese Hunde meinen, die ganze Welt kaufen zu können... Die Dänen schließlich schienen mir liberaler, abgesehen davon, daß sie die Deutschen haßten. Aber stell dir vor, ich sprach mit einem Regisseur, der sich ganz besonders liberal gab, er war mit einer Schwarzen verheiratet, hatte Mischlinge als Kinder. Doch, was höre ich? Ihr Schwarzen seid zwar prima, sagt er, aber weißt du, die Araber, die sind nicht sauber, und sehr intelligent scheinen sie auch nicht... Ich würde nie eine meiner Wohnungen an einen Araber vermieten. Er sagte buchstäblich das über die Araber, was Weiße in Amerika über die Schwarzen sagen, und schloß: Alle Araber sollten Europa verlassen! Ich sagte: Gunnar, diese eine arabische Familie, die du kennst, das sind nicht alle Araber... Er hörte nicht zu, verkapselte sich in seiner Voreingenommenheit. Dennoch mochte ich die Dänen. Ich arbeitete dort für einige Monate, unterrichtete, hielt Workshops ab; mit wem ich auch dienstlich zu tun hatte, es ging immer menschlich zu. Erst setzte man sich, aß und trank

etwas zusammen, dann besprach man das Dienstliche – genauso wie es Schwarze im alten Süden machen. Kein Geschäft, ohne daß man zuvor zusammen einen Kaffee oder Tee getrunken und etwas dazu gegessen hat. Wie verschieden in Europa diese nahe beieinanderliegenden Kulturen sind! Neulich hörte ich, in Dresden hätten sie aus Rassenhaß einen Schwarzen getötet, stimmt das? Das könnte ich mir in Dänemark nicht vorstellen und heutzutage auch beinahe nicht mehr in Alabama.
Manchmal bekomme ich Heimweh nach Alabama. Seit meinem achtzehnten Lebensjahr bin ich nicht mehr dort gewesen. Zugleich fürchte ich mich davor, zurückzugehn. Letztes Wochenende fuhr ich mit meiner Mutter nach Nebraska, um das Viertel zu besuchen, in dem wir für viele Jahre gelebt hatten. Alles war verwüstet. Damals eine wohlhabende Gegend, waren jetzt alle Geschäfte weggezogen, keine Müllabfuhr mehr, zertrümmerte Fensterscheiben, die Einwohner sahen abgerissen und gefährlich aus. Dazu hatten sie eine Autobahn mitten durch das Viertel hindurchgeschlagen, dafür alte Kirchen, unsere ehemalige Schule abgerissen. Ein Alptraum. Was erwartete mich in Alabama? Man hat ja ein bestimmtes Bild vom Ort seiner Kindheit. Wenn ich die Augen schließe, sehe ich wunderschöne Blumen, Magnolienbäume, tropische Vegetation vor mir. Getrübt wird dieses Erinnerungsbild von einer Spannung – alle hatten damals Angst vorm Ku-Klux-Klan. Nur nichts Falsches sagen, sonst üben sie an der Gemeinde der Schwarzen Rache. Diese Gefahr besteht heute nicht mehr. Statt dessen entstand hier im Norden eine neonazistische Bewegung, Skinheads, hast du vor zwei Wochen nicht die Fernsehsendung darüber gesehn? Vor einem Monat haben Neonazis im Hamline-College bei einem jüdischen Fest Kartons mit Exkrementen und Zetteln mit Hakenkreuzen auf den Tisch gestellt. Eine neue Art Ku-Klux-Klan. Sie haben eine bestimmte Telefonnum-

mer, wer sie anruft, bekommt die wöchentlich neue, codierte Haßbotschaft. Minnesota ist bislang das größte geschlossene weiße Gebiet der USA gewesen, und nun haben wir hier die am schnellsten wachsende Minoritätenbevölkerung, Schwarze, Latinos, Asiaten. Verzweifelt sehn die Rechten ihre letzten Weidegründe schwinden...

Merkwürdig, wenn meine Verwandten aus Alabama uns besuchen, scheinen sie sich nie verändert zu haben. Der alte Süden ist irgendwie zeitlos. Und keine Geheimnisse gibt's dort. Meine Kusine ist Sheriff, ihre Sekretärin eine Weiße. Stets von neuem platzt die gegenseitige Abneigung auf Grund der verschiedenen Hautfarbe hervor, dann wird das Problem diskutiert. Dabei geht es heftig zu, aber danach mögen sie sich wieder für eine Weile... Ich sagte schon, daß man hier im Norden nicht zeigt, was man fühlt. Jeder benimmt sich so wie eine Familie mit einem Alkoholiker, die vorgibt, es gäbe ihn nicht. Und so tun die Weißen, als gäbe es uns Schwarze und Latinos nicht in Minneapolis, als gäbe es Rassenprobleme nur unten im Süden. Nein, hier mitten unter uns schwärt das Problem. Minnesota pflegt einen Mythos über sich. Eine stille Übereinkunft, daß man über Unterschiede nicht redet. Ich war das erste schwarze Fakultätsmitglied am Augsburg-College. Man gab mir stumm zu verstehen, wir tun so, als wärest du weiß. Das ist verführerisch. Denn man will ja gern dazugehören, wer möchte ein Außenseiter sein? Indessen, kaum sagst du: deine Bemerkung eben klang ziemlich rassistisch, wirst du sofort zum Problem. Oh, die ist überempfindlich... Deshalb verhalten sich die meisten still. Man tut so, als hätte man die Bemerkung nicht gehört. Etwas sagen wäre wie in der Kirche furzen; um Gottes willen, das tut man nicht! Man stellt keine Fragen in Minnesota. Man spricht über bestimmte Dinge nicht. Im Süden reden die Schwarzen unausgesetzt über alles: wer, warum, wie, was, wo... du bist sofort informiert und weißt jederzeit, wie du dich verhalten sollst. Am schwierigsten sind diese Verhaltensregeln hier im Norden für die Kinder. Die sind neugierig, haben Lust, alles zu hinterfragen. Doch wenn es nun zu den Spielregeln gehört, den betrunkenen Onkel in der Familie nicht zu erwähnen? Nicht den Indianer, nicht den Homosexuellen, nicht die Schwarze, nicht das schwarz-weiße Ehepaar...

Ich habe Angst um dieses Land. Zu wenige engagieren sich positiv in diesem ungeheuren Wechsel von einer Gesellschaft, die von weißen Männern dominiert wird, zu einer vielgestaltigen Gesellschaft, in der keiner dominiert. Und die Regierung versucht, diesen Wechsel zu bremsen, ja gar, das Ruder herumzureißen. Unsere Politiker verstehn nichts von Komplexität. Wenn schon Änderungen, dann müssen die schnell gehn, einfach sein, überschaubar – für komplizierte Veränderungen, die länger dauern und einige Unordnung mit sich bringen, haben sie nicht die Geduld. Dies ist übrigens typisch für den amerikanischen Nationalcharakter. »Die Indianer? Also gut, die brauchen neue Rechte und dies und das. Soll'n sie kriegen, das dauert drei Jahre. Danach woll'n wir nichts mehr von den Indianern hören...« Ich nenne das die Projekt-Mentalität: hier an diesem Punkt beginnt mein Vorhaben, an jenem ist es zu Ende. So geht man an alles heran. Aber diese Einstellung entspricht nicht dem Leben. Die Situation, die wir heute hier vorfinden, ist das Ergebnis einer jahrhundertelangen Entwicklung, das änderst du nicht in drei Jahren. Die Regierung ermutigt die Leute nicht, ihre Probleme selbst zu lösen, in einem geduldigen, zähen Ringen, denn dabei verlöre sie die Kontrolle. Gott sei Dank haben die Japaner und die Deutschen in ökonomischer Hinsicht uns jetzt eins gehustet. Jetzt muß dieses arrogante amerikanische Volk anfangen, darüber nachzudenken, ob es nicht möglicherweise doch irgendwelche Probleme hat. Nur die Erschütterung der Grundlagen öffnet uns die Augen für

Vielfalt. Leider will die jetzige Regierung ihre Augen dafür nicht öffnen. Deshalb hab ich Angst, wenn ich an die Zukunft denke. Seit Jahren haben wir gesagt, man muß den schwarzen Jugendlichen um jeden Preis eine ordentliche Arbeit geben, sonst geschieht Schreckliches (mit Arbeit meine ich nicht nur einen Job bei McDonalds). Man beherzigte diesen Rat nicht, und was haben wir jetzt? Die Banden. Ganze amerikanische Innenstädte im Griff von Gangstern, die unseren Kindern, die wir nicht sinnvoll zu beschäftigten wußten, Jobs geben, Waffen, Kleider, Autos, Geld. Unsre Kinder, kleine Drogenunternehmer. Sie machen Karriere als Kriminelle. Neulich hörte ich einen Vortrag von einem Polizeioffizier, der sagte, mindestens dreitausend Kinder leben derzeit in Minneapolis und Saint Paul in Banden. Banden von schwarzen, weißen, vietnamesischen Kindern, Indianern, die sich neben ihren Drogengeschäften gegenseitig bekriegen. Sie nennen sich »Nationen«, mal kämpfen zwei »Nationen« gemeinsam gegen die anderen, die sich ebenfalls verbünden... Es wird mir schwarz vor Augen, wenn ich mir vorstelle, wohin das noch führt.

Ein Millionär

Ich bin als Hillbilly in einer winzigen Blockhütte aufgewachsen, unten in Arkansas. Neulich schrieb ich ein Lied darüber: »Die rollenden Hügel«. Lieder machen ist mein Hobby, aber eigentlich mache ich die Lieder nicht, Gott schickt sie mir, zuerst die Musik, später den Text. Als ich neulich mit meinen Enkelkindern nach Arkansas fuhr, um ihnen die Blockhütte zu zeigen, lag da nur noch ein Haufen verrotteter Bretter. Die Hütte hatte keinen Keller, keinen Strom, kein Wasser, letzteres schleppten wir eine halbe Meile aus dem nächsten Bach herbei, meist wuschen wir uns gleich im Bach. In der engen Hütte lebten unsere Eltern mit uns zwölf Kindern, dazu noch zwei Kusinen. Ringsum eine winzige Farm, die uns notdürftig ernährte, ich sehe mich noch auf dem Maultier sitzen. Wir bauten Gemüse, Mais, Kartoffeln an, zogen ein paar Tiere auf, ein bißchen Baumwolle hatten wir auch, kauften für den Erlös Zucker und Kaffee. Noch heute ziehe ich vor dem Haus Mais, Kartoffeln und Kürbisse; bitte, sehen Sie aus dem Fenster... Auch die Marmelade stelle ich selbst her. Manche Bekannte tippen sich an die Stirn: Ein Millionär, und er sitzt ständig auf dem Traktor... Als ein ehemaliger Hillbilly traut man dem Geld nicht. Außerdem sehe ich gern, wie es wächst. Und wir jagten und fischten damals viel, das mache ich auch heute noch. Die nächste Ortschaft lag 25 Meilen von unserer Farm entfernt. Bis ich mit 18 zur Armee ging, hatte ich nichts weiter gesehen als unsere Farm und einmal pro Jahr, wenn wir dort Einkäufe machten, diese winzige Ortschaft. In dem Lädchen, wo wir Kaffee und Zucker kauften, waren wir stets verschuldet. Und plötzlich brach der Zweite Weltkrieg aus, ich wurde eingezogen, kam nach San Franzisko, dort bekam ich sofort eine schwere Gehirnhautentzündung, und sie schickten mich wieder nach Hause... Nach meiner Genesung schnitt ich viele Jahre lang Holz für eine Sägemühle; sie machten daraus Faßdauben für Whisky-Fässer; bis zu meinem 32. Lebensjahr war ich sehr arm.

Als Hillbilly ging ich auch nicht zur Schule. Heute werden die Hillbillykinder in Arkansas mit Schulbussen abgeholt. Aber damals in den zwanziger und dreißiger Jahren... Erst viel später lernte ich, hauptsächlich als Autodidakt, lesen und schreiben. Glücklicherweise schert sich Gott nicht um Bildung. Das einzige, was ihn kümmert: ob du Jesus Christus als deinen Erlöser akzeptierst... Seit ich ihn akzeptiere, schickt Gott mir zum Dank die Lieder. Ich nehme meine Gitarre und summe, tagelang summe ich, und plötzlich singe ich laut. Meine Töchter schreiben dann rasch den Text und die Noten auf. Meine fünf Kinder ließ ich von den besten Musiklehrern ausbilden. Vier sind jetzt Geschäftsleute, doch meine älteste Tochter wurde eine bekannte Organistin. Mit ihr musiziere ich viel.

Ich war schon 32, als ich Jesus Christus traf. Bis dahin war ich ein Säufer und Krakeeler wie viele Hillbillysöhne. Bei den Leuten, die im Holz arbeiten, lernst du das rasch, trinken und raufen; wenn du nicht mitmachst, bist du ein Außenseiter. Natürlich hatte ich schon zuvor Gottes Wort gehört. Jeden Sommer war eine Gruppe junger Leute zu uns in die Berge gekommen, hatte aus Unterholz eine Laube gebaut, dort hielten sie den Gottesdienst ab. Aber ich ging nur hin, um sie singen zu hören; was sie predigten, akzeptierte ich nicht. Erst mit 32 begriff ich, daß Christus in mir lebt und daß er wiederkommen wird, denn so steht es schon in der Bibel. (Ich überspringe an dieser Stelle zwei Seiten Bibelzitate.)

Der Anlaß, daß ich mich buchstäblich über Nacht von einem

Wüstling in ein Kind Gottes verwandelte, war mein plötzlicher Reichtum. Ich hatte in dieser Zeit mein Glück als Holzverkäufer versucht, es aber nie auf mehr als fünftausend Dollar im Jahr gebracht, und mit einemmal, beinahe durch einen Zufall, kletterte mein Einkommen auf sieben Millionen. Ich reiste erschrocken zu meiner Mutter, um ihr von diesem Wunder zu berichten. Sie lächelte: Gott sandte dir das Vermögen, er segnet dich! Und ich erinnerte mich, daß Großmutter mir schon auf dem Totenbett angekündigt hatte, daß Gott mich eines Tages segnen werde und wir einander im Himmel wiedersehn. Ich hatte damals mit 16 skeptisch darüber gelächelt, jetzt zerbrach mir die Erinnerung an Großmutter das Herz. Sie war zur Hälfte eine Cherokee. Sie hatte mich die Vögel, Pflanzen, Kräuter gelehrt, die weiseste Frau dieser Erde. Warum hatte ich nur nie zugehört, wenn sie über Jesus Christus sprach! Ich besuchte einen Jugendfreund, der Pfarrer geworden war. Er hatte einst die Bibel erhoben und mich gefragt: Glaubst du, daß dies Gottes Wort ist? Ich hatte geantwortet: Keine Ahnung! Jetzt ging ich wieder zu ihm und sagte: Ja!

Ich gehöre keiner bestimmten Konfession an, gehe in jede Kirche, wenn sie dort nur Gottes Wort predigen, sei es eine katholische, sei es eine evangelische. Und wenn du wie ich in Gott wiedergeboren bist, dich als seinen Jünger betrachtest, benötigst du eigentlich keine Kirche mehr. Ich sage den Leuten: Jeden Sonntag in die Kirche gehn, macht euch noch lange nicht zu Christen. So wie ihr kein Huhn werdet, wenn ihr in den Hühnerstall kriecht. Gottes Wort müßt ihr in eurem Innern vernehmen und ihm gehorchen, in jeder Minute! Ich stehe jeden Morgen um fünf auf, um eine Stunde lang ganz in Ruhe in die Bibel zu sehen. Dabei spricht Gott zu mir. Danach wiege ich mich in der Gewißheit, daß die Menschen mir nichts mehr antun können. Brächten sie mich um, na und! Ich käme sofort zu meinem Erlöser! So regt mich nichts in dieser Welt mehr auf. Natürlich gebe ich mir, um Gott zu gefallen, große Mühe, nicht mehr zu sündigen, ein besserer Mensch zu sein, als ich es früher war. Das Wichtigste im Leben sind für mich heute Gottes Gebote. Vor zwei Jahren stand ich am Grab eines meiner Arbeiter, Verkehrsunfall. Seine arme Frau, dachte ich, so früh verwitwet, sie könnte meine Enkelin sein, und mit drei kleinen Kindern! Um Gott zu gefallen, heiratete ich sie, und wir lesen nun täglich zusammen die Bibel.

Um sieben Uhr dreißig fahre ich ins Büro, und bevor der Arbeitstag beginnt, predige ich kurz zu meinen Arbeitern: Unser Königreich ist nicht hier, es ist dort. Laßt euren Geist nicht hungern, während ihr euren Körper verwöhnt. Der Körper wird zu Staub zerfallen, sobald ihr ins Grab gelegt werdet, euer Geist aber geht in die Ewigkeit ein. Wenn ihr das begriffen habt und ein Kind Gottes geworden seid, werdet ihr solch eine tiefe Freude in euch fühlen, wie ihr sie noch nie gefühlt habt, und nichts in dieser Welt schmerzt euch dann mehr... Manchmal nehme ich die Gitarre mit und singe ein Gospel. Oder eines der Lieder, die Gott mir geschickt hat, nachdem ich sein Jünger geworden bin.

Gottes Jünger sein, dazu gehört auch, daß du seine Entscheidungen nicht hinterfragst. Dies zu lernen, war das Schwierigste. Auf meinen Bruder war beim Streit in einer Bar geschossen worden. Nach 18 Monaten verließ er das Krankenhaus im Rollstuhl, doch er hatte in dieser Zeit Christus für sich entdeckt. Gott segnete meinen Bruder, denn er lernte eine sehr nette Frau kennen, die ihn heiratete, pflegte und ihm im Laufe der Jahre fünf Kinder gebar. Jeden Morgen las mein Bruder in der Bibel, doch plötzlich starb er durch einen Unfall. Warum, oh Gott? rief ich. Es war nach meiner Wiedergeburt in Christus, doch mein Geist war damals noch eine Art Baby. Heute weiß ich, daß man Gott nicht fragen darf. Er wird schon wissen, weshalb er meinen Bruder zu sich gerufen hat, als ein guter Christ fragst du Gott nicht, warum.

Lassen Sie mich Ihnen ein Lied vorsingen, das ich letzte Woche gemacht habe. Ich drehte am Fernseher, hörte die Predigt, dann rannte ich ins Schlafzimmer und sagte zu meiner Frau: Gott hat mir eben ein Lied geschickt! Sie fragte: Wie geht es? Ich sagte: Weiß ich noch nicht. Ich fühle es erst... Unter der Dusche begann ich zu summen, nach dem Frühstück stieg ich auf den Traktor, doch ich kletterte gleich wieder herunter, lief ins Arbeitszimmer, schnappte mir einen Stift und kritzelte die erste Zeile. Dann zupfte ich stundenlang an der Gitarre... Gestern gab ich meinem Lied den letzten Schliff. Nächste Woche nehmen wir es im Tonstudio auf. Meine Tochter übt es mit ihrer Kirchengemeinde ein. Wenn ich Glück habe, kommt es im Rundfunk oder gar zum Morgengottesdienst im Fernsehen.

Going down the brad road to hell/Many burning bushes I've seen
Too busy to stop and turn aside/Looking for fortune and fame
Burning bushes, burning bushes/Burning bushes along the way
Burnig bushes, burning bushes
Be still and hear what they say
Like Moses I turned aside/and I heard the word of my god
And he turned me around and showed me the way
To heaven is the narrow road/Burning bushes, burning bushes...

Jeden Morgen nach dem Erwachen ist mein erster Gedanke, welch ein Glück, daß Gott mir seinen Sohn geschickt hat. Und dann trällere ich:

I am free today, from sin and all sorrow
I am free because God sent his son one day...

Viele Jahre lang schrieb ich nur religiöse Lieder. Dann sagte der Leiter des Tonstudios: Wollen Sie nicht mal einen Western Country Song versuchen? Oh nein, wehrte ich ab, bin doch nur ein Holzfäller... Doch schon auf der Fahrt nach Hause begann ich zu pfeifen, und in meinem Kopf formten sich die Zeilen:

Where pure blue waters flow
Down the Mississippi to the Gulf of Mexiko...

So fängt es immer an, und ich weiß nicht, woher die Musik und die Verse kommen, es kann doch wohl nur direkt von Gott sein...
Wenn ich an meinen ersten öffentlichen Auftritt denke, in einer Kirche... – meine Tochter hatte das arrangiert, plötzlich sagte der Pfarrer, ich möchte doch bitte mit meiner Gitarre nach vorn kommen... Mein Gott, ich wäre am liebsten unter den Sitz gekrochen. Dann sang ich, und nachher fragte mich einer aus der Gemeinde: Oh, kommen Sie doch bitte morgen mit Ihrer Gitarre in mein Büro. Bin vom hiesigen Tonstudio. Mal sehn, was meine Kollegen davon halten... Von da an ein Auftritt nach dem anderen. Jetzt habe ich für Arkansas das neue Staatslied geschrieben, ich sang es dort im Kapitol. Aber nichts von all diesem Glück und Erfolg wäre mir zuteil geworden, hätte mir nicht Gott, als ich 32 war, seinen Sohn geschickt. Ohne dieses Ereignis wäre ich sicher noch immer ein Säufer und Raufbold.
Daß ich damals fast für ein Taschengeld diese bankrott gegangene Firma kaufte, durch die ich dann wider Erwarten reich wurde, war keineswegs das Ergebnis rationaler Erwägungen. Ich war kein cleverer Geschäftsmann, wie einige von mir dachten. Ich spielte einfach mit meinem Schicksal, und Gott hat ein Wunder erwirkt. Danach freilich packte mich die Arbeitswut: ich arbeitete fünf Jahre lang 16 Stunden täglich, um das durch Zufall Gewonnene nicht zu verlieren. So wuchs und wuchs der Betrieb. Heute bin ich einer der größten Holzhändler dieser Region. Ein großer Fehler,

als ich vor einigen Jahren meinte, andere sollten die Geschäfte für mich führen, ich ruhe mich aus... Im Nu verlor ich mehrere Millionen. Deshalb fahre ich heute wieder täglich in den Betrieb, leite alles selber und arbeite mit... Gewöhnlich beschäftige ich 270 Leute, zur Zeit, auf Grund der Rezession, sind es weniger. Ehrlich gesagt, suche ich derzeit nach einem Käufer. Bin 69, falls Gott mich plötzlich zu sich ruft, steht meine Frau hilflos mit diesem Betrieb da. Leider will keiner meiner Kinder ihn übernehmen. Zu viel Verantwortung. Auf Grund der schlechten wirtschaftlichen Situation im Augenblick ist es schwer, das Geschäft zu verkaufen. Gott ermahnt mich stets, ich soll nicht ungeduldig sein. Ohne ihn wäre ich der ungeduldigste Mensch auf Erden. Aber es ist dumm, sich um irgend etwas zu sorgen, da ja bei Gott schon alles, wie es kommen wird, beschlossen steht. All die Menschen, die ungeduldig auf der Erde hin- und herrennen, sind blind für diese Weisheit. Gebt euer Leben Christus, möchte ich ihnen zurufen, und laßt es dort! Wenn eure Armbanduhr kaputt ist und ihr sie zum Uhrmacher bringt, müßt ihr sie dort auch zurücklassen, um sie repariert zu bekommen.
Damals in Arkansas ärgerte ich mich zu Tode, wenn jemand mich ›Blöder Hillbilly!‹ rief. Einer ohne Bildung, hieß das. Heute ist Hillbilly für mich ein Ehrenname. Einer aus dem Busch, der weiß, wie man überlebt. Das ist auch eine Art Bildung. Ich beherrsche die Grundlagen jedes Handwerks. Unser Haus hier, eine Villa kannst du sagen, habe ich selbst gebaut. Mein Vater lehrte mich, wie man Bäume schlägt und Bretter daraus macht. Außerdem lehrte er mich pflügen und überhaupt alles, was erforderlich ist, um eine Farm zu betreiben – selbst auf dem steinigsten Boden, so wie jener in den Bergen von Arkansas. Alles andere, Zimmermann-, Klempner-, Tischler-, Elektrikerfertigkeiten lernte ich später in verschiedenen Jobs.
Neulich trafen wir Geschwister, Cousins und Cousinen, On-

kel und Tanten uns allesamt zum hundertsten Geburtstag meiner Mutter. Wir redeten über die alten Zeiten und über die neuen. Unsere Vorfahren kamen in dieses Land, um in der Freiheit Gottes Willen zu erfüllen, wer denkt heute noch daran? Allen geht es nur um ihren eigenen Willen. Und die Politiker denken, sie könnten uns manipulieren, weil sie so schlaue Rechtsanwälte sind. Es gehörten Bauern und Kaufleute in den Kongreß, dann könnten wir »wir« sagen von uns Amerikanern, so sagen wir »wir« und »die«. Aber wir, das Volk, erhält das Land am Leben, nicht jene blutleeren Juristen, die keine Ahnung haben. Diese Staatsverschuldung, über eine Trillion Dollar, die Zahl kannst du dir schon gar nicht mehr vorstellen! Wie kann man denn mehr Geld ausgeben, als man besitzt! Leider muß ich als guter Christ die Obrigkeit achten und ihre Gesetze einhalten, was auch immer die dort treiben mögen in Washington. Wenn wir die Gesetze nicht mehr einhielten, herrschte Chaos, das ist nicht in Gottes Interesse.
Amerika geht in meinen Augen allmählich unter. Einst, als wir Gott noch ehrten, waren wir die erste Industrienation der Welt, aber dann haben wir Gott den Rücken gekehrt. Erfüllen nicht mehr Gottes Gebote. Wie selbstsüchtig sind wir geworden, denken nicht mehr an unsere Nachbarn. Auch die Verbrechen überall – der Anstieg der Kriminalität kommt nur daher, daß wir den Glauben verloren haben. Der Glaube an Gott ist das Entscheidende in der Welt. Ich habe gehört, daß Gorbatschows Mutter eine Christin war, kein Wunder! Gott sandte ihren Sohn, um die Nationen zu versöhnen. Daß Gorbatschow von Gott gesandt ist, sah ich sofort. Das ist doch kein gewöhnlicher Politiker, dem es nur um Politik geht, er liebt die Menschen. Wenn er auch vorgibt, kein Christ zu sein, er ehrt Gott, das siehst du! Einer, der Christus in die Welt zurückzuholen versucht.
Je älter ich werde, desto stärker zieht es mich nach Arkansas zurück, hab doch all meine Wurzeln dort. Auf dem Friedhof

kannst du unseren Namen bis 1827 zurückverfolgen, unsere Vorfahren kamen aus Irland, heirateten Indianerinnen. Mein Großvater begann eine segensreiche Tradition: jedes Jahr zum Muttertag treffen wir Verwandten uns auf dem Friedhof, reinigen die Gräber, danach halten wir ein gigantisches Picknick. Leider esse ich jedesmal zuviel. Und zweimal wöchentlich telefoniere ich mit meiner Mutter. Sie ist glücklich über ihre Kinder, bis auf den einen Sohn, den sie tragischerweise verlor. Außer mir sind sie alle in Arkansas geblieben, leben nicht weit von ihr, doch kein einziger als Hillbilly; sie wurden allesamt wohlhabend. So hat Mutter fast alle Kinder mit Schwiegerkindern und Enkeln um sich herum. Die meisten Familien leben ja verstreut über die ganzen Vereinigten Staaten. Aber ich kann mich auch nicht beklagen. Meine Kinder leben mit meinen dreizehn Enkeln und zwei Urenkeln in meiner Nähe. Ich hatte ihnen eine gute Ausbildung bezahlt, sie sind beruflich sehr erfolgreich. Leider zerbrach meine erste Ehe. Warum eigentlich, weiß ich bis heute nicht genau. Meine Ex-Frau liebte die Großstadt, ich ziehe es vor, auf dem Land zu leben. Als ich hierher in die Wälder umzog, kam sie einfach nicht mit. So sahen wir uns immer seltener, und dann wollte sie plötzlich einen anderen heiraten. Wir sind aber noch gute Freunde.
Hier draußen in den Wäldern fische und jage ich; ich esse so furchtbar gern Wildbret. Am lustigsten ist eine Jagd auf wilde Truthähne; einen Elch oder ein Reh zu schießen dagegen ist eine schwere Arbeit. Das heißt, es ist auch ein Spiel, bis du das Tier erlegt hast, aber dann mußt du die Haut abziehen, es sachkundig zerlegen, transportieren... Eine Schufterei, bis es am Ende schön verpackt im Kühlschrank liegt. Bevor meine zweite Frau mich heiratete, mochte sie kein Wildbret; jetzt leckt sie sich danach die Finger. Sogar den Elch für unser Hochzeitsmahl hatte ich selbst erlegt. Diese Freizeitbeschäftigungen, Jagen, Fischen, Haus bauen, Auf-dem-Traktor-Sit-

zen sind für mich lebensnotwendig, um den seelischen Druck, den ich jeden Tag aus dem Betrieb mit nach Hause bringe, loszuwerden. In der Geschäftswelt geht es nicht milde zu, wahnsinniger Konkurrenzkampf. Doch nachdem ich mich einige Stunden beschäftigt und dann noch in der Bibel gelesen habe, fühle ich mich leicht. Das geht natürlich nur in den Wäldern. Wie sollte ich mich in der Großstadt entspannen? Auch die Lieder wachsen mir hier leichter zu, vier, fünf Stück pro Jahr. Obwohl ich manchmal das Radio anschalte und mich dort selber singen höre, bin ich indessen nur ein unbedeutender Amateur. Leben könnte ich nicht von den Liedern. Mehr als 1600 Dollar hat mir noch kein Lied eingebracht. Macht nichts, es ist eben mein Hobby. Und welch ein gutes Gefühl, wenn ich Briefe bekomme, aus Indien oder Holland, wo mir Leute schreiben, daß sie meine Lieder zum Gottesdienst singen, und wie sehr sie sie mögen. Wenn die wüßten, daß ich von Musik keine Ahnung habe, keine einzige Note beherrsche, daß Gott mir die Lieder schickt!
Wie kannst du Tiere erlegen, fragen mich manche, und vom Holzhandel leben? Tut dir die Natur nicht leid? Gott, sage ich, hat die Tiere und Pflanzen für uns gemacht, sie sind dazu da, daß wir sie nutzen. Außerdem, wenn du das Reh nicht schießt, stirbt es ja ohnehin. Ebenso ein Baum. Wenn du ihn nicht zur rechten Zeit fällst, stirbt er und vergiftet den Wald. Streifst du durch Montana, Colorado, Idaho, siehst du genau, welcher Wald gepflegt wird und welcher nicht. In den ungepflegten Wäldern verrotten Bäume, die so groß sind, daß man ein Haus mit drei Schlafzimmern daraus hätte bauen können. Und statt dessen verrottet er, mit allen möglichen Würmern infiziert, nimmt noch für Jahre den jüngeren Bäumen das Licht weg. Eine Sünde! Bäume schlagen dagegen schadet dem Wald überhaupt nicht. Sofort schießen die jüngeren Bäume in die Höhe. Sogar wenn ein Wald brennt, wie im vergangenen Jahr im Yellowstonepark, ist das bisweilen gesund für ihn. Es

erfrischt den Boden. Schon als Kind in Arkansas lernte ich, wie man einen Wald pflegt, mit Bäume schlagen und kontrollierten Bränden.

Ach ja, Arkansas. Obwohl wir so arm waren, schlemmten wir. Maisbrot mit Honig in Hülle und Fülle, dazu schlachteten wir einmal pro Jahr eine Kuh und ein Schwein. Weil wir keinen Kühlschrank besaßen, teilten wir das geschlachtete Vieh mit den nächsten Nachbarn, die zehn Meilen von uns entfernt wohnten; die machten es, wenn sie schlachteten, ebenso. Dazu all das Wildbret und die Fische. Ich kann mich nicht erinnern, daß wir einmal gehungert oder kein Fleisch gehabt hätten. Freilich war es eng in der Hütte. Von Betten keine Rede. Wir schliefen auf dem Boden, auf einer Unterlage, 16 Personen eng aneinandergedrängt. Im Winter wurde im kleinen Ofen unausgesetzt Holz nachgelegt. Leider trank mein Vater, und je mehr meine Mutter dagegen wetterte, desto mehr trank er. Und dann begannen wir acht Söhne ebenfalls zu trinken. Eine schwere Zeit für sie. Aber wie solltest du dich nicht betrinken, wenn du für vierzehn Stunden schwere Arbeit täglich nur fünfzig Cent verdientest... An den Sonntagen arbeiteten wir nicht. Irgend jemand kam und predigte, danach wurde Musik gemacht; schon mit 13 bastelte ich mir selbst eine Gitarre, um mitmusizieren zu können. Natürlich spielte keiner gut auf seinem Instrument – außer Großvater, der kam mit seiner Violine ziemlich gut zurecht – die Hauptsache war, wir hatten Musik zum Singen und Tanzen.

Eine Krankenversicherung besaßen wir nicht. Wußten nicht einmal, was das ist. War einer krank, saßen wir einfach daneben und hielten seine Hand. Ich wollte damals immer Arzt werden, dachte, der hält die Hand des Kranken und bespricht ihn. Eine Schule gab es irgendwo, doch es war zu jener Zeit nicht populär, sie zu besuchen. So früh wie möglich arbeiten und Geld verdienen, das galt viel. Schon als Säuglinge fütterten wir die Hühner, ein paar Jahre später be-

gannen wir, Wasser zu tragen, jedes Kind arbeitete unentwegt. Meine eigenen Kinder wollte ich nicht arbeiten lassen, wir hatten es nicht nötig. Doch einfach herumhängen sollten sie auch nicht, deshalb ließ ich ihnen von früh an Musikstunden geben, jedes Kind lernte ein anderes Instrument. Sie übten immerzu, und jetzt geben sie mir zu Weihnachten wunderschöne Konzerte. Meine Kinder sind ein großer Segen für mich. Mit meinem Sohn gab es allerdings einige Probleme. Nachdem er aus dem Vietnamkrieg zurückkam, sprach er eine Weile gar nicht, danach hänselte er mich wegen meines Glaubens. Doch jetzt verstehen wir uns wieder gut. Und meine Töchter verwöhnen mich. Besuchen mich ständig, schreiben mir verliebtes Zeug. Dabei ist jedes Kind völlig anders. Die zweitjüngste, impulsiv, platzt sofort mit ihren Gefühlen heraus, die anderen sind zurückhaltender, man muß tausendmal fragen: Was hast du denn? Traurig ist, wenn du später begreifst, welche Fehler du als Vater gemacht hast; du kannst nicht nochmal von vorn anfangen, um es beim zweitenmal besser zu tun. So machst du die Fehler an den Enkeln wieder gut. Mein Hauptfehler war, vor lauter Arbeit keine Zeit für die Kinder zu haben. Ich dachte, was sie brauchen, sind gute Kleider, gute Schulen, gutes Taschengeld. Damit versorgte ich sie, doch was Kinder brauchen, ist Liebe, und daß du deine Kenntnisse an sie weitergibst, so wie es mein Vater mit mir getan hatte... Dabei versagte ich.
In den nächsten hundert Jahren geht meines Erachtens die Welt zu Ende. Das sagt mir die Bibel, und ich glaube es. Denn kurz vor dem Ende der Zeiten, sagt Gott, werde er die über die Welt verstreuten Juden wieder in ihr Land zurückrufen, das geschah im Mai 1948 mit der Gründung des Staates Israel. Das hätte ich niemals für möglich gehalten, daß dieses Häuflein verstreuter Juden einen Staat gründet, und nun ist es tatsächlich geschehen! Nicht mehr lange, dann

wird die Trompete ertönen, und es folgen sieben Jahre der Drangsal, der Zusammenbruch der Welt. Dabei wird Satan überwunden, der uns stets zu sündigen verführt. Und danach... das Gottesreich, der Himmel auf Erden! Darauf freue ich mich bereits jetzt. Ich werde an Gottes Seite einen besonderen Platz einnehmen, habe ordentlich einen Holzhandel betrieben, so wie er es von mir wünschte, und außerdem gewissenhaft die Lieder gelernt und verbreitet, die er mir sandte. Ich habe Gott tapfer gedient.

Ein Peruaner in den USA

Ich wurde 1949 in einer Kleinstadt in Peru geboren. Einen Beruf hatte mein Vater nicht. Tat alles mögliche, um zu überleben. Er war Sohn eines Bauern, eines Bauern ohne Land, der von der Hand in den Mund gelebt hatte. Mit seinen vielen verschiedenen Jobs schaffte es mein Vater, seine Familie in eine bessere Position zu bringen. Durch Töpfern, als Hotelboy, Hausmeister, Pförtner, in den letzten zwanzig Jahren als Kirchendiener. Seine Familie, das waren meine Mutter und wir sieben Kinder. Er reiste durchs ganze Land, um Jobs zu finden. Meine Mutter arbeitete ebenfalls hart. Sie schafften es, daß wir Kinder bis wir achtzehn, neunzehn waren, nicht arbeiten mußten. Deshalb hatte ich eine gute Kindheit. Ich spielte mit meinen Geschwistern in der Natur, eine Hochfläche zwischen den Anden und dem Dschungel. Später zogen wir in den Norden, ans Meer. Dort gibt es Industrie, große Städte und einen anderen Menschenschlag. Mein Vater hoffte, uns Kindern eine Ausbildung zu verschaffen, möglichst mit Universitätsabschluß. Das war sein Lebenstraum. Wo wir zuvor gewohnt hatten, dort gab es nicht mal eine ordentliche Mittelschule. Er wünschte uns Berufe, die ihm selber nicht gegönnt gewesen waren. Mit Erfolg: Mein ältester Bruder ist Dozent für Ingenieurwesen an einer Universität im Norden Perus, der zweitälteste Rechtsanwalt, meine Schwester Lehrerin, das vierte Kind bin ich, das fünfte... Er studierte Geschäftswesen, seit fünf Jahren lebt er als Musiker in Westdeutschland, macht mit einer Gruppe peruanische Musik. Mein zweitjüngster Bruder studierte Anthropologie und arbeitet als Journalist. Der allerjüngste macht gerade sein Juraexamen, er wird in zwei, drei Jahren auch Rechtsanwalt sein. 78 ist mein Vater jetzt, er arbeitet noch. In einigen Monaten wird er wohl eine kleine Rente bekommen. Er ist glücklich über uns Kinder. Leider zankt er sich unausgesetzt mit meiner Mutter. Über jede Kleinigkeit haben sie grundverschiedene Ansichten, etwa ob sie diesen oder jenen Fernsehkanal sehen. Sind halt jetzt alt.

Mein Vater ist ein interessanter Typ. War mit uns Kindern immer eng befreundet, obwohl wir ihn oft ein Jahr lang nicht sahen, wenn er in einer anderen Stadt Geld verdiente. Er dachte nie an sich, nur an uns Kinder. Ein Mann ohne Bildung, gerade lesen und schreiben konnte er. Viel später machte er irgendein kleines Examen, um eine Zeitlang als Sekretär arbeiten zu können. Er arbeitete ununterbrochen, zuletzt warf er sich in die Politik, unterstützte mal diese, mal jene Partei, rechts oder links, ihm war das einerlei – die einzige Art und Weise, in Peru zu etwas zu kommen. Hilfst du einer Person, die Abgeordneter werden will, wird sie dir, erreicht sie ihr Ziel, einen bescheidenen Job verschaffen. Den du freilich verlierst, wenn vier, fünf Jahre später eine andere Partei die Wahl gewinnt. Es sei denn, du hast rechtzeitig diese andere Partei unterstützt. Ich spreche hier von Politik auf Provinzebene, mit der großen Politik hatte er nichts zu tun.

Mit zwanzig verließ ich meine Eltern, zog nach Lima, um mein Studium fortzusetzen. Eigentlich wollte ich schreiben, Romane, Gedichte. An der Universität interessierte mich nur die Linguistik, die Struktur der Sprache, wie Kreativität funktioniert. Die Stadt, in der meine Eltern lebten, schien zwar modern, war aber alles andere als das. Wenn man der modernen Kunst begegnen will, muß man in Lima leben. Die neue Musik aus den USA, die neuen Filme aus Frankreich oder Deutschland, all das gab es nur in Lima. Es spielt für Peru die gleiche Rolle wie New York für die USA. Die

ersten drei Jahre unterstützte mich finanziell mein ältester Bruder. Ich lernte in dieser Zeit all die jungen Schriftsteller kennen. Wir lebten wie Bohemiens. Es war in den Siebzigern. Wir imitierten die Beatniks in den USA. Die amerikanischen Hippies und die Beatles, all das hatte uns stark beeindruckt. Es gelang mir von dieser Zeit an, Gedichte in verschiedenen Magazinen zu publizieren. Im Grunde genommen bin ich schließlich in die USA gekommen, um mehr Zeit zum Schreiben zu haben.
Nach fünf Jahren an der Universität in Lima hatte ich einen Magister in Linguistik erreicht, heiratete, bekam einen Sohn, dann eine Tochter. Um die Familie durchzubringen, mußte ich in mindestens drei Jobs zugleich arbeiten. Ich lief von einer Arbeitsstelle zur nächsten, an der Universität war ich Dozent – wenn's hochkommt, verdienst du 150 Dollar im Monat, das reicht für die Miete –, daneben unterrichtete ich zwei Kurse an einer anderen Uni, außerdem Privatschüler, ausländische Entwicklungshelfer, die so rasch wie möglich Spanisch lernen mußten. Dazu mußt du vier, fünf Stunden täglich mit ihnen zusammen sein und unausgesetzt sprechen. Nach vier Wochen gingen sie dann irgendwo in die Berge, um an ihrem jeweiligen Projekt zu arbeiten. Darüber hinaus las ich Korrekturfahnen für einen Verlag. Meine Frau arbeitete als Bibliothekarin. Trotzdem kamen wir finanziell gerade so durch.
1986 erhielt ich einen Brief aus den USA von einem peruanischen Freund. Der war dort soeben dabei zu promovieren und fragte mich, welche Jobmöglichkeiten in Peru bestehen, ob das Gehalt zum Überleben reicht usw. Ich antwortete mit einer sehr genauen Beschreibung meines damaligen Lebens. Seine Antwort darauf: Ich bleibe. Warum kommst du nicht auch her? Er hat jetzt eine Dozentur in Wisconsin bekommen. In den nächsten zwei, drei Monaten fällte ich meine Entscheidung zu gehen. Man verläßt nicht so leicht sein

Land. Und jetzt zieht es mich furchtbar zu meinen Eltern. Wie gern würde ich ihre letzten Lebensjahre mit ihnen verbringen. Nur einmal konnte ich sie besuchen während dieser vier Jahre. Nächstes Jahr fliege ich abermals hin. Frau und Kinder mitzunehmen, ist leider zu teuer. Meine Frau darf hier nicht arbeiten, aus Visagründen. Und was ich als Assistent verdiene, reicht zu einem normalen Leben für eine Familie, zum Reisen nicht. Wenigstens lassen mir Unterrichten und Studium täglich zwei bis drei Stunden Zeit, um zu schreiben, wozu ich Lust habe. In Peru wäre daran nicht zu denken. Das erste Jahr hier war freilich schlimm. Meine Frau und die Kinder sprachen kein Wort Englisch. Und ich mußte alles tun, mit den Kindern zum Doktor gehn, zur Schule, einkaufen... Danach wurde es immer besser, jetzt habe ich genug Zeit für mich selbst. Hab alle Vorlesungen hinter mir, bereite mich auf meine Prüfungen vor, unterrichte täglich zwei Stunden, schreibe zwei, drei Stunden an meiner Dissertation über Vallejo, danach etwas für mich selbst; sogar zu einem Mittagsschläfchen reicht die Zeit. Wenn ich mit der Dissertation fertig bin, bewerbe ich mich um eine Stelle als Assistenzprofessor. Das heißt, wenn mein Heimweh nicht stärker wird. Die Sehnsucht nach Eltern, Geschwistern, ja auch nach dem Essen. Zwei-, dreimal pro Woche kocht meine Frau peruanisch, aber natürlich nur annähernd richtig. Es fehlen die Zutaten.
Zu Hause sprechen wir Spanisch. Wenn meine Tochter uns auf Englisch anredet, antworten wir konsequent in spanisch. Durch die Schule neigen die Kinder dazu, nur Englisch zu sprechen. Und wir erzählen ihnen ständig Geschichten aus Peru. Sie sollen ihre peruanische Identität bewahren. Amerikanische Freunde haben wir kaum, vielleicht zwei. Die anderen sind aus Peru und aus Mexiko. Natürlich gehen wir ständig zu Parties meiner Kollegen, aber Freundschaften schließt man da nicht. Freundschaft bedeutet für mich echte

Kommunikation, man spricht darüber, was man wirklich über das Leben fühlt. In den vier Jahren hier habe ich das ein einziges Mal erlebt, es war mir, als ob ich das amerikanische Leben entdeckte. Mein Freund vertraute mir seine wirklichen Probleme an, die mit seinem Sohn, seiner Einstellung dem Leben gegenüber... Alle anderen Kontakte blieben oberflächlich. Small talk, weiter nichts. Wie geht's dir, kann ich dir helfen, hi und see you. Selbstverständlich vermisse ich meine Freunde in Lima, mit denen ich ausgehen, viel trinken, sprechen und mich dabei selber entdecken kann. Mit ihnen kann ich auch meine Texte diskutieren. Und wenn man in Peru eine Party feiert, dann feiert man wirklich. Tanzt, singt, trinkt, schreit, weint, lacht. Es ist ein Ausdruck seiner selbst, eine Katharsis. Wenn du hier zu einer Party gehst, stehen die Leute da und tauschen Floskeln aus, dazu nippen sie an einem Glas Wein, nach nicht einmal zwei Stunden verschwinden sie bereits wieder: See you, see you...
Mein Hauptproblem, ich denke seit Tagen darüber nach, ist, daß ich nicht Teil von irgend etwas bin. In Peru fühlte ich, ich bin Teil einer Familie, einer politischen Position, einer Gruppe Individuen, die eine Aufgabe eint, und noch Teil von diesem und jenem. Hier gehöre ich nirgendwo dazu, nicht mal zu meiner Nachbarschaft. Ich trage für nichts Verantwortung. Unsere Spanischabteilung? Meine Kollegen kämpfen nur ständig um mehr Geld. Angeblich ideologische Debatten sind in Wahrheit nur Kämpfe um mehr Macht in der Abteilung und um höhere Bezahlung. Und die Studenten... Wir kommen zur Universität für drei, vier Jahre, dann ersetzen uns andere. Zu unserer St. Markus-Universität in Lima gehörtest du auch nach dem Studium noch. Die Universität war dein Lebensraum, auch ein wichtiger Teil des kulturellen und politischen System des Landes. Jeder Streit um den Lehrplan war mit politischem Engagement verbunden. Ob im guten, im schlechten, du gehörtest dazu. Du

warst aufgeregt, wenn es um die Wahl eines neuen Dekans ging, wittertest die politischen Implikationen, auch wenn du dich bei solch einer Wahl nicht allzusehr engagiertest. Kurz, du warst Teil der Gemeinschaft und fühltest dich durch deine Anteilnahme sehr lebendig. Hier bist du nur eine Nummer, ein Name an einem der Briefkästen in der Abteilung. Irgendwann wechseln sie ihn aus. Leider bin ich nicht religiös. Die Amerikaner sind Teil ihrer Kirchengemeinde. Jeden Sonntag gehen sie hin, fühlen sich dieser Gemeinschaft zugehörig... Weil wir wollten, daß unsere Kinder sich ihrer Selbst sicherer fühlten, dachten wir, es wäre gut, wir gehörten auch einer Kirchengemeinde an. Die anderen Kinder in der Schule gehen sonntags zur Kirche, und unsere Kinder fragten: Warum gehn wir nicht, und was ist mit Gott, warum sprechen wir nie davon? Und ich dachte: gut, ich war ja auch bis achtzehn Katholik, der Mensch muß seine innere Leere mit irgendwas füllen. Mit Politik, Philosophie, Mythen oder eben mit Gott. Religion erfüllt in unserer Kultur eine wichtige Funktion. Da ließen wir also im Januar in Peru unsere Kinder taufen und gingen dann zwei Monate lang jeden Sonntag hier zur katholischen Kirche. Bis wir dessen fürchterlich müde wurden. Es war so langweilig. Und mein Sohn, stellte sich heraus, ist ein hartgesottener Atheist, läßt sich von seinem Atheismus nicht abbringen.
Die Bevölkerung Perus ist zu 95 Prozent sehr stark gläubig. Die Katholiken (etwa 80 Prozent der Bevölkerung) sind gespalten in einen konservativen Flügel und in einen revolutionären. Die führenden linken Politiker kommen aus dieser Gruppe. Gustavo Gutierrez etwa, ein Haupttheoretiker der Theologie der Befreiung.
Wenn du nach Lima kommst, schreckst du zurück. Wie häßlich. Eine einzige Konfusion. Ein Durcheinander verschiedener Städte. Ohne jede städtische Organisation. Ein Chaos, das ist Lima, von außen gesehen. Schaust du von innen,

sprichst mit Menschen, lernst ihr Leben kennen, wird es interessant. Sogar schön. Vielleicht übertreibe ich. Für mich ist Lima eine der interessantesten Städte Lateinamerikas. Auch noch relativ sicher. Brauchst um dein Leben nicht zu bangen. Gefährlich ist's im Süden des Landes, wo die Guerilla in den Wäldern steckt. Sie sind Maoisten, ich lache manchmal über sie. Obwohl die Sache ernst ist. Ihre Ideologie der vier Schwerter! Das erste ist Marx, das zweite Lenin, das dritte Mao, das vierte der Generalsekretär ihrer Partei. Sie wollen allen Ernstes die bürgerliche Demokratie zerstören und in Peru eine Art China der vierziger Jahre errichten. Das Epizentrum der Weltrevolution, so sagen sie, läge jetzt in Peru. Sie haben keine Chance, die Macht zu übernehmen, allein dort unten in den Wäldern können sie für immer überleben. Die Armee Perus ist zu schwach, in jenen Teil des Landes zu gehn, hat auch kein Interesse daran. Wozu? Auch innerhalb der Städte gibt's Gebiete, an denen der Staat einfach kein Interesse hat. So bildet sich eine Art unabhängiger Gebiete innerhalb eines Staates.
Natürlich hat das einen ungünstigen Einfluß auf die Ökonomie. Zum Beispiel haben die Guerillas ihre Finger im Drogenhandel. Trotzdem glaube ich, die Bushadministration übertreibt mächtig mit ihrer Propaganda über den Zusammenhang von Guerilla und Drogenhandel. Bedarf in Wirklichkeit nur einer Rechtfertigung, Truppen nach Peru zu schicken, um dort in Lateinamerika eine strategisch wichtige Position zu besetzen. Eine Vorbeugemaßnahme gegen unliebsame Erfahrungen wie die mit den Sandinistas in Nikaragua.
Bis etwa 81 war ich in Lima sehr stark politisch engagiert. Wir kämpften für den Sozialismus. In den 60ern war ich darin sehr dogmatisch. Die kommunistische Partei war in zwei Teile gespalten, die Maoisten und jene, die dem kubanischen Modell nacheiferten. Ich focht im Sinne der kubani-

schen Tradition. Che Guevara und die Rebellen in den Bergen Boliviens waren unsere Idole. Ihnen nachzueifern, war Teil unserer Persönlichkeit. Gleichzeitig identifizierten wir uns mit den Beatles und den Rolling Stones. Dazu die Poesie von Rimbaud und Baudelaire, das war unsere Kultur. Später kam neben den beiden kommunistischen Haupttraditionen noch eine dritte, die italienische, auf. Die Ideen von Gramsci. Außerdem gab es die orthodoxen Kommunisten, die Geld aus Rußland erhielten. Es war eine aufregende Zeit, Streiks, Demonstrationen, Hungerstreiks. Während der Nacht malten wir Losungen an die Wände. Zweimal erwischte mich die Polizei dabei, ich kam für je zwei Tage ins Gefängnis. »PCR« hatte ich geschrieben, die Initialen der Kommunistischen Revolutionären Partei. Manchmal gingen wir in die Kinos, in denen sie amerikanische Filme über den Vietnamkrieg zeigten. Wir stoppten die Vorführung, einer von uns sprach laut zum Publikum, sie sollten doch diese imperialistische Propaganda nicht unterstützen. Zwei oder drei von uns sprühten Losungen auf die Leinwand. Der Hauptkampf richtete sich komischerweise nicht gegen den Imperialismus, sondern gegen die anderen kommunistischen Parteien im Land. Besonders vor Wahlen, zum Beispiel Gewerkschaftswahlen, schlugen die Wellen hoch. Jedes Jahr gibt es in der peruanischen Linken einen großen Umzug zum Friedhof mit dem Grab des berühmtesten Kommunisten im Land, Mariategui – er hatte 1928 die kommunistische Partei gegründet. Ein sehr origineller Denker. Wir zogen dorthin mit Fahnen, Liedern, meist sangen wir die Internationale, aber... jede kommunistische Partei wollte näher am Grab stehn, und jede wollte den Hauptredner stellen. Prügeleien. Mit Stöcken und Steinen wurde gekämpft. Natürlich gab es Schwerverwundete. Die Gewerkschaftswahlen endeten gewöhnlich mit Schüssen und zwei oder drei Toten. Was ist heute davon übrig? Hunderte Splitterparteien. Zu den letzten Wahlen bildete die Linke zwei Fronten, der Unterschied zwischen ihren Programmen war kaum einzusehn. Sie haben zusammengenommen etwa acht Prozent der Stimmen erreicht. Früher lag die Linke insgesamt stets um die fünfunddreißig Prozent. Wenn die Linke zersplittert ist, wählen viele Leute, die links stehn, unabhängige Kandidaten. Die Konservativen liegen immer um die dreißig Prozent. Es sind mithin viele, die auf Grund der Zersplitterung der Linken unabhängige Kandidaten wählen.

Nordamerikaner haben wir in Peru kaum. Im Dschungel haben sie zwei Öl-Companies. Der Rest der Industriebosse sind Peruaner. 68 hatten wir einen revolutionären Putsch, ein General übernahm die Macht. Und behielt sie für drei Jahre, in denen er radikale Reformen durchführte. Er nationalisierte und verstaatlichte die US-Konzerne. Der Staat kam aber mit der Wirtschaft nicht zurecht; da verkaufte er die Konzerne an Peruaner. Ich vermute, die nächsten zehn Jahre in Peru werden schrecklich. Zum einen hast du die Guerilla, die von einem Teil der Landbevölkerung unterstützt wird. Zum anderen hast du die legale Linke, wie zersplittert sie im Augenblick auch sein mag. Sie könnte jederzeit ihre Differenzen überwinden und ein Wahlergebnis von mindestens vierzig Prozent erreichen. Drittens hast du die Konservativen, darunter sehr radikale Fraktionen. Diese Konfrontationen bestehen schon immer, aber die Armen werden ärmer und ärmer. Wenn die Linke ihre Zersplitterung überwände und sich zum bewaffneten Kampf entschlösse, hätte sie die Unterstützung der Masse des Volkes. Aber Peru ist ein, geographisch gesehen, riesengroßes und differenziertes Land. Berge, Küste, Dschungel. Die kulturellen Unterschiede sind ebenso groß, verschiedene Sprachen... Es würde ein endloser Krieg.

Mein extrem linker Hintergrund war nicht schmalspurig. Von der homogenen, stalinistischen Richtung unter den

Kommunisten nur wenig beeinflußt, sammelte ich die heterogensten Artikulationen in Sachen Kunst und politischer Information. Statt zum Beispiel die USA einfach total abzulehnen, beschloß ich im Gegenteil, mir die Sache von nahem zu besehen. Und ich kann nicht mal sagen, daß ich enttäuscht bin. Obschon sich mein Bild nicht geändert hat. Die amerikanische Mittelklasse ist so, wie man es ihr nachsagt. Uniform und oberflächlich. Ihre Angehörigen verbergen ihre Emotionen und scheuen vor jeder komplizierteren Idee zurück. Die Entdeckung neuer Probleme, Geschmacksrichtungen, neuer Auffassungen über diese Angelegenheit Leben, das alles interessiert sie nicht. Sie haben sich entschieden, ein für allemal, mit ihrem Leben, ihrem Essen, ihrem Alltag und dem, was sie haben, zufrieden zu sein. Das einzige, was ich nicht verstehe: Wer kontrolliert diese riesenhafte Gesellschaft mit solch einer Effizienz? Welche Medien, Staatsorgane oder Monopole produzieren diese Uniformität unter dem Volk – ohne die geringste negative Rückwirkung? Denn dieses Volk beklagt sich ja wirklich nicht. Sein Leben ist trotz des Wohlstands so flach und schmucklos. Wäre das kein Grund, sich zu beklagen? Bescheid darüber wußte ich bereits vorher, aus der amerikanischen Literatur. Nun wüßte ich aber gern, wie funktioniert das System ideologisch? In Peru funktioniert es anders: Der Staat drückt mit Macht das Volk nieder. In den USA scheint der Staat alles unter Kontrolle zu haben, doch die Leute spüren den Druck nicht. Anscheinend existiert er nicht.
Die amerikanische Musik genieße ich, vor allem den Blues. Es gibt einige Bars in Minneapolis, wo du ihn hören kannst. Aus Zeitgründen kam ich leider noch nicht dazu, bestimmte Züge Amerikas zu entdecken, die du von der Universität aus nicht wahrnimmst, die Kunstszene etwa. Kürzlich waren wir zwei Wochen in New York, wundervoll! Wir wohnten bei peruanischen Freunden in Brooklyn, eine interessante

Nachbarschaft. New York ist einer der wenigen Orte dieser Welt, an denen ich furchtbar gern leben würde. Obwohl ich zweimal im spanischen Teil Harlems einen Freund besuchte und feststellte: gefährliche Gegend, die Straßen voll Müll, die Leute sprechen nur Spanisch, überall lungerten Arbeitslose, ich meinte, in Lima zu sein. Die U-Bahn-Schächte, die Straßen, die Brücken, die Wolkenkratzer, das Rassengemisch... Leider ist das Leben dort zu teuer. Unerschwinglich für mich. Vielleicht beschönige ich die USA, aber ich entdecke an diesem Land wirklich interessante Züge. Wenn ich mir die Zeit dazu nehme, sie zu entdecken. Ich sollte die Geschichte der Vereinigten Staaten studieren. Vielleicht finde ich dabei heraus, wie dieses System funktioniert.
Dem Volk Perus wünsche ich den hiesigen Lebensstandard, aber ein Leben mit mehr Kreativität, mit anderen Werten, mit einem direkteren Engagement, mit tieferen menschlichen Beziehungen, als ich sie hier beobachten kann. Ein Leben ohne diese Distanz jedem Objekt gegenüber. Die Distanz der Amerikaner erstreckt sich ja nicht zuletzt auf den Rest der Welt. Daß Milliarden Menschen dort ums nackte Überleben kämpfen, das geht sie nichts an. Ich glaube, nur für ihren Rasen interessieren sich die Amerikaner wirklich. Ob diese Kombination möglich ist, ein ordentlicher Lebensstandard mit weniger Maschinen und dafür mit mehr kollektiver Anteilnahme an allen Dingen? In manchen Stadtteilen Perus, um die sich der Staat nicht kümmert, machen die Leute alles gemeinsam, reinigen die Straßen, organisieren Hilfsprogramme für die Ärmsten. Alles geschieht in der Gruppe. Kann man die Kollektivität nicht einfach erhalten und mit einem höheren Lebensstandard verbinden? Nachdem jetzt in Osteuropa der sozialistische Ansatz gescheitert ist, bin ich nicht mehr allzu optimistisch. Aber ein Großteil Lateinamerikaner kämpft um den Sozialismus, um einen demokratischen natürlich. Wir haben keine andere Alternative.

Kapitalismus, das bedeutet in Peru eben drei Prozent Superreiche, zwanzig Prozent, die so leben wie meine Familie vor unserem Umzug in die USA. Die anderen hangeln sich mühevoll von einem Tag zum nächsten durchs Leben. Heute verkaufen sie ein paar Schuhe, morgen ein Hemd, das sie zu Hause angefertigt haben, aber was, wenn tagelang niemand ein paar Schuhe oder ein Hemd kaufen möchte? Dann verkaufen sie ein Bonbon oder eine Zigarette, die Straßen in Lima sehen aus, wie ein Markt, vor jedem Haus, jeder Hütte wird irgend etwas verkauft. Aber wenn das Kind nicht mal das Bonbon oder die Zigarette verkaufen kann?
Auf die Demokratie müßte beim Versuch, eine sozialistische Gesellschaft zu errichten, von Anfang an genau geachtet werden. Bei der Distribution der Wirtschaft, der Verteilung der staatlichen Macht. Das Militär müßte direkt dem Volk unterstehen, damit es sich nicht verselbständigen kann. Alle wichtigen Entschlüsse, ob sie die Bildung oder was auch immer betreffen, müßten von bestimmten gewählten Räten im Volk gefällt werden. Utopie!
Die USA würden solch ein Land in Südamerika nicht akzeptieren. Große Länder möchten die kleinen stets kontrollieren. Und was willst du tun? Bist von ihnen ökonomisch abhängig. Das sozialistische Kuba existiert nur dank seiner totalen Abhängigkeit von der Sowjetunion. Was geschieht, wenn sie Kuba kein Geld mehr gibt? So wie ich an dieser Stelle reflektieren viele Lateinamerikaner immerzu. Man hat einen Mythos. Hier in den USA leben die Menschen einfach dahin, ohne zu denken und zu träumen. Alle vier Jahre wählt man einen neuen Präsidenten, das ist alles. Sie leben nicht wirklich. Ich könnte nicht schreiben ohne meinen Traum von einem besseren Peru. In letzter Instanz reden und schreiben wir immer nur über uns selbst. Indessen kann ich das durch meine spezifische Lebenserfahrung nicht tun, ohne gleichzeitig an einem kollektiven Mythos zu partizipie-

ren. Ich benutze auch die Sprache, die meines Erachtens mein Volk spricht. Nicht nur in Gedichten. Auch wenn ich an meiner Dissertation schreibe, denke ich ständig über unsere Kultur nach. Ich analysiere bestimmte Texte und stelle mir dabei ein Peru vor, das so ist, wie ich es mir wünsche. Natürlich muß es eine richtige akademische Arbeit werden mit all den zugehörigen Begriffen. Doch dahinter existiert für mich eine zweite Ebene, auf der ich über Peru nicht nur reflektiere, sondern auch träume. Und ich stelle mir beim Schreiben, poetischem oder wissenschaftlichem, als Leser immer meine Freunde und meine Familie vor. Ich denke dabei an ihre Gefühle und ihre täglichen Probleme. Vallejo, über den ich arbeite, war in einer ähnlichen Situation wie sie. Ein anderer historischer Augenblick freilich, die Russische Revolution hatte soeben stattgefunden, der Sozialismus schien zu funktionieren. Vom Stalinismus ahnte man noch nichts. Das interessierte Vallejo, aber hauptsächlich sprach er über die Lebensbedingungen in Peru. Und er blieb stets der aus diesen Verhältnissen. Was für ein Unterschied zu einem aus einer Mittelklassefamilie in Paris oder Washington, mit Büchern und einem Bewußtsein für die philosophische Tradition. Statt dessen eine Kleinstadt in den Anden, wo niemals einer Hegel oder Freud oder die Existentialisten gelesen hat. In meinem Elternhaus gab es auch keine Bücher. Neben der Bibel besitzen meine Eltern noch zwei, drei andere religiöse Bücher, eine schlechte Gedichtanthologie aus dem 19. Jahrhundert, das ist alles.
Es heißt, das Besondere an der lateinamerikanischen Literatur sei die Mischung aus Realismus und Phantasie. Kein Wunder, denn im täglichen Leben ist die Erfahrung des Realistischen mit der des Phantastischen eng verknüpft. Plötzlich geschehen unerwartete Dinge, für jeden. Hier ist es weniger üblich als in Lateinamerika, doch es kann dir auch hier passieren. Diese Erfahrung ist schwer zu definieren. Plötz-

lich verlassen alle dich umgebenden Dinge ihren gewohnten Platz. 1978 arbeitete ich in einem Büro der Stadt Lima, dem Nationalen Institut für Kultur. Ich war gerade im Urlaub und mußte ins Büro, meinen Gehaltsscheck abholen. Meine Frau und unser soeben geborener Sohn warteten zu Hause auf meine Rückkehr. Ich nahm meinen Scheck in Empfang, unterhielt mich mit meinen Kollegen und verließ das Bürogebäude in Richtung Innenstadt, dort nahm ich einen Bus. Es wunderte mich, daß der Bus fast leer war. Nur der Fahrer, eine Nonne und ich. Allmählich stiegen mehr Leute zu. Nicht mehr als zehn. Der Bus war also leer. (Wenn in einem peruanischen Bus alle einen Sitzplatz finden, sagt man, der Bus sei leer.) Ich saß in der ersten Reihe, direkt hinter dem Fahrer. Plötzlich entdeckte ich, sie sprachen über mich. Vor allem die Nonne. Ich drehte mich um. Sie zeigte mit dem Finger auf mich. Ich sah an mir hinab. Nichts Besonderes war an mir zu finden. Schließlich wurde mir klar, daß die Nonne mich beschuldigte, sie zu verfolgen. Ich hätte sie schon den ganzen Tag kreuz und quer durch Lima verfolgt. Es wurde immer chaotischer. Am Ende kreischte sie: Er ist ein Agent der Kubaner. Ich sagte: Glauben Sie dieser Frau nicht, sie ist paranoid! Ich sagte, wo ich arbeitete, wohnte, daß ich in dem bestimmten Gebäude nur einen Scheck abgeholt hätte... Die Fahrgäste teilten sich in zwei Gruppen, die einen glaubten der Nonne, die anderen mir. Nun redete die Nonne gestikulierend auf den Fahrer ein, den Bus zu stoppen. Erklärte ihm, sie sei die Tochter eines kubanischen Flüchtlings und ich ein Mitglied einer kommunistischen Terrororganisation, trachtete ihr nach dem Leben. Der Fahrer hielt schließlich, rief die Polizei. Der erste Polizist, ich hatte ihm meine Ausweise gezeigt, sagte: Die Frau ist verrückt, aber ich muß Sie zur Zentrale bringen. Diese Polizeizentrale war das politisch repressivste Zentrum in Peru. Wie viele saßen ihretwegen im Gefängnis. Die Nonne begleitete uns. Zwei Stunden wurde ich befragt. Ich sagte: Fragen Sie doch meinen Chef und tatatata. Schließlich durfte ich gehen. Ein Leutnant rief im Kloster an, sie sollten die Nonne abholen, die offensichtlich verrückt sei. Beschuldigt einen Unschuldigen, Kommunist zu sein! Ich ging erleichtert. Gefährlicherweise hatte die Nonne ja recht. Ich war Kommunist, war Mitglied einer kommunistischen Organisation, in Dutzende illegale Aktionen verstrickt. Hätten sie der Nonne geglaubt und mein Haus durchsucht, so hätten sie dort Bücher von Lenin, den Maoisten und sonstwas gefunden. Ich wäre für immer verschwunden, zumindest wäre ich für zwei, drei Jahre ins Gefängnis gekommen. Die Nonne hatte also recht, und dennoch war sie verrückt. Wer von uns beiden lebte also in der Realität und wer in der Phantasie? Derlei geschieht jeden Tag. Nichts anderes als die Struktur dieser Erfahrung konstituiert unsere Literatur.

Eine Dakota-Indianerin

Ich bin eine Dakota – oder auch östliche Sioux-Indianerin. Östlich, das heißt, wir lebten in den Wäldern und an den Flüssen im Unterschied zu den westlichen Sioux-Indianern, die die Prärien Nord- und Süddakotas bewohnten. Der See in Nordwisconsin, an dem mein Urgroßvater lebte, liegt jetzt im Chippewa-Gebiet. Er war ein Zeitgenosse Benjamin Franklins und ebenfalls ein Führer im amerikanischen Revolutionskrieg – allerdings auf der Seite der Engländer. Deshalb werden wir Sioux meines Erachtens bis heute gegenüber den Chippewa benachteiligt. Mein Volk, das heißt, was von ihm übrig geblieben ist, lebt jetzt zum größten Teil auf der Prärie-Insel im Mississippi, eine Stunde südöstlich von Minneapolis. Früher erstreckte sich unser Gebiet von Detroit, Michigan im Osten bis nach Saint Louis, Missouri im Süden, bis weit nach Kanada hinein im Norden, bis zu den Rockies im Westen. Heute sind wir noch vier kleine Sioux-Dörfer mit einer Fläche von je etwa 1500 acres. 1863 hob Abraham Lincoln unsere Vertragsrechte auf, ein Jahr zuvor hatten wir die größte Massenhinrichtung in der Geschichte der USA erlebt, darunter alle unsere Familienangehörigen. In der Nähe des heutigen Flughafens war ein riesiges Gefangenenlager, 1600 Männer, Frauen, Kinder – und das ganze Volk fast ohne Nahrung, denn die Büffel, unser Hauptnahrungsmittel, wurden um diese Zeit gnadenlos ausgerottet.
Zu meinem Dorf auf der Prärie-Insel gehören heute 300–500 Menschen, viele finden auf der winzigen Insel von 4 mal 10 Meilen keinen Platz mehr, zumal auf einer Spitze der Insel auch noch ein Atomkraftwerk gebaut wurde, außerdem wurde eine Eisenbahnlinie über die Insel geschlagen. Des-

halb zogen immer mehr Indianer aus unserem Dorf nach Minneapolis und Saint Paul. Im Unterschied zu unserem Volk haben die Chippewa im Norden Minnesotas große Reservate bekommen. Dabei sollten sie nach alten Vertragsrechten mit unserem Volk nicht weiter westlich als bis zum Saint Croix-Fluß wohnen. Daran halten sie sich nicht. Natürlich gab und gibt es ständig Rivalitäten zwischen den Nationen der Indianer, jede wollte und will die bedeutendste sein; im Zusammenhang damit schlossen die einzelnen Nationen verschiedene Allianzen, sei es mit den Franzosen, den Engländern, den Schotten, Spaniern, den Holländern – diese Staaten bekamen auf diesem Weg Zugang zu den Reichtümern unseres Kontinents, Holz, Gold, Silber, Kupfer, Eisen; was haben die Europäer aus unserem Land nicht herausgeholt! Die ersten Europäer in Amerika wären ohne die Hilfe von uns Dakota-Indianern gar nicht zurechtgekommen, denn wir besaßen die großen Kanus, den Wildreis und die Zuckerbüsche; die Geschichtsbücher, die behaupten, all dies seien Erfindungen der Chippewa, lügen. Und warum? Die Amerikaner wollen ihren Vorzeige-Indianerstamm haben, so wie man ein Haushündchen besitzt, schön zahm. Unser Volk eignete sich dafür nie, alle großen Aufstände wie am Wounded Knee waren stets Aufstände von uns Dakota-Indianern, deshalb ignorieren die Behörden uns. Die Amerikaner kommen auch mit dem Begriff der Verschiedenheit nicht zurecht. Ein Prozent der USA-Bevölkerung sind Indianer, heißt es, es gibt aber über 300 verschiedene Stämme mit verschiedenen Sprachen. Davon ist selten die Rede. Einst waren wir 2000 verschiedene Nationen, die meisten verschwanden durch den Genozid völlig vom Erdboden. In unserer Gegend hier haben die deutschen Einwanderer am schlimmsten gewütet. Sie drangen aus Wisconsin weiter nach Westen vor. Die Vertragsrechte waren uns ja 1863 weggenommen worden, erst 1924 wurde uns die Staatsbürgerschaft der Vereinigten Staaten zuerkannt; in den Jahren dazwischen dezimierten sie uns radikal. Ohne einen Paß war uns ja nicht mal gestattet, uns durch unser eigenes Land zu bewegen. Ein falscher Schritt und du starbst. Unsere Kultur und Spiritualität haben wir dennoch nicht verloren, die Fähigkeit, in der Balance mit allem zu leben, die einzige Weise zu bestehen...

Und die Alten fühlten sich stets verantwortlich für die kommenden Generationen; mich als die Älteste von acht Kindern sandten sie zum College. Denn mein Großvater hatte sechzehn Sprachen gesprochen, einige davon waren europäische Sprachen. Nun sollte auch ich verschiedene Sprachen lernen. Wir waren eine Übersetzerfamilie von der Zeit des großen Pelzhandels an; einer der Urgroßväter war Schotte gewesen, alle anderen Vorfahren Vollblutindianer; mehrere nahmen als Übersetzer an den Vertragsverhandlungen zwischen Indianern und Weißen teil. Nach der Highschool ging ich also – zugegebenermaßen widerstrebend – zum College, das ich 1962 erfolgreich abschloß. Die Dorfältesten hatten gesagt, man muß einfach alle Möglichkeiten dieses Landes ausnutzen. Lange genug war dies ohnehin nicht möglich gewesen, weil wir Indianer nicht als Staatsbürger anerkannt waren. Nicht zu fassen, die Weißen übernahmen unser Land, unsere Worte, unsere Formen von Demokratie, unsere Reichtümer, doch die Staatsbürgerschaft gaben sie uns bis 1924 nicht! Konkret sah das etwa so aus: Ein Indianer, P. Parker, studierte an einer der berühmten alten Privatuniversitäten Jura, promovierte 1920, doch seinen Beruf durfte er nicht ausüben, weil er kein Staatsbürger war. Nun ging ich also zum College, und da bekam ich ständig zu hören, ein Indianer schafft es sowieso nicht. Ich wußte aber, P. Parker hatte es geschafft, und ich würde es auch schaffen, obwohl ich aus einem ärmlichen Haus ohne Wasser und ohne Elektrizität komme...

Nach dem College arbeitete ich einige Jahre als Lehrerin und sorgte dafür, daß auch meine jüngeren Geschwister einen ordentlichen Schulabschluß erreichten, danach heiratete ich, die Ehe hielt sieben Jahre. Mein Mann war aus Chikago, hatte etwas indianisches Blut, doch er war nicht als Indianer erzogen worden, im Schwarzenghetto aufgewachsen. Die kulturellen Unterschiede waren zu groß, einer versuchte, den anderen zu ändern, ihm das Muster seiner eigenen Gepflogenheiten einzupressen, daran scheiterte unsere Ehe. Und viele Männer um den ganzen Globus haben eine Vorstellung von Männlichkeit, die schon mythisch ist, ich nenne es die mythische Macho-Person. Und die schauen nach einer mythischen Frau, die ihnen als Gegenbild entspricht; wie wir Frauen wirklich sind, das interessiert sie nicht. Sofort nach der Heirat versuchen sie, uns in dieses mythische Bild zu verwandeln. Bei den Indianern hatte die Frau einen ganz anderen Stellenwert. Freilich fungierten die Männer als die politischen Führer, doch keine Entscheidung, die nicht von den Frauen beeinflußt war. Die Clanfrauen hatten alles in der Hand, sie bestimmten, welcher Mann Einfluß bekam, jener mit Humor, nicht der Jähzornige. Sie sorgten für Demokratie in der Nation. Und sie erzogen jeden so, daß er einen Begriff von sich selbst bekam, wußte, wer er war und was er konnte. Bin ich in Schwierigkeiten, gehe ich in die Wälder auf einen bestimmten Hügel und bete, danach weiß ich wieder, wer ich bin, was ich kann; ich nehme danach meine Verantwortung im Leben besser wahr. Zeitweise konnte ich wochenlang nicht zur Schule gehen, weil ich Pflichten in der Familie übernehmen mußte. Mein Vater hatte meine Mutter und uns Kinder früh verlassen, ich kümmerte mich um die jüngeren Geschwister, um Kranke in der Verwandtschaft; danach mußte ich mich natürlich jedesmal erst auf mich selbst besinnen, um in der Schule wieder den Anschluß finden zu können. Oder letzte Woche. Ich unterrichte die Dakota-Sprache an einer Highschool, es ist jetzt auf einer freiwilligen Basis, sollte aber ein Pflichtfach werden; doch der Direktor entschied, nein, Chippewa wird Pflichtfach. Das heißt, der Chippewalehrer wird zukünftig stets etwa fünfundzwanzig Schüler haben, ich nur drei oder vier. Wenn ich da nicht auf meinen Hügel ginge, um mich zu besinnen, wer ich bin, wie hart träfe mich das! Ein Indianer kann dir auch ohne Uhr sofort die Uhrzeit sagen, oder er gibt dir – ohne Radio und Fernsehen – den Wetterbericht. Wenn du die Kraft hast, dich auf dich zu besinnen, wachsen dir unglaubliche Fähigkeiten und Talente zu.

Als ich 1962 nach einer Stelle als Lehrerin suchte, hatte ich damit Schwierigkeiten; meine Hautfarbe war den meisten Schulen zu dunkel. Schließlich fand ich einen Job an einer Schule in Wisconsin, eine Kleinstadt, in der fast nur Italiener lebten, deren Haut und Augen nicht viel heller waren als meine, ich fiel nicht auf. Ich unterrichtete Sport, Mathematik; mit meinem Vorschlag, auch eine Indianersprache zu unterrichten, kam ich nicht durch. An der Schule ärgerte ich mich fürchterlich über eine Lehrerin schwedischer Abstammung. Zur schwarzen Englischlehrerin sagte sie: Warum läßt du nicht dein Haar glätten, sähe doch viel besser aus! Und zu mir: Warum läßt du dir keine Dauerwelle machen! Ich explodierte: Warum brätst du ständig im Bikini in der Sonne, wenn du uns dunkelhäutige Leute so sehr verabscheust, daß du uns immerzu Vorschriften machst, wie wir aussehen sollten... Später wechselte ich an eine riesige Schule in Chikago. Die großen Schüler- und Studentenunruhen begannen gerade. Dabei gab es auch immense Spannungen zwischen den Rassen, Schwarzen und Indianern, Weißen und Schwarzen, Latinos und Weißen... Ich arbeitete in einem Komitee, das zwischen ihnen Frieden zu stiften versuchte. Außerdem gab es das Problem, daß fast alle Lehrer aus rassischen Minderheiten wie ich nur Verträge als Ersatz-

lehrer hatten, und wir kämpften nun dafür, daß sich die Lehrergewerkschaft unser annahm; warum sollten wir nicht als richtige Klassenlehrer arbeiten, unsere Ausbildung war nicht schlechter gewesen als jene der weißen Lehrer...!
In Chikago gab es in jenen Jahren viele neue Einwanderer aus slawischen Ländern, das bedeutete, du hattest zur Hälfte Schüler in der Klasse, die Jugoslawisch, Russisch, Tschechisch, aber kein Wort Englisch sprachen. Die sollst du nun in Mathematik unterrichten. Ich setzte immer einen von ihnen neben einen Schüler, der seine Muttersprache und auch bereits Englisch beherrschte, entwickelte eine interessante Form von Gruppenarbeit...
Nebenher erwarb ich einen Magister und unterrichtete später zeitweise an der Universität Kurse in Indianer-Studien. Ich wurde für einige Jahre eine ziemlich militante Aktivistin. Es kostet ja schon einen zähen Kampf, wenigstens das wenige Land zu behalten, das uns durch Verträge zugesprochen worden ist. Ständig läßt die Regierung Studien betreiben, um zu erforschen, was unter dem Land ist, welche Mineralien, Bodenschätze – und wenn sie was finden, sind wir Indianer stets im Weg. Ebenso müssen sie uns noch viel für das Land bezahlen, das sie uns wegnahmen, dabei nützt es uns nichts, wenn sie uns die Summe anbieten, die das Land damals kostete, als die Verträge geschlossen wurden; wir verlangen ein Äquivalent dafür, was das Land heute wert ist. Im Bildungssystem Minnesotas focht ich seit den sechziger Jahren für eine zweisprachige Schulausbildung; im vergangenen Jahr wurde es endlich gestattet, daß in den Reservaten und in den Schulen der Großstädte mit zumeist indianischen Kindern auch Indianersprachen unterrichtet werden. In unserem Dorf sprechen die Leute auch wieder zunehmend Dakota, seit es nicht mehr verboten ist. Kaum vorzustellen, daß bis 1968 selbst unsere Religionen verboten waren – in einem Land der absoluten Religionsfreiheit.

Eine allgemein verbindliche indianische Religion gibt es nicht. Jede Nation, jede Familie entscheidet für sich selbst, wie sie Spiritualität praktiziert. Eine Kirche benötigst du nicht, denn das Universum, die Erde und der Himmel, sind deine Kirche. In meiner Kindheit und Jugend mußten wir regelmäßig eine christliche Kirche besuchen, im Falle der Weigerung wären wir getötet worden. Die Weißen haben in jedes Indianerdorf eine Kirche gebaut, sei es eine methodistische, eine episkopalische, eine baptistische, eine lutherische oder was für eine auch immer. Aber um unsere Kultur zu retten, mußten wir uns gegen das Christentum schützen. Ich glaube, jeder Mensch glaubt an einen Schöpfer oder zumindest an eine schöpferische Energie, es gibt nur verschiedene Namen dafür; für uns gibt es jedoch nicht nur den einen Schöpfer, sondern eine Familie von Schöpfern beiderlei Geschlechts. Die patriarchalische Struktur des Glaubens fehlt. Das, woran man glaubt, braucht nicht einmal einen Namen, geschweige, daß dafür Rituale erforderlich sind. Warum läßt man nicht jedem seine eigenen Gefühle, seine eigene Art und Weise, sich die schöpferische Energie des Universums vorzustellen. Einfach, daß du heute morgen aufgewacht bist; die Sonne scheint in dein Gesicht, und du erlebst diesen neuen Tag, dafür sei dankbar – das ist alles, Spiritualität. Wozu religiöse Gesetzbücher, wozu ein Glaubenssystem? Die erdrükken eher das Wesentliche, nämlich dein Bewußtsein, daß du am Dasein partizipierst. Dies bedeutet mehr, als ein menschliches Wesen zu sein. Und wirst du dir dessen bewußt, daß du am Dasein des Universums teilnimmst – die Voraussetzung, um ein besseres menschliches Wesen zu werden. Dieses Bewußtsein kriegst du natürlich nicht mit einemmal, ein bißchen davon hier, ein bißchen dort. Töricht die Leute, die stets eine totale Befriedigung erstreben. Niemand erreicht sie. Die alten Indianer dagegen wissen, daß alles unvollkommen ist. Und man muß diese Unvollkommenheit akzeptieren. Das allein trug mich sicher durch alle Schwierigkeiten des Studiums, des Berufs, meiner Ehe. Und ich ging regelmäßig einfach für mich durch einen Wald, stieg auf einen Hügel, fuhr auf einem Fluß Kanu und betete die Bäume an, die Steine, die Ameisen – das sind doch die ersten Geister, die ersten Produkte der Schöpfung. Und dazu das Wasser, der Nebel, der Tau, der Schnee. Sie alle sind immer für dich da und helfen dir, dich selbst zu respektieren. Nur, wer dazu fähig ist, kann auch andere respektieren. Respekt ist alles, worauf es ankommt... Liebe dagegen ist blind, sie hat keine Augen, taub ist sie ebenfalls. Der innere Frieden kommt nicht von der Liebe, er kommt vom Respekt, und es ist keineswegs leicht, diesen Frieden zu bewahren. Man besitzt ihn nicht, man hält ihn, so wie du ein Glas Wasser hältst oder eine Tasse Tee; wenn du nachläßt in deiner Aufmerksamkeit, verlierst du den inneren Frieden – das ist das ganze Geheimnis der indianischen Spiritualität. Wie dumm, zu meinen, es gebe eine Navajo-Spiritualität, eine Dakota-Spiritualität, eine Chippewa-Spiritualität usw., und man könnte diese verschiedenen Spiritualitäten erlernen. Alles ist nur ein Verhältnis zu dir selbst, wer immer du bist, bete meinetwegen, was du willst, aber vergiß nicht, der Sonne dankbar zu sein und den vier Winden, die immer blasen. Und dann sei noch dankbar für deine guten Verwandten, die Pflanzenmenschen, Steinmenschen, Tiermenschen, menschlichen Menschen, einschließlich aller vier Farben der menschlichen Rassen. So leicht, einfach dankbar sein für alles unter dem Himmel! Natürlich ist es nicht leicht! Denn du mußt jeden Tag dafür dankbar sein, einerlei, wie schlecht du dich fühlst, wie krank du bist, wie müde. Ständig verlangen die Menschen nach Frieden. Was sie nicht verstehen ist, daß der Frieden in dir selber beginnt, erst danach ist er zwischen zwei Menschen möglich, erst danach zwischen Nationen. Wenn die Menschen begännen, sich selbst zu respektieren, könnten sie sich alle ihre Sorgen um sauberes Wasser, saubere Luft, menschlichere Verhältnisse sparen. Wer sich selbst zu helfen vermag, hilft auch anderen leicht. Wer seine eigene Generation respektiert, respektiert auch die folgenden – dies alles bedeutet die ursprüngliche indianische Demokratie. Die Weißen, die unsere Demokratie übernahmen, haben diese ursprüngliche Bedeutung vergessen. Und deshalb wurden sie so unglücklich, geplagt von ihren Prozessen, ihrer Politik, ihrer Gier. Wir wußten es lange vorher, daß sie kommen würden. Und wir halfen ihnen, als sie kamen, sie waren willkommen. Doch unterdessen ist die ganze Welt hier, und diese verschiedenen Massen von Menschen kommen nicht miteinander aus, wenn wir nicht wieder zu unserer ursprünglichen Form von Demokratie zurückfinden. Dazu gehört auch, daß ein jeder nicht mehr von der Erde nimmt, als er für sich braucht, und daß er begreift, daß er damit gesünder und fröhlicher lebt, als wenn er alles an sich reißt. Jede Religion spricht darüber, sei es der Buddhismus, das Christentum, der Islam, unser indianischer Glaube, doch darüber reden ist nur das eine, man muß danach leben, täglich. Wenigstens ein bißchen täglich, ein bißchen mehr Bescheidenheit. Manche laufen von einer Indianerzeremonie zur nächsten, aber an den Tagen dazwischen nehmen und nehmen sie von der Erde, ohne darüber nachzudenken, was sie sich damit antun. Und diese stupide Einstellung den Generationen gegenüber! Die Jüngeren sollen schuften, und wenn einer soundso alt ist, soll er gar nichts mehr tun. Da ist doch für jeden immer etwas zu tun, Rentner – welch eine verrückte Erfindung der Weißen.

Mit meiner vierzehnjährigen Tochter spreche ich täglich über all diese Dinge. Ich wünsche ihr, daß sie ihre spirituelle Balance behält und ihre Vision vom Leben verwirklicht. Mal träumt sie von diesem Beruf, mal von jenem. Im Augenblick will sie Ärztin werden. Ich sag, welchen Weg du auch immer einschlägst, vergiß nie, der Kreis ist für alle offen, für alle Menschen, alle Religionen, für jedwede Vielfalt; je differenzierter und einzigartiger, ja abweichender die Menschen und ihre Standpunkte um uns her, desto kühner und aufregender das Ergebnis unserer kollektiven Arbeit. Meine Freundin, eine Schwarze, rät mir deshalb, mit meiner Tochter öfter in das Schwarzenviertel zu kommen, damit sie dort Freundschaften schließt. Gut, aber dennoch wünsche ich, daß sich meine Tochter erst so tief wie möglich in unserer Dakota-Tradition verwurzelt. Wie ein Baum braucht man tiefe und zähe Wurzeln. Meine Tochter, die erste, der ich unsere Dakota-Sprache beigebracht habe, auch das Schreiben. Manche sagen, wir Indianer hätten keine Schriftsprache besessen, lächerlich! Wir benutzen heute lateinische Buchstaben, um sie aufzuschreiben, früher gab es eine Bildersprache, ich erarbeite sie mir gerade. Sie ist nicht weniger intelligent als jede andere Sprache. Nicht weniger richtig, nicht weniger falsch. Eines ist stets so brillant wie das andere, dies muß die nächste Generation begreifen. Nichts ist besser oder richtiger als etwas anderes. Viele aus meiner Generation haben das »one and only-Syndrom«. Ob ein Richter, ein Soldat, ein Präsident, ein Künstler, ein Historiker, ein Ingenieur, ein Geschäftsmann – sie alle öffnen nicht die Augen für das andere und begreifen sich deshalb selbst nicht. Das ist das Hauptproblem unserer heutigen Zivilisation. Sie kommt sich so ungeheuer weit fortgeschritten vor mit ihren Computern und Flugzeugen, dabei hat sie noch lange nicht erreicht, was vor uns längst da war. Wie eng ist ihr Begriff von Geschichte, wie beschränkt sind ihre Ideologien, Verfechter von Apartheid allesamt, in welch verschiedenen Kleidern sie sich auch zeigen. Warum kann man denn nicht über die engen Grenzen seines Verstandes hinausgehn und offen werden für das, was man selbst nicht begreift? Wir benötigen eine völlig neue Art von Intelligenz, eine neue Weise, die

Welt zu lesen, mehr zwischen den Zeilen. Das ist auch die Voraussetzung für mehr Aufmerksamkeit den Mitmenschen gegenüber, für mehr Herzlichkeit, Hilfsbereitschaft. Unsere Theorien sind Gefängnisse, weil sie den Menschen ständig sagen, was sie nicht vermögen, wer sie nicht sind. Dabei bist du, wenn du dich selbst respektierst, fähig zu begreifen, du vermagst alles! Bei aller Unvollkommenheit ist deine Intelligenz unendlich. Nur mußt du dich erst respektieren.

Öfter fragen mich die Leute: Wie haben Sie das gemacht, nicht wie andere Indianer zu versacken, in Alkohol und Apathie, und sich gleichzeitig auch nicht zu verlieren in der akademischen Welt? Vielleicht kommt das daher, daß ich stets, von Kind an, mit allen Leuten, die ich traf, gesprochen und viele Fragen gestellt habe. Dann begann ich zu lesen, den Koran, die Bibel, ich beschäftigte mich mit allen mir zugänglichen Religionen und verglich sie. Das zerstörte nicht meine innere Balance, letztlich stärkte es sie, und natürlich versäumte ich auch nicht, unablässig in die Natur zu gehn und ihr meine Dankbarkeit zu zeigen. Und ich erinnerte mich dabei stets an das Versprechen, das ich als Kind meiner Großmutter gab: Ich würde einst die Geschichte der Dakota-Indianer schreiben, aus unserer Sicht. Um uns ein Gefühl unserer Größe zurückzugeben. Der Titel: »Die Geschichte des großen Respekts«. Ich lauschte immer aufmerksam den Geschichtenerzählern. Wenn Schnee auf der Erde liegt, beginnt die Zeit des Erzählens. Denn dann ist alle andere Arbeit getan, die Ernte hereingebracht, nun beginnt die Arbeit der Erzähler, eine Arbeit von gleichem Rang. Eine Art Geschichtsunterricht für die Jungen, zugleich ist es Vergnügen – der Winter, die große Zeit des Gelächters. Ich habe mir eine Geschichte von der Schildkröte ausgedacht. Nordamerika ist die Insel der Schildkröten, wir stammen meiner Ansicht nach alle von der Schildkrötenfamilie ab. Das sollten wir nie vergessen und diese unsere Verwandten respektieren.

Und es ist auch richtig, daß die Schildkröte tief im Schlamm Winterschlaf hält. So sollten wir es ebenfalls halten von Zeit zu Zeit, ohne einen langen, tiefen Winterschlaf gehn wir zugrunde... Vielleicht wird letzteres ein Kinderbuch, oder ich kann diese Erzählung in meine Geschichte der Dakotas in irgendeiner Form mit aufnehmen. Ich will den Lesern auch die besondere Vorstellung von Zeit vermitteln, die wir Indianer pflegen, wie in der Abfolge der Generationen Vergangenheit, Gegenwart, Zukunft zusammenfallen.
Als Kind wollte ich Ärztin werden, hielt es nicht aus, so viele um mich ständig sterben zu sehen, am Alkohol, an Tuberkulose. Auch meine Schwester starb, ich sah ihr verzweifelt beim Sterben zu... Ich eiferte deshalb den Medizinmännern nach, beobachtete ihre Ausbildung. Sie wurden nicht an bestimmten Schulen ausgebildet, alle Dorfbewohner fungierten als Lehrer. Als erstes erwarben sie eine bestimmte spirituelle Balance, das war das Wichtigste am ganzen Beruf. Dann lernten sie Herzlichkeit und Respekt, dazu studierten sie natürlich die Bedeutung der Kräuter und das, was im engeren Sinn für ihre Aufgabe wichtig war. Dennoch starben die Leute; gegen Krankheiten wie Tuberkulose hilft dir kein Medizinmann. Ich sagte deshalb am College, daß ich Medizin studieren möchte. Es hieß daraufhin, du kannst ja Krankenschwester werden. Ich hatte die besten Noten in Mathematik, Physik und dergleichen Fächern, doch damals in den fünfziger Jahren war ich öfter die einzige Frau in diesen Vorlesungen. Dazu noch eine Indianerin; wenn ich doch wenigstens ein Indianer männlichen Geschlechts gewesen wäre! Oder wenigstens eine von einem anderen Stamm! Heute ist es in dieser Hinsicht besser geworden, Frauen aus den Minderheiten bekommen ordentliche Stipendien, alle möglichen Förderprogramme existieren. Ein kleines Stipendium erhielt ich auch, doch es reichte nicht; ich mußte nebenher arbeiten, als Briefträgerin, Friseuse. Damals galt ein Stundenlohn von

fünfzig Cent. Arbeitetest du als Kellnerin, hattest du nur die Trinkgelder. Hart, damals zu studieren. Zumal ich meine Schwester unterstützte, die an einer Internatsschule lernte. Zum Glück nähte meine Mutter unsere Kleidung (mit der Hand, wir besaßen keine Nähmaschine); alles, was ich besaß, paßte in eine Einkaufstüte. Und wenn im Wohnheim etwas gestohlen worden war, sollte immer ich es gewesen sein. Trotzdem kam ich durch diese Zeit und war relativ glücklich; viele besitzen allen möglichen Tinnef und sind unglücklich. Heute glaube ich, wäre ich damals stur geblieben mit meinem Wunsch, Ärztin zu werden, hätte sich schließlich ein Weg gefunden. So gab ich nach, wurde Lehrerin, unterrichtete Sport, Mathematik, Sprachen.

Leider hatte ich in den ersten Berufsjahren ununterbrochen Fehlgeburten. Dann kam endlich meine Tochter; ohne ein Kind verstehst du die Zukunft nicht. Ohne tagein, tagaus für jemanden zu sorgen und ihn dabei zu lehren, was dir einst gelehrt worden war, wobei du ihn in seiner Einzigartigkeit respektieren und ihm erlauben mußt, jenseits dessen zu gehn, was du ihm beibringst. Ohne dies könnte ich auch nicht schreiben; denn die Generation meiner Tochter ist es vor allem auch, der ich die Geschichte der Dakota-Indianer erzählen möchte. Es gibt Leute, die meinen, wenn schon, könnte diese Geschichte nur ein Indianer männlichen Geschlechts erzählen. Manchmal frage ich mich, wohin der Gedanke des Matriarchats entschwand. Woher der Hochmut der Männer, sie wären und vermöchten irgendwas ohne uns? Ich versuche, meine vier jüngeren Brüder dazu zu bewegen, daß sie die Bedeutung von uns Frauen begreifen und uns respektieren, aber irgendeine unsichtbare mythische Macho-Maschine scheint in dieser Gesellschaft am Werk, die auch die Indianer ansteckt und die Männer unter ihnen meinen läßt, sie wären auf dieser Erde allein ohne Frauen und Kinder.

Die meisten Ehen zerbrechen, weil die Männer die Ehefrau als ihre Schöpfung betrachten. All jenen, die ihr Leben beeinflußt, die sie so geformt haben, wie sie ist, gewähren sie keinen Raum. Mich haben vor allem meine Onkel beeinflußt, sie erzogen mich zu Respekt für mich selbst. Und sie belehrten mich über die Männer. Wenn du als junge Frau in einem Indianerdorf lebst, siehst du jeden Tag alle möglichen Kerle daherkommen, die meinen, eine indianische Frau sei eine Prostituierte – die »Höllenengel« auf ihren Motorrädern, betrunkene weiße Fischer oder Jäger. Wie kannst du wissen, wer ein guter Mann ist, wer nicht. Ebenso all die betrunkenen Indianer um dich her, wie kannst du sie unterscheiden? Daß du nicht gerade an einen gerätst, der dich im Kartenspiel an einen anderen verspielt. Von meinen Onkels lernte ich fast alles. Sie gaben mir auch Geld, wenn ich welches benötigte. Geld für die Perlen, für Handarbeiten, für die Stoffe, so daß ich mir ein Kostüm für ein Powwow nähen konnte. Schrecklich zu sehen, wie die Weißen nun Preisschilder an unsere Handarbeiten, unsere Kunst- und Kulturgegenstände kleben. Das ganze Powwow degenerierte zu einem voyeuristischen Ereignis. Dazu die Wettbewerbe – der beste Tänzer bekommt zehntausend Dollar. Was soll denn das? Wir Indianer – Schauspieler in einer Wildwest-Show! Damit, daß sie uns Preise ankleben, verspotten sie uns. Dazu ihre perverse Gier nach dem sogenannten Echten. Da singt einer auf einem Powwow ein Lied. Ein Weißer fragt ihn: Woher kommst du? Er sagt: Vom Red-Lake-Reservat. – Und was ist das für ein Lied? – Ein Sioux-Lied. – Aber wenn du vom Red-Lake-Reservat kommst, bist du ein Chippewa. Wie kannst du ein Sioux-Lied singen? Oder wenn ein Chippewa an unserem Sonnentanz teilnimmt, einfach, weil es ihm Spaß macht, diese Bemerkungen der Touristen: »Ein Chippewa und Sonnentanz. Das ist nicht echt!« Echt - was für ein Wort? Apartheids-Ideologie. Ein neuer

Aspekt unserer Ausrottung. Da kommen die daher und schreiben uns Indianern vor, wie wir unsere Spiritualität zu praktizieren haben. Früher wurde befohlen, mit Hilfe dieser oder jener christlichen Kirche mußten wir das tun. Jetzt heißt es, auf diese oder jene von den Weißen als »echt« deklarierte indianische Art und Weise.

In meiner Kindheit kamen an manchen Sonntagen sieben verschiedene christliche Sekten in unser Dorf, um uns zu bekehren. Ihr müßt den Gottesdienst so gestalten oder so. Und alle erklärten uns, wenn wir es nicht so machten, wie sie wollten, wären wir keine guten Indianer, was immer das sein mag. Sie gaben vor, alles besser zu wissen, und verletzten damit unsere Gefühle, nicht nur die meiner Onkel, meiner Großmütter, selbst die unserer Bäume, unserer Ameisen. Und ständig: Du also gehörst zu diesem Reservat, dieses Haus gehört dazu... jenes dazu – wir besaßen keine Privatsphäre mehr, lebten wie unter einem Mikroskop. Im Augenblick kommen ständig die Mormonen und versuchen, meine Verwandten zu bekehren. Sogar Kinder kaufen sie ab. Was, ihr habt kein Geld, aber zwölf Kinder? Schön, wir kaufen diesen Säugling, machen einen guten Mormonen aus ihm; hier sind zwölftausend Dollar! Das treiben sie schon viele Jahre, und so haben die Mormonen in Utah nun schon viele Indianer als Anhänger, und jene wissen nicht mehr, wer sie sind... Die Fortsetzung des Genozid mit sublimeren Mitteln.

Wenn ich von Zeit zu Zeit einen Vortrag halte, sag ich gleich zu Anfang: Sie werden nicht mögen, was ich Ihnen sage. Wir müssen die Welt ändern, sofort! Wir müssen über das Christentum hinaus und über die Apartheids-Ideologien, die mit den Weltanschauungen des Patriarchats notwendig verbunden sind. Wir müssen hinaus über unser Konsumverhalten, hinaus über alles: ›Das darfst du nicht!‹, dieses Gefängnis, in das wir einander eingesperrt haben. Wir müssen hinaus in die Freiheit, auch wenn diejenigen, die nie frei waren, sich vor ihr fürchten. Wie das alles? Indem du einfach bist, der du bist, und dich selbst respektierst. Anderenfalls haben wir keine Zukunft. Öfter kommen Leute zu mir und sagen: Bitte, heil mich, ich kann nicht mehr! Ich schüttele den Kopf: Nur du selbst kannst dich heilen! Kannst doch nicht deine eigene Kraft an jemand anderes delegieren. Freilich kann ich bei deinem Heilungsprozeß assistieren, aber heilen kann ich dich nicht.

Meine Mutter starb qualvoll an der Parkinson-Krankheit. Sie sagte: Ich halte es nicht mehr aus, bitte, tötet mich! Wir sagten: In den alten Tagen wäre das kein Problem gewesen, doch heute... willst du, daß wir ins Gefängnis kommen? Doch wir waren ständig um sie, assistierten, und sie heilte sich selbst, nicht physisch, jedoch seelisch, sie fand wieder Kraft, bis schließlich ihre Seele den Körper verließ. Ich möchte nicht all die Kämpfe, die ich focht, die Qualen, die ich litt, für irgendwas in der Welt tauschen. Denn ich begriff dabei, daß die Welt noch nicht verloren ist. Wir haben noch ein bestimmtes Maß an Humanität, an innerem Frieden und wissen, beides zu erhalten. Wir können noch jemanden an etwas erinnern, einen anderen ermutigen, das ist die Basis für eine bessere Zukunft. Ich bin davon überzeugt, daß diese bessere Zukunft kommt. Die alte, patriarchalische Weltordnung, die alle Differenzen unterdrückte, stirbt. Aber die Weißen, die dieses Verhängnis um den ganzen Erdball trugen, müssen es selber rückgängig machen, anderenfalls verrecken sie. Das ist meine Prophetie. Also sag ich jedem Weißen: Fang in dir selbst an, ändere dich, du stirbst sonst! Und sag es deinesgleichen, daß sie sich ändern! Nachdem die Menschen sich geändert haben, brauchen sie nur die Köpfe zusammenzustecken, und im Nu finden sie Lösungen für die ökologische Krise oder für welche Krise auch immer. Meinst du nicht, daß ich Recht habe? Vermutlich werden in der Zukunft große Katastrophen kommen. Doch so wie bei einer Ölkatastrophe bestimmte Fische und Vögel das Desaster überleben, so überleben die Katastrophen bestimmte Menschen, wir Indianer gehören zu ihnen. Denn wir haben ja schon alles überlebt. Sie haben uns alles weggenommen, doch sie vermochten uns nicht wegzunehmen, wer wir sind. Wenn sie auch uns Chippewa- und Dakota-Indianer gegeneinander aufgehetzt haben und der Chippewalehrer an unserer Schule und ich einander beinahe die Köpfe einschlagen; wir kommen bestimmt über dieses Problem hinweg. Jeden Tag bete ich für eine bessere Welt. Ausgeschlossen, meine Tochter ohne den Glauben an eine bessere Zukunft aufwachsen zu lassen! Außerdem sag ich mir: Wir lebten schon in völlig aussichtslosen Zeiten, ohne Pässe, ohne Rechte, ohne Land, ohne Nahrung, im Exil in der eigenen Heimat; doch der starke Wille unseres Volkes hat diese Situation geändert. Indianer sein bedeutet nicht, einer besonderen Rasse anzugehören, es ist eine bestimmte kreative Art und Weise zu leben. Und diese rotten sie mit allem Genozid nicht aus. Wir waren ja schon da, als die Erde noch weich war, die äußere Erde sich um die innere schloß – unsere schöpferische Energie lebte bereits. Diese Erde, unser einziger Tempel. Welch ein Unsinn dagegen all ihre Kirchen, wenn sie zu gleicher Zeit diesen einzigen Tempel zerstören und ihre Körper, die diesen Tempel repräsentieren. Meine Mutter heulte ein ganzes Jahr, als ich ihr 1968, also noch bevor die indianischen Religionen wieder erlaubt wurden, mitteilte, daß ich nicht mehr in die Kirche gehe, statt dessen den Sonnentanz praktiziere. Oh Gott, darauf steht Gefängnis! Sie zitterte vor Angst. Jemand wird dich anzeigen! Ich sagte: Ich pfeif auf ihre Strafanstalten. Wenn sie fragen: Was machst du da?, wenn ich mit meiner Pfeife, die die Einheit von Himmel und Erde symbolisiert, zum Sonnenaufgang auf einem Hügel stehe und bete, sag ich: Laßt mich in Ruhe! Ich kümmere mich doch auch nicht um eure religiösen Rituale, frag nicht nach eurem Bischof oder eurem Papst und euren Kardinälen. Jeder hält seine eigene Art, Spiritualität zu praktizieren, für die richtige, ich respektiere die eure, also respektiert bitte auch die meine... Man darf nicht zulassen, daß meiner Generation Indianer eingeredet wird, sie seien dumm, unfähig zu Wissen und Selbstbewußtsein. Wenn ein Weißer dies zu tun versucht, sag ich, dann besteigt eure Schiffe, für die wir euch das Holz gaben, und kehrt dorthin zurück , von wo ihr einst kamt! Und gebt uns am besten auch all das Eisenerz, Silber und Gold zurück, das ihr aus unserem Land holtet. Das Leben beschreibt stets einen Kreis, nichts geschieht ungestraft. Wenn die abendländische Zivilisation sich nun ihrem Ende zuneigt, so deshalb, weil sie nicht ehrten, was sie uns nahmen, und uns nicht ehrten, denen sie es nahmen. Europa hat sich, wie es sich heute zeigt, nur durch die Geschenke der anderen Kontinente so weit entwickeln können. Weil es sich dafür nicht dankbar zeigte, stirbt es. Sie verrekken allesamt dort drüben, das sag ich hiermit voraus. Und den Weißen hier ergeht es ebenso, es sei denn, sie entschließen sich endlich zu Dankbarkeit. Dankbarkeit uns Indianern gegenüber, der Erde, und Dankbarkeit für ihre eigenen Frauen und Kinder! Wir alle, die Indianer, die Erde, die Pflanzen und Tiere, die Frauen und Kinder, werden ihnen, diesen weißen Patriarchen, auf ihrem Totenbett zurufen: Jetzt bezahlt ihr! Und ihr bezahlt sowohl für eure eigenen Sünden als auch für die eurer Väter, für all die Jahrhunderte, die ihr hier gewütet habt. Ihr zahlt für jeden einzelnen toten Indianer, für jede Vergewaltigung, für die Ausrottung jeder Tierart, ihr zahlt für die Vergiftung der Pflanzen und für den Raub der Steine! Ich verstehe nicht, daß bei all dieser Nostalgie für die zwanziger oder fünfziger Jahre, deren Gebaren und Kleidung wir nachahmen, kaum einer daran erinnert, welch ein ungeheures Schindluder in diesen Jahren getrieben wurde mit der Natur, der äußeren und unserer eigenen. Natürlich verdrängen sie mittels dieser Nostalgie das Bewußtsein, daß es heute an der Zeit ist, zu bezahlen. Und sie bezahlen allein! Wir Indianer bleiben verschont, wiewohl sie uns ein Atomkraftwerk auf die Insel gesetzt haben. Freilich sind unsere Leben miteinander verschränkt, unseres mit ihrem, ihres mit unserem, jedwedes Dasein partizipiert am anderen. Daher meine Hoffnung, daß wir die Weißen möglicherweise ändern können. Nicht mit Worten, sondern mit unserer Art zu leben. Einst zog eine Hillbillyfamilie durch unser Dorf, arme Weiße aus den Bergen, überall verstoßen. Wir sagten: Bleibt hier! Wir luden sie zum Fischen ein, zum Picknick. Sie hatten eine Tochter in meinem Alter, Analphabetin, ich nahm sie mit zu unserer Indianerschule. Die Familie lebte sich in unserem Dorf ein, entwickelte einen Sinn für unsere Spiritualität. Obwohl arm, ging es uns allen gut. Natürlich war der Alkohol ein Problem, doch auf die Besäufnisse folgten immer wieder auch Zeiten der großen Freude. Noch heute bin ich mit dieser Familie in Verbindung, verantwortliche Menschen! Sie lernten sogar Dakota, obwohl selbst viele Indianer in unserem Dorf zu dieser Zeit unsere Sprache vergessen hatten. Ehrlich gesagt, mußte auch ich mit zwanzig die Sprache neu erlernen. Sie durfte ja nicht mehr gesprochen werden. So ging ich dann zu den Alten und hörte ihnen so lange zu, bis ich verstand, und was ich nicht mit dem Bewußtsein verstand, verstand ich mit dem Unter- und Unbewußten. Glücklicherweise hatte irgend jemand früher das Neue Testament in die Dakota-Sprache übersetzt, mit Hilfe der lateinischen Schrift, das benutzte ich als Lehrbuch. Meine Hoffnung ist es, mittels unserer Sprache über die materielle Gier der Weißen hinauszukommen, denn deren Gier ist in ihrer Sprache verankert. Wenn ein Kind ihre Sprache lernt, erwirbt es die Gier. Jedwede Veränderung geht langsam vor sich, und bevor es besser wird, wird es wahrscheinlich erst schlimmer. Wie es sich ändert, sehen wir nicht voraus. Doch ändern wird es sich ganz bestimmt.

Der größte Irrtum, das Leben bestünde nur in unserer Generation. Nein, in unseren Genen sind alle vorangegangenen Generationen aufbewahrt, für ihre Sünden zahlen wir, ihre Tugenden kommen uns noch heute zugute. Und weil das Leben ein Kreis ist, ist unsere Erinnerung an die Vergangenheit zugleich die an eine bessere Zukunft. Viele Indianer haben das vergessen, sogar ihren Familienbaum vergaßen sie. Derzeit beginnen sie sich wieder neu zu besinnen.

Ein Historiker

Meine Großväter waren russische Juden. Kamen nach Amerika, als sie 12 waren oder so. Anfangs schliefen sie auf ihren Koffern, schließlich kamen sie nach Montana. Da fand der eine Arbeit als Zigarrenmacher. Die Zigarrenmacher stellten Leute an, die ihnen, während sie arbeiteten, etwas vorlasen. Gedichte, Märchen oder was auch immer. Und als ich jung war, ging Großvater regelmäßig mit mir in einen Park, dort sollte ich ihm literarische oder philosophische Texte vorlesen. Er gab vor, ich täte ihm damit einen Gefallen; tatsächlich war es seine Art, mich zu unterrichten. Meine Großväter und die Rocky Mountains, all die Bächlein – meine schönsten und stärksten Erinnerungen. Das schlimmste Kindheitserlebnis... Es muß Anfang des Krieges gewesen sein, als in Europa der Nationalismus und auch der Antisemitismus loderten, da warf ein Nachbarskind einen Stein nach mir und rief gräßliche Schimpfworte. Jude! Tags darauf wollten die Mädchen aus dem Nachbarhaus nicht mehr mit mir spielen. Jude! Als meine Eltern dies hörten, zogen wir sofort um. Vielleicht zogen wir auch aus anderen Gründen um – man rekonstruiert ja stets nachträglich sein Leben –, auf jeden Fall herrschten in jenen Jahren starke antisemitische Ressentiments.

Als ich 13 war, ließen sich meine Eltern scheiden. Meine Mutter und ich zogen zu meiner Tante nach Kalifornien. Ich vermißte meinen Vater sehr. Dennoch war ich erleichtert über die Scheidung, die Streitigkeiten zwischen meinen Eltern waren nicht mehr anzuhören gewesen. Kalifornien liebte ich über alles, seither fahre ich jedes Jahr über Weihnachten hin.

In den Vierzigern galt es als modisch bei den Juden, nicht mehr zur Synagoge zu gehen. Seid gute Amerikaner, assimiliert euch! Deshalb bin ich ohne jede Religion erzogen worden. Erst nach dem Krieg begann man wieder, die Religion zu pflegen. Onkel und Tante feierten sogar Weihnachten, das heißt, sie kauften den Baum erst einen Tag vor Heiligabend und versteckten ihn, daß ihn keiner sah. Und plötzlich, nach dem Krieg, wurden sie mit einemmal superreligiös. Meine Eltern niemals. Die Großeltern kamen aus der russischen Sozialistenbewegung, da war man atheistisch eingestellt; für ihre Entscheidung, nach Amerika auszuwandern, hatten die Judenpogrome auch nur eine untergeordnete Rolle gespielt. Der Hauptgrund: Sie kamen aus kinderreichen Familien, 12 Geschwister hatte Großvater, sie mußten furchtbar arm gewesen sein. Die Vorfahren meines Vaters waren Landarbeiter; neulich erfuhr ich, der Urgroßvater entlud Lastkähne in Brest-Litowsk. Die Familie mütterlicherseits waren Intellektuelle, Ärzte, Pianisten. Wie Juden sich halt in Europa so durchschlugen. Entweder war man intellektuell oder groß und stark und stemmte mit einem Arm eine Kuh empor.

Als Teenager schwelgte ich in der russischen Literatur. Später wuchs mein Interesse für Rußland noch, denn ich ging zur McCarthy-Zeit zur Universität und wurde in der Anti-McCarthy-Bewegung aktiv. Wir waren eine starke, linke Bewegung dort in Kalifornien, unser Argument: Wenn ihr die Sowjetunion auch nicht leiden mögt, wir müssen Frieden mit den Russen haben. Anschluß an diese Bewegung fand ich über die Schwester meiner Mutter und ihren Mann. Sie waren Musiker und kämpften dafür, die schwarze Musikergewerkschaft und die weiße Musikergewerkschaft zusammenzubringen. Außerdem ging es darum, die Hollywoodkünstler zu verteidigen. Senatoren und Kongreßabgeordnete versuchten sich bei der Bevölkerung einzukratzen, indem sie

auf den Roten in Hollywood herumhackten. Deshalb auch die Komitees über unamerikanisches Verhalten und dieser Quatsch. Die »Jungen Progressiven« nannten wir uns, Angst hatte ich nie. War 17, 18 und überzeugt, im Besitz der Wahrheit zu sein. An eine Karriere dachte ich damals nicht. Natürlich verschlang ich Marx; heute bin ich vollkommen »ent-marxt«. Der Loslösungsprozeß begann nach Chruschtschows Enthüllungen über die Verbrechen des Stalinismus. Als Folge zerbarst die alte linke Bewegung, nur ein paar Betonköpfe blieben damals dabei.
In dieser Zeit arbeitete ich. Hatte nach einem Jahr Studium beschlossen, der sozialistischen Bewegung richtig beizutreten, indem ich als Gewerkschaftsaktivist in den Fabriken tätig war. Dort war ich nun Werkzeugmacher und versuchte, die Kollegen davon zu überzeugen, daß sie der Gewerkschaft beitraten und begriffen, wie schlecht der Kapitalismus war. Letztlich, so hoffte ich, würden sie allesamt Sozialisten werden. Ein hoffnungsloses Unterfangen. 56 dann die katastrophalen Nachrichten aus Osteuropa. Da beschloß ich herauszufinden, was verkehrt war an diesem Sozialismus. Dachte, die Sowjetunion habe die marxistischen Gedanken vielleicht nur verzerrt. Ich begann, Geschichte zu studieren, Spezialzweig Osteuropa.
Heute glaube ich, die Fehler liegen bereits in der marxistischen Theorie. Was für ein großer Denker, und gleichzeitig diese Einseitigkeit... Marx ignorierte beispielsweise den Nationalismus. Auch die Wünsche der Menschen. Nur mehr Bedürfnisse waren erlaubt. Und diese schematischen Klassenkonfliktmodelle. Die untere Klasse eifert doch immer der oberen nach. Diese Faschingsbälle der Arbeiter, die ich in Österreich sah, Bälle der Tapezierer, der Bäcker, der Konfektionsarbeiter, dies im damals halbsozialistischen Österreich! Die Feste der Oberen wurden imitiert. Und wie man stets die Titel beibehält. Im Prag vor 45 hieß der Rektor der

Universität »Pan Magnifizenz«, im sozialistischen Prag später »Genosse Magnifizenz«.
In der Tschechoslowakei schrieb ich meine Doktorarbeit, über den Prozeß der Industrialisierung in Osteuropa. Von ökologischen Problemen fiel mir damals noch nichts auf. Nur die Verantwortungslosigkeit. In einem Museum sah ich herrliche Speere und Sachen aus dem Mittelalter. Alles verstaubt und verrostet, niemand kümmerte sich darum. Wenn jeder verantwortlich ist, ist's keiner. Niemanden kümmert's. Anfangs einige, aber die allseitige Schlaffheit bringt auch sie dazu, aufzugeben. Warum sollst allein du dich abstrampeln? Eine Bekannte, Kinderpsychologin, wieviel Elan hatte sie nach ihrer Promotion. Den Umgang mit den Kindern revolutionieren! Ein paar Jahre später besuchte ich sie in ihrem Büro. Morgens um zehn. Sie schenkte uns in Porzellantassen Sliwowitz ein. Resigniert meinte sie: Im Laufe des Tages trinke ich den Rest der Flasche...
Dennoch, dieser Übergang zur Marktwirtschaft in Osteuropa geht mir zu schnell. Kann man denn die wenigen Vorteile des sozialistischen Systems (beispielsweise mehr Zeit für Freundschaften oder ein bestimmtes Maß an Planung) nicht in die Marktwirtschaft mit einbringen? Eine Bekannte in Budapest schrieb mir, bei uns Ungarn ist's am extremsten. Als säßen wir auf einem Pferd. Erst fliegen wir auf der einen Seite herunter, dann auf der andern...
Ich glaube, daß es der Menschheit eines Tages gelingt, eine Gesellschaftsform zu finden, in der man sich um das Wohlergehen aller kümmert, ohne die staatliche Überzentralisierung. Früher war ich pessimistischer. Dachte sogar an Weltuntergang. Jetzt sage ich mir: Menschen können Wunder vollbringen. Nur fangen sie erst damit an, wenn sie's MÜSSEN. Im Falle der Ökologie ist es beinahe soweit. Schauen Sie, jahrhundertelang passierten die schlimmsten

Dinge. Hungerkatastrophen, Seuchen, die Lebenserwartung lag nur mehr um 38. Trotzdem wurde die Menschheit stets damit fertig.
Hätte mir damals in Kalifornien jemand gesagt, wenn ich Mitte Fünfzig bin, kracht der Kommunismus zusammen und ich werde darüber froh sein, ich hätte gebrüllt: imperialistische Propaganda! Manchmal kann ich es noch kaum glauben, in Rußland! Der Übergang in eine demokratische Gesellschaft ist freilich schwer, der Anfang so zäh... aber schließlich werden die Menschen in Bewegung kommen, und es kann ihnen dann nicht mehr schnell genug gehen. Gorbatschow, was für ein kluger Politiker! Nur wird der Lauf der Ereignisse ihn überholen. Ich gebe ihm nicht mehr viel Zeit.
1957 ging ich nach Montana zurück (mit Frau und zwei Kindern). Ich studierte tagsüber am College, arbeitete nachts, 48 Stunden Nachtschicht pro Woche. Das Graduiertenstudium nahm ich später in Wisconsin auf, arbeitete und studierte wiederum gleichzeitig. In Kalifornien hatte ich es sehr gemocht, daß die Schüler und Studenten die verschiedensten ethnischen Gruppen repräsentierten. Mexikaner, Japaner, Chinesen, Afroamerikaner. Du befreundest dich mit der ganzen Welt. Seit dieser Zeit ist mein Hauptanliegen der Kampf gegen den Rassismus. Und in den 60ern war Wisconsin als Studienort bekannt dafür, daß sich hier progressive Studenten aus der ganzen Welt versammelten. Deshalb wollte ich dorthin. Ich hatte phantastische Kommilitonen aus Indonesien. Als sie später in ihr Land zurückgingen, wurden sie massakriert.
1968 promovierte ich. Unterrichte seither in Indiana osteuropäische Geschichte. 1974/75 lehrte ich in Israel. Während der Heimreise auf dem Schiff lernte ich meine zweite Frau kennen. Diese war Jüdin, meine erste Frau war britischer Herkunft, eine Quäkerin. Die Quäker gehen an die Ur-

sprünge des Christentums zurück, wo die Beziehung der Menschen zu Gott unmittelbar war; eine Kirche ist überflüssig. Konsequente Pazifisten sind sie, viele von ihnen arbeiteten damals aktiv in der Friedensbewegung mit. Dort lernte ich meine erste Frau kennen. Manchmal ging ich mit zu ihren Quäker-Treffen. Die Menschen sitzen im Kreis, schweigsam, dann und wann steht einer auf und sagt etwas. *Welch schöner Tag*! Und dann spricht man über Liebe, Ökologie oder soziale Dinge. Pfarrer sind nicht nötig. Herrliche Leute. Nur bin ich leider überkritisch jeder Religion gegenüber. Kann ihre Funktion verstehen. Aber selbst an Gott glauben?

Diese erste Ehe scheiterte... ja woran eigentlich? Möglicherweise an kulturellen Differenzen. Als wir mit den Kindern 15 Monate in Europa lebten, wo ich an meiner Dissertation schrieb, machten wir mit einem Wohnwagen von Wien aus Reisen; in Jugoslawien trafen wir auf einem Campingplatz ein britisches Ehepaar, das mich sehr nachdenklich stimmte. Er – Jude russischer Herkunft. Sie – Engländerin, von der gleichen Art wie meine Frau, deren Mutter in Cambridge studiert hatte: reserviert, man zeigt keine Emotionen. Als ich meine Frau zum erstenmal mit nach Hause gebracht hatte, umarmte meine Mutter sie, sie wurde gedrückt und geküßt. Dann stellte meine Frau mich ihrer Mutter vor. Die reichte mir kühl die Hand... Als ich dieses britische Ehepaar nun beobachtete, begriff ich mit einemmal unser eigenes Problem: der kulturelle Unterschied. Kein Streit, keine heftige Diskussion, stets wollte sich meine Frau in die Ruhe ihres Inneren zurückziehen. Und da stand ich mit all meiner Erregung, allein. Es hätte mich am Anfang warnen müssen, daß sie keine Gedichte mochte. Sie, eine Künstlerin (sie zeichnete), mochte keine Poesie! Nach unserer Scheidung erzählte sie mir von einem Mann, den sie mochte, weil er eine »No-Nonsense«-Person sei. Ich war ihr nicht ernsthaft

genug. Neulich las ich einen Roman über ein englisches Paar. Jeder von ihnen denkt ständig: Sollte ich das jetzt sagen oder besser nicht? Was würde sie/er denken, wenn ich das jetzt sage? Oder jenes? Und sie sprechen NIE direkt miteinander, jeder lebt sein Privatleben in seinem Inneren, nichts dringt nach außen. Und der arme Kerl möchte so gern einmal seine kleine Tochter streicheln. Er tut's nie und ärgert sich schließlich: Ach, wär ich doch bloß ein Mann aus der Arbeiterklasse! Oder ein Jud!
Vielleicht entspricht die Ehe nicht der menschlichen Natur, entstand ja einzig aus ökonomischen Gründen. Nachdem ich das zweite Mal geschieden war (die erste Ehe hielt 18, die zweite nur 8 Jahre), dachte ich zunächst, mit mir stimme was nicht. Dann schaute ich mir Freunde näher an, die lange verheiratet sind. Sie sagen: glücklich? Offen gestanden, nein. Aber was willst du tun? Lebenslange Liebe gibt's halt nicht... Damit möchte ich mich nicht abfinden. Bin zu romantisch für Kompromisse.
Ein Problem für mich: die Unterdrückung der Sexualität in diesem Land. Die amerikanische Frauenbewegung verstärkt das noch. Alles, was schlecht auf der Welt ist, sei männlich. Und diesen Feind Mann darf natürlich keine Frau begehren. Sonst wird sie verfolgt wie die Sozialdemokraten einst von den Kommunisten verfolgt worden sind. Ja, die militanten Definitionen des amerikanischen Feminismus, was in den Beziehungen der Geschlechter politisch korrektes Benehmen ist und was nicht, erinnern mich an den Kommunismus. Du besitzt die Wahrheit und brichst einen Kreuzzug für sie vom Zaun. Alle Mittel sind dabei erlaubt. Hier in den USA ist es am schlimmsten. Ich kenne südamerikanische Feministinnen, die sind nicht so militant. Verlangen nicht im Feldwebelton, daß man sie anschaut, als wären sie sächlichen Geschlechts.
Die Familiengeschichte meiner zweiten Ex-Frau ist hochin-

teressant. Als die Deutschen Polen besetzt hatten, flohen ihre Eltern in die Sowjetunion. Und dann schlich der Vater fünfmal über die Grenze nach Polen zurück, versuchte, andere Familienmitglieder zu retten. Nach dem Krieg gingen sie zurück nach Polen. Von achtzehn Familienmitgliedern hatten nur drei den Holocaust überlebt. Und da verschickt dieses neonazistische Ehepaar aus Illinois ständig Briefe mit der Behauptung, die Deutschen hätten nie Juden vernichtet! Leider erlebten meine ehemaligen Schwiegereltern später auch in Polen antisemitische Anfeindungen, deshalb wanderten sie 1958 nach Israel aus. Über die Geschichte des Antisemitismus forsche ich. Fliege deshalb oft nach Polen und Österreich. In einer sehr nationalistischen, fast neonazistischen Stadt in Österreich hielt ich neulich Vorlesungen über die jüdische Geschichte. Da begriff ich die Aktualität dieses Themas. Kam mir vor wie ein Schwarzer in Mississippi. Auf einer Party zum Beispiel erzählt dir jeder, er kenne auch einen Juden oder er habe das und das über Juden gehört, und dann sagt man: Gucken Sie, die Frau dort drüben, die ist auch jüdisch... Als wenn's mir nicht schnuppe ist, ob jemand jüdisch ist oder nicht. Und sie sind fest davon überzeugt, sie meinten es gut mit dir, wenn sie sagen: Schau, dort drüben ist noch ein Freak, falls du gern unter deinesgleichen sein willst... Die Österreicher haben nie versucht, ihre Vergangenheit aufzuarbeiten. Viele Studenten erzählten mir, ihre Eltern sind Nazis gewesen, ohne daß ihnen dies heute Gewissensqualen verursacht. Im Gegenteil. Im Gedenkjahr zum 40. Jahrestag des Kriegsendes sah ich abwechselnd westdeutsches und österreichisches Fernsehen; die Deutschen brachten kritische Theaterstücke und Sendungen über den Holocaust, die Österreicher alte Nazi-Wochenschauen! Dazu Interviews mit Leuten, die in der SS aktiv gewesen sind und nun schwärmen, wie aufregend das alles war.
Hier in den USA ist der Rassismus nicht so auf den Antise-

mitismus spezifiziert. Obschon, dann und wann passiert auch was in dieser Hinsicht. In einem College hier in der Nähe wurde neulich an dem Stand, wo jüdische Gerichte zubereitet werden, ein Brief mit Nazi-Parolen samt einem Karton Exkremente abgegeben. Ein Kollege erzählte mir, sogar in seinem Professorenkollegium gebe es antisemitische Diskussionen.

Neulich hörte ich einem Bekannten zu, der leidenschaftlich die Rechte der polnischen Einwanderer vertritt. Amerika, betonte er, ist für ihn kein Schmelztiegel der Rassen und Völker, jeder Einwanderer sollte seine eigene nationale Identität bewahren. Das ist richtig, die Schwarzen und die verschiedenen ethnischen Gruppen kämpfen für das gleiche Ziel, warum nicht die amerikanischen Polen? Nur, diese Statements gab der Gute ab, nachdem er nur ein Glas Martini getrunken hatte! Nach dem zweiten Glas sagte er: Wissen Sie, woher das ganze Dilemma der Polen rührt? Daher, daß König Kasimir damals die Juden ins Land ließ... Zwei verschiedene Völker in einem Land, das sei nämlich ausgeschlossen. Da haben Sie den ganzen alten Nationalismus, und die Leute denken sich nichts dabei. Mögliche Auswege? Ich hatte lange eine Freundin aus Jamaika, besuchte ihre Familie, da sah ich, der eine Bruder ist blond und blauäugig, der andere schwarz mit Kraushaar. So war es in allen Familien. Und wenn die Familien dermaßen gemischt sind, erübrigt sich selbstverständlich Rassismus. Niemand war sich seiner Rassenzugehörigkeit bewußt. Meine Freundin sagte, die Amerikaner sind einfach verrückt, schon das Denken in Begriffen verschiedener Rassenzugehörigkeit ist pathologisch. Deshalb finde ich, die verschiedenen Rassen sollten sich wirklich allesamt miteinander vermischen. Pfeif auf die Identität. Jedoch, stammte ich nicht aus einer jüdischen Familie, hätte ich über diese Dinge überhaupt so gründlich nachgedacht?

Was mich augenblicklich sehr aufregt: nun bekriegen sich hier Juden und Schwarze! Das kommt von den Moslems, die unter den Schwarzen immer stärkeren Einfluß gewinnen. Ihre Führer predigen, die Hauptfeinde der Schwarzen seien die Juden. Letztes Jahr sprach einer hier an der Universität. Der sagte, die jüdischen Ärzte hätten den Aidsvirus erfunden, um ihn den Schwarzen zu spritzen... Ich fühle, wie augenblicklich auf der ganzen Welt Rassismus und Nationalismus zunehmen. Aber vielleicht bin ich überempfindlich für diese Dinge. Wenn ich über die Geschichte des Antisemitismus Vorlesungen halte, sehe ich den Studenten deutlich ihre Vorurteile an. Frage ich dann einen, sagt er: Aber selbstverständlich mögen die Leute die Juden nicht. Denn die haben doch Christus getötet. Auch in Polen hörte ich das: Freilich, schrecklich, was der Hitler den Juden antat, aber immerhin sind sie die Mörder von Christus! Dagegen hilft nur Bildung. Und ökonomische Gleichheit.
Obschon, eine meiner zwiespältigsten Beobachtungen machte ich in den Kibbuzen in Israel; es gibt verschiedene Kibuzze, je nach der weltanschaulichen Einstellung. Ich besuchte einen sozialistischen. Man arbeitet gemeinsam, das Geld gehört allen. Bildung und Kultur spielen eine große Rolle, ich hatte auch nicht das Gefühl, daß die Individualität einzelner unterdrückt wird, freilich gibt's Klatsch. Aber alles in allem war ich sehr beeindruckt. Dann entdeckte ich: Die Kibbuzbewohner russischer Herkunft und jene aus deutschen jüdischen Familien machten sich gegenseitig verrückt. Die Deutschen legen penibel ihre Beete an, die Russen trampeln drüber, die Deutschen sind immer pünktlich, die Russen kommen zu spät. Die einen schimpfen die andern liederlich, die andern die einen Perfektionisten... Wie tief die kulturellen Unterschiede einem eingeschrieben sind, trotz Bildung!
Interessant, wenn du reist, kommst du stets als ein anderer in

dein eigenes Land zurück, mit neuen Augen. Beispielsweise diese ungeheuerliche Naivität der Amerikaner wird dir erst bewußt, wenn du aus Europa kommst. Diese Überzeugung, mit Leichtigkeit jedes Problem lösen zu können. Im Umgang mit dem Rest der Welt mag diese Naivität gefährlich sein. Aber ob der europäische Zynismus besser ist? Ich bin nicht mehr so naiv wie früher, aber auch nicht so zynisch wie die Europäer. Gehöre der internationalen »Nation« der Intellektuellen an, bin in den Büchern zu Hause; die sind ein Niederschlag von allem, der deutschen Bürokratie, der österreichischen Heuchelei, der russischen Despotie. Wie willst du da nicht zynisch werden? Dieses blinde amerikanische Vertrauen in andere Menschen verlierst du.
In unserer Abteilung kommuniziert man leider nicht über derlei. Der amerikanische Akademiker repräsentiert eine besondere Spezies. In Polen, was redeten wir dort an der Universität über Kunst, Literatur, Politik; dagegen diese Schmalspurindianer hier! Mein proletarischer russischer Großvater besaß mehr Allgemeinbildung als amerikanische Professoren. Er musizierte, schrieb Gedichte. Die Philosophie spielte eine wichtige Rolle für ihn. Worüber spreche ich mit meinen Kollegen? Über Universitätspolitik, wenn's hochkommt über internationale Politik, doch meist bleiben wir im Small talk stecken, Klatsch. Der Mensch beginnt erst in der Not wirklich nachzudenken, und den Leuten hier geht es zu gut. Die Marxisten haben recht, wenn sie sagen, Intellektuelle sind unzuverlässig. Nichts berührt, quält sie wirklich. Ihr Geist springt von einem zum anderen, sie setzen nicht ihren Körper ein wie ein Arbeiter. Du kannst als Intellektueller nicht wirklich ein Anliegen haben. Heute morgen nach dem Aufwachen fragte ich mich plötzlich, macht die Universität die Leute nicht dümmer? Wie klug waren viele meiner Kollegen damals, als ich in der Fabrik arbeitete. Dagegen meine Studenten... Neulich bei einem

Lunch fragte mich eine schwedische Künstlerin: Wie viele Ihrer Studenten sind für irgend etwas empfänglich? Ich antwortete: Schätzungsweise dreißig Prozent. Und wie reif die jungen Arbeiter mir erschienen, die Studenten gleichen Alters sind Babies dagegen!
Dennoch hatte die Gewerkschaftsbewegung auch unter den Arbeitern nie eine Chance. Amerikaner sind Individualisten, das verbindet sie alle miteinander, gleichviel, welcher Schicht sie angehören. Die Propaganda gegen die Gewerkschaften tat ein übriges. Hinzu kommt die Klassenmobilität. In Europa ist der Vater ein Arbeiter, der Sohn ein Arbeiter, der Enkel ebenfalls. Hier dagegen: Daß ich ein Arbeiter bin, heißt noch lange nicht, mein Sohn muß gleichfalls einer sein... Wenn man keine Loyalität seiner Klasse gegenüber besitzt, erscheint einem die Gewerkschaftsbewegung nicht wichtig. Und seit den fünfziger Jahren ist die Mobilität der Klassen immer stärker geworden, die Grenzen zwischen ihnen sind fließend, auf dieser Grundlage kann keine richtige Arbeiterbewegung entstehen. Anfang des Jahrhunderts bis in die dreißiger Jahre gab es sie, dann kam die enorme Entwicklung des amerikanischen Marktes, und jeder Arbeiter hatte nur mehr ein Ziel: aufsteigen. Nicht als Klasse, sondern als Individuum... Aber das ist nur meine Theorie, Hirngespinst eines Historikers; möglicherweise liegen die Ursachen ganz woanders. Vielleicht einfach im Grundcharakter der Amerikaner, die persönlich die großzügigsten, freigebigsten Kerle sind, aber für öffentliche Angelegenheiten keinen Pfennig geben. Immer, wenn gewählt wird: ein neues Krankenhaus, eine neue Schule, Hilfe für die Armen, wählen sie dagegen. Individuelle Generosität und öffentlicher Egoismus. Dabei müßten sie dringend für ihr Schulsystem etwas tun. Wenn die Menschen nur freundlicher zueinander wären! Dafür müßten sie wohl zuallererst ihren Selbsthaß überwinden.

Worunter ich als Amerikaner leide, ist die Mobilität. Ständig verliert man die Freunde, am Ende hat man nur mehr Bekannte. Das wird zur Haltung. Leute, die man erst ein paar Tage kennt, bezeichnet man schon als Freunde, und man weiß, es hat nichts zu bedeuten. Die paar wirklich guten Freunde, die ich besitze, sind keine Amerikaner. Diese Mobilität ruft genau das hervor, was die Europäer stets als die amerikanische Oberflächlichkeit bezeichnen. Wächst einer in einer kleinen Stadt auf, kennen die Leute all seine Fehler und akzeptieren ihn samt diesen. Reist einer ständig, lernt niemand ihn richtig kennen. Der Unterschied zwischen Gemeinschaft und Gesellschaft. Und du gewöhnst dir an, nie über ernste Dinge zu sprechen, damit die anderen deine Schwächen nicht herausfinden. Mein polnischer Freund erzählte mir, als er sich scheiden ließ, halfen ihm alle seine Freunde, darüber hinwegzukommen. Läßt sich hier einer scheiden... Wie beneide ich Menschen, die in echten Gemeinschaften leben. Wo gehst du hin, wenn du wirklich einmal Hilfe brauchst?
Was hab ich falsch gemacht in meinem Leben? Stürzte mich dauernd in Sachen, ohne vorher gründlich darüber nachzudenken. Wenn ich daran denke, wie meine zwei Ehen zustande gekommen sind! Oder in der Schulzeit hatte ich beschlossen, Psychiatrie zu studieren; aber dann packte mich die Religion des Sozialismus, und ich stürzte mich mit Haut und Haar in diese Bewegung... Falsch war auch, daß ich stets Leute danach beurteilte, was sie von sich sagten, statt auf ihre Handlungen zu achten. Das beste an mir ist eine bestimmte jüdische Eigenschaft, der starke soziale Gerechtigkeitssinn. Er besitzt unter den Juden eine jahrhundertealte Tradition. Von jüdischer Herkunft ist man darüber hinaus auch sexuell nicht so verklemmt wie die übrigen Amerikaner. Im Hebräischen bedeutet das Wort Liebe *ohava* in der Bibel sowohl seelische als auch körperliche Liebe. In der

griechischen Übersetzung trennten sie dann Liebe in *agape*, das ist die spirituelle Liebe, und *eros*, die körperliche. Daß die Amerikaner in der sexuellen Verklemmtheit wirklich den Vogel abschießen, liegt sicher an der religiösen Tradition. Die übernahmen sie aus England. Alles, was mit dem Körper zu tun hat, hält dich von Gott ab. Manche haben die Theorie, die Sexualitätsfeindlichkeit hänge mit dem Kapitalismus zusammen, im Feudalismus sei es ganz anders gewesen... Ich halte von dieser schematischen Epocheneinteilung nichts. Konrad Lorenz sagt, am besten schmeißt du deine Lieblingstheorie vor dem Frühstück weg, das hält dich jung. Denn dann mußt du neu zu denken beginnen. Nein, mit der Entstehung der bürgerlichen Kleinfamilie hat meines Erachtens die Sexualitätsfeindlichkeit wenig zu tun. Denn warum sind die Franzosen weniger verklemmt als die Engländer? Bestimmte nationale religiöse Traditionen sind die Ursache. Hier ein Gedicht von William Blake aus der Mitte des 18. Jahrhunderts:

The Garden of Love

I went to the Garden of Love,
And saw what I never had seen:
A Chapel was built in the midst,
Where I used to play on the green.

And the gates of this Chapel were shut,
And »Thou shalt not« writ over the door;
So I turn'd to the Garden of Love
That so many sweet flowers bore;

And I saw it was filled with graves,
And tomb-stones where flowers should be;

And Priests in black gowns were walking their round
And binding with briars my joys & desires.

Gestern las ich die Beurteilungen der Studenten über meinen letzten Kurs in Familiengeschichte. Da regte sich einer furchtbar auf, ich hätte zu viel von Sex und Kinderkriegen gesprochen. Aber wahrscheinlich sind nur die Angehörigen der Mittelklasse so prüde, schauen ständig über die Schulter: Was denken die andern wohl über mich? Die Bohemiens nicht. Nur wohnen die auch nicht im Mittelwesten. Merkwürdigerweise war in der Tschechoslowakei damals Sex beinahe so was wie ein nationaler Sport. Wohl eine Kompensation für fehlende andere Aktivitäten. Als mich ein tschechischer Freund hier besuchen kam, sagte er: Komisch, bei euch erzählt man sexuelle Witze, keine politischen. Bei uns ist es umgekehrt. Wir suchten nach dem Grund für dieses merkwürdige Phänomen, dann fanden wir's: In der Tschechoslowakei durften die Leute zwar Sexualität praktizieren, aber keine Politik. Hier steht es jedem offen, politisch aktiv zu sein, wozu darüber Witze machen? Die von den Puritanern unterdrückte Sexualität dagegen, die fordert zu Witzeleien heraus. Eine Entsprechung der amerikanischen Prüderie war in den 60er Jahren die sogenannte sexuelle Revolution: Da ging es NUR um körperliche Liebe, die andere Seite derselben Medaille, genauso verkehrt. – Wichtig ist für das spätere Körperverhalten, wie die Kinder behandelt werden. Da ich mich sowohl für die Geschichte des Antisemitismus und des Nationalismus als auch für die Familiengeschichte und die Geschichte der Sexualität in Osteuropa interessiere, habe ich einen Eindruck davon erhalten, wie diese zusammenhängen. Wie entspricht dem Obrigkeitsstaat mit seiner autoritären Erziehung die Repression in den Familien, beides Zuchtanstalten für perfekte Untertanen, deren unterdrückte Aggressionen folgerichtig in antisemitischen und

nationalistischen Ausschreitungen explodieren. Die Juden, jedenfalls die russischer Herkunft, scheinen auch da eine Ausnahme zu bilden. Man schlägt Kinder prinzipiell nicht, küßt und verhätschelt sie. Auch die Männer beteiligen sich daran. Soll ich Ihnen erzählen, wie ich ein einziges Mal »Prügel« bezog? Hatte mit Zündhölzern gespielt, beinahe das Haus abgebrannt, meine Eltern waren furchtbar erzürnt. Schickten mich in mein Zimmer. Dann kam mein Vater herein, mit einer zusammengerollten Zeitung. Mit der schlug er ein paarmal heftig auf die Bettdecke. Dann ging er... Hatte Glück mit meinen Eltern. Doch augenscheinlich ist es normal in Amerika, daß man Kinder nicht schlägt. Möglicherweise variiert das in verschiedenen ethnischen Gruppen, aber insgesamt gibt es wesentlich weniger Prügel als in Europa. Es schickt sich nicht, Kinder zu schlagen. So wie es sich nicht schickt, zu rauchen. Oder kennen Sie hier irgend jemanden, der noch raucht? Das, worauf die öffentliche Meinung verächtlich herabblickt, tut man nicht. Wirkt stärker als jedes Verbot. Auch Alkohol trinkt man kaum mehr. Womit entschädigt man sich für so viel Verzicht? Mit Fernsehgucken.
Ich sollte nicht derlei pauschale Urteile fällen. Die verschiedenen Teile der Vereinigten Staaten sind wie verschiedene Länder. Die Subkulturen differieren. Und die Leute frönen überall ganz Verschiedenem. Etwa die Armen in den Innenstädten, die harter Drogen bedürfen, welche ihnen ihrer Armut für Momente zu entfliehen helfen. Auch die Stärke des Drucks, den die öffentliche Meinung auf den einzelnen ausübt, variiert von Gegend zu Gegend. Wenn Sie allein den Westen der Vereinigten Staaten mit dem Mittelwesten hier vergleichen! Die Leute im Westen sind viel weniger konformistisch. Hier im Mittelwesten schaut man ständig, was sich schickt und was nicht. Man drückt nicht ohne weiteres eine eigene Meinung aus. Über Politik und Religion spricht man nicht. Man will »nett« sein. Wenn du denkst, einer redet völ-

ligen Quatsch, sagst du das nie, allenfalls: Oh, that's different... Vertritt hier einer wirklich eine eigene Meinung, kannst du sicher sein, er ist nicht von hier. Die Leute leben nicht so heftig, wie die Individualisten dort im Westen. Manche sind innerlich tot. Haben Sie einmal in einem Restaurant hier die Gesichter der Ehepaare beobachtet, die die ganze Zeit kein einziges Wort miteinander sprechen? Möglicherweise rührt es daher, daß bei uns im Mittelwesten der deutsche und der skandinavische Einfluß zu stark sind.
Ich habe es geschafft, mich von der öffentlichen Meinung völlig frei zu machen. Hab zu verschiedenen Zeiten an allzu verschiedenen Plätzen gelebt. In Osteuropa in der vorstalinistischen, stalinistischen, nachstalinistischen Zeit, hier in Amerika in Gegenden mit den verschiedensten Normen und Werten; wenn ich da überall immer sämtliche geschriebenen und ungeschriebenen Regeln befolgt hätte... Immer wissen andere angeblich besser als du selbst, was gut für dich ist. In Ostdeutschland, so hörte ich in Polen und in der ČSSR, stand es damit am schlimmsten. Deshalb fuhr ich nie hin. Einst an der tschechischen Grenze, so erzählte mir ein Freund, wurde eine alte Frau aus Leipzig zurückgeschickt, weil sie in ihrem nagelneuen SVK-Ausweis, den sie bei sich trug, vergessen hatte, zu unterschreiben. Sie wollte es rasch nachholen, aber die Grenzer schnarrten, nein, sie müsse zurückfahren, das sei auch das Beste für sie. Rissen sie aus dem Zug... Aber auch in der Tschechoslowakei gruselte es mich öfter angesichts der Anmaßung des Staates. In Polen kaum. Mit meiner zweiten Exfrau und meiner Tochter suchte ich in Lodz nach der Straße, in der meine Schwiegermutter einst gelebt hatte. Versehentlich parkten wir unseren Wagen mit dem Kennzeichen »USA« vor einem Schloß, das dem Geheimdienst gehörte; ich knipste es auch noch. Dieses Theater! Zwei Stunden wurden wir festgehalten, während sie versuchten, den Film zu entwickeln. Es gelang ihnen nicht, war

ein Kodak-Film. Wie wäre diese Geschichte in Ostdeutschland ausgegangen! So stellten der Vernehmungsoffizier und meine Frau nach zwei Stunden fest, sie waren beide polnische Patrioten; er küßte ihre Hand. Wir durften gehn. Nirgends sah ich so eine lustige Bürokratie wie die polnische. Erst befiehlt der Staatsbeamte: Verboten! Will schon seinen Stempel auf deine Papiere knalln. Da sagst du: Ach, bitte! Gucken Sie, das kleine Mädchen da (ich wies auf meine Tochter) wär sonst traurig... Sagt er: Ach, Gott... Du bittest weiter... Er: Ich habe dort und dort einen Cousin, den ruf ich jetzt an, vielleicht kann er eine Ausnahme für Sie erwirken... Die Polen. Der Ideologie gelang es nie, das Menschliche in ihnen zu ersticken. Sogar die amerikanischen Bürokraten könnten sich von ihnen eine Scheibe abschneiden. Hier kommt stets das Geschäft zuerst, danach der Mensch. In Polen, bei den Arabern, Lateinamerikanern, Asiaten kommt der Mensch zuerst. Neulich las ich ein Buch von einem gewissen Hall über kulturelle Sprachen. Er unterscheidet zwischen den nordischen »Low-Contact-Cultures« und den südlichen »High-Contact-Cultures«. In den ersteren lernst du die anderen Menschen nie näher kennen, die Kommunikation funktioniert übers Papier. In den »High-Contact-Cultures« geschieht alles vermöge eines Netzwerks persönlicher, ja persönlichster Beziehungen. Im engen Kontakt miteinander. Wahrscheinlich übertreibt Hall, doch es scheint mir viel dran zu sein.

Gott sei Dank entstamme ich einem russischen kulturellen Hintergrund. Sonst wäre ich auch so praktisch und einseitig rationalistisch wie die meisten Amerikaner, machte mir nichts aus Gedichten. In Rußland oder Südamerika kommen fünftausend Leute in ein Stadion, um einen Dichter zu hören. Hier kriegst du einzig für ein Fußballspiel so viele zusammen. Poesie ist nichts Praktisches. Meine Studenten lehnen Lyrik meist vollkommen ab, viele die Literatur insgesamt. Wahrscheinlich bin ich, so unamerikanisch wie ich bin, einzig eine Schöpfung meiner Lektüre. Im Augenblick lese ich E. E. Cummings am liebsten. Wenn ich Geschichte unterrichte, interessiere ich mich dafür, in welchem Maß die Menschen von ihrer Kultur geformt werden und in welchem Maß von künstlichen Ideen. Etwa, wen einer heiratet, welche Einstellung er der Sexualität gegenüber zeigt, wie er sich seinen Mitmenschen gegenüber verhält... In allem erkennst du kulturelle Muster. Wie schwer, aus diesen herauszukommen! Vermutlich gelingt es einzig vermöge exzessiver Lektüre. Indessen, auch welche Bücher du wählst, ist dir kulturell vorgegeben. Daß ich die Romantik gegenüber einer rationalistischen Aufklärungsliteratur bevorzuge, ja, überhaupt Gedichte lese... der Einfluß meiner russischen Großväter!

Ein Goldgräber

Auf der Suche nach Freiheit kam ich nach Alaska. Und wirklich, hier kannst du dich selbst ausdrücken, tun, was du tun willst, ohne daß Nachbarn dreinreden, das wäre nicht die richtige Art zu leben. Wenn du hier bei sechzig Grad unter Null im Zelt wohnst, regt das keinen auf. Niemand mischt sich in dein Geschäft ein. Das ist für mich Freiheit. Alaska ist das letzte Neuland. Willst du ein Künstler sein, ein Hippie oder was weiß ich, hier kannst du das, ohnc daß irgend jemand über dich die Nase rümpft. Und wer im Wald in einer Hütte lebt, gilt ebensoviel wie der im besten Haus der Stadt. Der Bankpräsident pflegte oft herauszukommen und Kraut zu kaufen, seine Frau machte Sauerkraut, und du sahst, er war nichts Besseres als der letzte Grabenbauer. Freilich, ein paar Snobs, die was Besseres zu sein vorgeben, gibt's immer. Normalerweise aber gehn wir hier gemeinsam jagen und fühlen uns vollkommen gleich. Der Grund, weshalb die Leute anfangs nach Alaska kamen. Mit der Zeit zogen dann Ideen von der Ostküste hier ein, eine Art Konformität. Vor zwanzig Jahren war davon noch nichts zu spüren. Eine einzige Straße in Fairbanks war gepflastert, die restlichen nur Schmutz und Schlaglöcher mit hölzernen Bürgersteigen. Eine völlig andere Stadt als heute, und die Menschen lebten anders. Heutzutage unterscheidet sich Fairbanks kaum mehr von anderen amerikanischen Städten. Hat Gesetze und professionelle Gauner, die die Politik der Stadt völlig beherrschen. Und wenn du einmal Gauner an der Spitze hast, stellen sie kleinere Gauner ein, die sie stützen, Ja-Sager. Wir kämpfen jetzt unermüdlich, um zu sichern, daß wenigstens eine Handvoll ordentlicher Leute in der Re-

gierung ist, Leute, die uns nicht bestehlen. Die anderen versuchen wir heraus zu bekommen, beinahe ein Ding der Unmöglichkeit. Ich arbeite in einer Assoziation mit, die versucht, die Arbeit der Regierung zu kontrollieren. Wir begannen mit einem Programm im Rundfunk, erzählten den Menschen, was vorging, schafften es auf diese Weise, daß etliche der schlimmsten Gauner nicht wiedergewählt wurden. Manch einer ist so verblödet, wählt sie nichtsdestoweniger. Beispielsweise hat solch ein Gauner einen Cousin, der eine Baufirma besitzt. Diesem gibt er eine Million Dollar, um dieses oder jenes völlig nutzlose Gebäude in der Stadt zu bauen, das meist nicht mal gebaut wird. In diesem Fall fließt das Geld dennoch nicht zurück, es wird verteilt unter allen, die Finger in diesem Topf haben. Oder der Gauner bezahlt seinem Schwager hunderttausend Dollar jährlich für die Arbeit in diesem oder jenem Büro, wo er in Wirklichkeit niemals erschienen ist. Er weiß nicht mal richtig, was er dort eigentlich zu tun hat. Legale Mittel, uns Bürgern das Geld zu stehlen! Man muß es den Menschen zeigen, ob in Fairbanks, in Juneau oder wo immer. Überall wird von öffentlichen Geldern Nutzloses gebaut und zehnmal soviel dafür ausgegeben, als der Bau wirklich kostet. Seit wir hier die Ölpipeline haben, ist es besonders schlimm. Die Ölfirmen finanzieren die Regierung. Sie geben so viel, die Regierungsvertreter können einfach der Versuchung nicht widerstehen zu stehlen. Jetzt, nachdem der Geldfluß vom Öl zurückging und Finanzierungsprobleme auftreten, wächst die Verlegenheit: Wer stahl wieviel?
Das Ölgeschäft hat Alaska verdorben. Zuviel Geld. Plötzlich besaß jeder Hunderttausenddollarhäuser. Schneemaschinen, Lastkraftwagen, Motorräder, alles mit Kreditkarten eingekauft und meist nie bezahlt... Als der Ölpreis sank und damit der Reichtum, verschwanden viele, ließen die Sachen einfach stehn... zigtausend Häuser standen in Fairbanks

leer. Banken krachten. Noch jetzt geschieht das. Das heißt, der Irak-Konflikt ändert die Sache wiederum. Von einem steigendem Ölpreis profitiert Alaska allemal... Übrigens lehne ich Kreditkarten ab. Schätze, für etwa ein Fünftel mit Kreditkarten erworbener Waren wird nicht bezahlt. Das heißt, der Verlust wird auf den Preis aufgeschlagen, wir anderen bezahlen für die Betrüger mit... Gott sei Dank hatte man aus Ölgeld einen festen Fonds gebildet, von dessen Zinsen die Regierungskosten bestritten werden. Der Fonds ist so immens, daß ein jeder Einwohner Alaskas eine Viertelmillion Dollar erhielte, verteilte man ihn. In unserer Assoziation passen wir nun höllisch auf, daß die Gauner, von denen ich sprach, ihre Finger aus diesem Topf heraushalten. Wir zahlen keine Einkommensteuer, alle Staatsgeschäfte werden von den Zinsen aus diesem Fonds bestritten. Gibst du acht, daß die Regierung sorgsam und zum Wohle der Bürger mit diesem Vermögen umgeht, ist Alaska ein schöner Staat. Zum Beispiel haben wir hier die bestbezahlten Lehrer in Amerika. Auch die Universität bekommt viel Unterstützung. Nur geben die Verantwortlichen dort das Geld weniger für die Bildung, als für ihre Weltraumprogramme und was weiß ich aus. Nicht mal mehr ein Bergbauinstitut haben sie. Früher kamen die besten Bergbauingenieure aus Alaska. Jetzt muß einer nach Denver hinunter, wenn er Bergbau studieren will.

Ich wurde Bergmann im Selbststudium. Fraß Bücher in mich hinein. Mein Vater brachte mir bei, wie man nach Gold gräbt und wo man es findet, von Geologie hatte er keine Ahnung. Auch die Leute, die du hier allenthalben entlang der Bäche nach Gold graben siehst, haben von Bergbau keinen blassen Schimmer. Im Dreck wühlen ist nicht Bergbau. Dagegen im Wissen zu graben, wie die Erde aufgebaut ist, welche Schichten es gibt, wie sie sich aufeinander beziehen, das setzt Bildung voraus. Hätte ich mit meinem Wissen

einen Collegeabschluß erworben, könnte ich heute einen hochbezahlten Job in einer Bergbaugesellschaft haben. Bis zu 600 Dollar am Tag verdient so ein Studierter, der den Goldgräbern hier draußen Ratschläge gibt. Da ich kein Diplom habe, bringt mein Wissen mir nicht viel ein. Ob ich's bereue, nicht studiert zu haben? Nein, mit Diplom funktionierte ich als Teil eines Betriebs, ohne es bin ich frei. Nichts in meinem Leben bereue ich. Verdiente Millionen, gab Millionen aus. Freilich, meist gewannen den Profit für meine Arbeit andere. Ich beneide sie nicht. Unterdessen tranken sie sich zu Tode, fünfzig-, sechzigjährig. Es ist die Regel unter Goldgräbern. Aber ich lebe noch.
Obwohl ich in keine Kirche gehe, glaube ich daran, wir sind zu einem bestimmten Zweck auf der Welt, und wir werden durchs Leben geführt. Aber zu welchem Zweck? Um destruktiv zu sein? Um mit unserer Gier die Erde zugrunde zu richten? Alles menschliche Streben beruht doch auf Gier. Welchen Sinn hat das? Man kann die menschliche Rasse nicht mal als intelligent bezeichnen, zerstört alles, wo sie hinkommt. Wenn ihr auf dieser Erde weiter leben wollt, so denke ich oft, haltet ein mit der Gier und Hektik, macht langsamer. Bleibt mindestens jeden Tag einmal stehn und schaut euch um, statt Dingen nachzurennen, die ihr sowieso nicht kriegt. Alles, was du brauchst, ist schon da, mach nur die Augen auf und sieh!
Ich gehe jeden Tag in den Wald, schneide Holz, zum Heizen und zum Schnitzen. Nur wenn es kälter als vierzig Grad minus ist, bleib ich im Haus. Obwohl wir jetzt einen Generator, das heißt elektrischen Strom besitzen, ist das Leben hier draußen eine Herausforderung, jeden Tag, jede Minute. Du mußt alles selber reparieren können. Keiner ist da, der dir hilft. Auch viel Selbstvertrauen benötigst du. Keiner lobt dich, keiner spricht dir Mut zu. Das Haus hab ich selbst gebaut, nach und nach, je nachdem, wieviel wir verdienten,

meine Frau und ich. Da wir kaum etwas verdienten, ging es sehr langsam. Ich wollte kein Geld leihen. Das war mein Stolz, zu beweisen, man könne in Alaska völlig auf sich selbst gestellt überleben. Bevor wir das Lädchen eröffneten, fuhr ich zur Arbeit in die Stadt, bis ich es satt hatte, angestellt zu sein, auf einer Lohnliste zu stehn.

Früher hatten wir kein Telefon, das heißt, wir konnten, kam ein Räuber, nicht mal die Polizei anrufen. Zweimal passierte es, daß jemand einzubrechen versuchte. Einmal waren es angetrunkene Teenager, das andere Mal war es ein professioneller Einbrecher. Ich griff zur Flinte, zielte... es war nicht nötig abzudrücken. Erst eine Woche später hatten wir die Gelegenheit, es einem Sheriff mitzuteilen. Jetzt druckst der Einbrecher kleinlaut herum, wenn er hier einkaufen kommt. Er hat keine andere Wahl, wir haben das einzige Geschäft weit und breit. Wie blödsinnig, hier einzubrechen! Eine Sackgasse, in Circle geht's nicht mehr weiter, keiner entkommt. Es sei denn, er tötet alle, die ihm begegnen, was auch einige Male vorkam, in Livengood und McCarthy. Verrückte. Im Winter brauchst du vor ihnen keine Angst zu haben, sie bleiben in der Stadt, stellen was an, kommen eine Weile ins Gefängnis.

Die Indianer tun einem nichts. Trinken viel, pflegen sich selbst umzubringen, bisweilen einander. Davon abgesehen sind es freundliche und ordentliche Leute. Auch die Eskimos. Einige leben hier in der Gegend, zweihundert Meilen vom Indianerdorf entfernt, damit du sie nicht verwechselst. Nenne keinen Indianer einen Eskimo und umgekehrt, das bringt sie um. Alte Feinde. Aber ich kann von den Eskimos auch nur sagen: feine Leute.

Meine Vorfahren waren Deutsche, deshalb mein Name: Edgar. Der Großvater kam nach Missouri, während des Goldrausches zog er nach Kalifornien weiter, betrieb eine Bar und eine Spielhölle für die Bergarbeiter. Ein kleines Lädchen wohl auch. Dort wurde mein Vater geboren. Mein Großvater mütterlicherseits war ebenfalls um 1860 herum aus Deutschland ausgewandert, hatte dort Sättel, Schuhe, Stiefel hergestellt und wurde politisch verfolgt. Warum, das weiß ich leider nicht. Vielleicht hatte er dem deutschen Zaren einen Sattel gemacht, der dessen Arsch nicht gefiel.

Mein Vater war Goldgräber. Nach dem Krieg begann ich ebenfalls, in Kalifornien nach Gold zu suchen. Pap hatte mich gelehrt, wie man es auswäscht. Ich verdiente mir mit dieser Arbeit das Schulgeld. Später entdeckte ich in Nordkalifornien eine große Goldader und baute ein Bergwerk auf. Hier, sehen Sie den Zeitungsausschnitt... Drei Tonnen Gold. Aber, wenn Sie zwanzig Bergarbeiter anständig bezahlen, die Betriebskosten und alles, werden sie nicht reich davon. Wie auch immer, als ich die Mine verkaufte, hatte sie mir und meiner Familie für zwölf Jahre ein gutes Leben geschenkt. 1960 kam ich nach Alaska, wo es mich schon immer hingezogen hatte. In den 48 Staaten dort unten war mir zu viel Gedränge, zu viele Spitzbuben gab's, dazu reichlich schmutzige Politik. In Alaska, dachte ich, ist alles anders... und es traf zu für jene Jahre. Zunächst arbeitete ich als Seemann für eine Ölgesellschaft. Aber die Unsicherheit dieses Lebens, das war nichts für mich. 1963 ließ ich mich schließlich in der Gegend um Fairbanks nieder, um alte Goldgruben neu zu erschließen. Es hätte sich gelohnt, wenn man heutzutage nicht auch als Goldgräber ein Gauner sein müßte, um es zu etwas zu bringen, ein Dieb, eine Art Aktienhai oder wie soll ich dazu sagen? Es geht nur noch ums Geschäft, und das läßt kein Gewissen zu. Meine Mine in Kalifornien hatte sich selbst finanziert, das geht heute nicht mehr. Heutzutage mußt du einem ohne mit der Wimper zu zucken in die Augen sehen können und lügen: Aus dem Loch da hole ich für soundso viel Millionen Gold heraus, um eine Befürwortung zu bekommen. Dann wird dir das

nötige Geld zuteil, um prüfen zu können, ob sich ein Bergwerk an dieser Stelle überhaupt lohnt oder nicht. Aus derlei Gründen ist in den letzten Jahren nicht eine einzige Mine in Alaska erfolgreich gewesen. Mit anderen Worten, sie haben immer mehr Geld in den Boden hineingesteckt, als sie herausholten. Als ich nach Alaska kam, glaubte ich freilich, hier wäre noch ehrlicher Bergbau möglich, und ich wollte ein ehrlicher Bergmann sein. Aber allein die Partner, mit denen ich arbeitete! Wie denen unten in den achtundvierzig Staaten ging es ihnen nicht darum, ein wirklich erfolgreiches Bergwerk zu betreiben, sondern nur darum, jede Menge Geld zu machen, egal auf welche Weise. Einen schnellen Dollar und dann wieder fort. Wie hatte ich von meinem Bergwerk geträumt; ich zahle anständige Löhne, mache Menschen glücklich... Weil ich aber kein Land hier besitze, stets auf der Grundlage von Pachtverträgen gearbeitet habe, war ich darauf angewiesen, mit diesen Gaunern zusammenzuarbeiten. Endlich hatte ich genug davon, besser gesagt, wegen eines Unfalls in der Grube mußte ich das Goldgraben aufgeben.
Ich schlug mich dann als eine Art Führer durch, der in Bergmannsuniform den Touristen die Goldbagger zeigt. Dreißig junge Japanerinnen, todernst allesamt. Welche Witze ich auch reiße, kein Lächeln. Dann versuchen sie mit ihren Pfannen, nach Gold zu graben. Kein Erfolg. Laßt mich mal, sag ich. Hatte an einer bestimmten Stelle ein Stück Gold versteckt, schmuggelte es in die Pfanne. Hier, seht her, so macht man das! Sie starren das Gold an, strahlen. Dreißig junge, hinreißend lächelnde Frauen.
Ich trank viel in jener Zeit. Jeden Abend in der Bar. Da lernte ich auch meine zweite Frau kennen, sie war zu Gast aus Oklahoma. Wir tanzten, beim zweiten Tanz fragte ich sie nach ihrer Fahrerlaubnis. Man fragt eine Frau nicht nach ihrem Alter, aber auf dem Führerschein steht das Geburtsdatum. Ich gab vor, wissen zu wollen, ob sie mich, wenn ich

besoffen bin, nach Hause fahren kann. Zwei Nächte später wurde das tatsächlich nötig, ich rief sie in Fairbanks an, konnte nicht mehr vom Barhocker. Hilf mir! Mit aller Kraft schleppte sie mich ins Auto, fuhr mich nach Hause. Unterwegs kotzte ich. Von da an lebten wir zusammen. Sie gewöhnte sich an Alaska. Wer nach dem ersten Winter noch hier ist, scheint abgehärtet. Leider trinkt meine Frau viel zuviel. Wenn ich nach Fairbanks muß, neue Waren holen, beginnt sie damit schon morgens und hat bald keine Kontrolle mehr über die Ladenkasse. Regelmäßig muß sie, der Leber wegen, ins Krankenhaus.

Meine erste Frau hatte mir drei Töchter geschenkt. Nach meiner Scheidung blieben sie bei ihrer Mutter in Kalifornien, aber später fand ich eine Möglichkeit, sie nach Alaska zu locken. Bot dem neuen Ehemann meiner Exfrau, der auch Bergmann war, in meiner Mine einen guten Job an. Er brachte die ganze Familie herauf, ich hatte meine Kinder wieder um mich. Heute sind sie allesamt mit Fischern in Kodiak verheiratet. Enkel in Hülle und Fülle. Meine Exfrau lebt dort auch. Sucht immer noch nach einem Vater. Vier Ehemänner, die jeweils dreißig Jahre älter waren als sie, starben. Jetzt ist sie sechzig; ich hoffe doch, sie sucht nicht nach einem Neunzigjährigen. Kürzlich kam sie mich hier besuchen. Da saß sie auf dem Sofa, zart und fein. Meine Frau, halbe Indianerin, in Stiefeln und mit Schirmmütze, platzte vor Eifersucht, sprach kein Wort mit ihr. Daß da ein armes Kind sitzt, das ewig nach einem Vater sucht, und für das ich, gleichaltrig, einfach Luft bin, das sah sie nicht. Der Vater meiner Exfrau war ein fanatischer Pfaffe gewesen, augenscheinlich mochte er keine Kinder.

Die langen Winter machen mir nichts mehr aus. Ich schnitze, mache schöne Sachen aus Holz, die ich im Sommer verkaufe. Diese Lampe und diesen Tisch da beispielsweise...
Zuzeiten lese ich. In Alaska wird wahrscheinlich mehr gele-

sen als im sonstigen Amerika. Jeder Laden in der Wildnis führt eine kleine Bibliothek, eine Kiste zerlesener Bücher. Unser Lädchen auch. Wir haben es sieben Tage die Woche für je sechzehn Stunden geöffnet. Führen von allem etwas. Bier, Schnaps, Nahrungsmittel, T-Shirts... Im Sommer kommen viele Touristen, im Herbst Jäger, das ganze Jahr über Einwohner von Circle, die nach Fairbanks fahren oder aus Fairbanks nach Circle zurück... Im Winter hält fast jeder hier an, um sich aufzuwärmen. Ich kenne jeden in dieser Gegend zwischen Circle und Fairbanks. Wenn du dich einsam fühlst, brauchst du nur zu sagen: Machen wir eine Flasche auf! Dann hast du sofort Gesellschaft. Im Winter fahren manche mit ihren Schneepflügen von Haus zu Haus, in jedem wird gefeiert, das heißt getrunken, von morgens bis abends. Vor zehn, fünfzehn Jahren war es noch schlimmer als heute. Man spürt die Folgen der Aufklärungskampagnen der Regierung über den Alkoholmißbrauch. Oder liegt es daran, daß sie die Werbung für Alkohol nun verbieten? Zusätzlich haben sie die Altersgrenze für Alkoholkonsumenten hinaufgesetzt, von 18 auf 21. Hier oben gibt's viele Soldaten, die pflegten früher achtzehn, neunzehn Jahre alt zu sein. Was sollten sie in der Freizeit tun? Jagen oder Eisfischen! Nur zwei Straßen führen aus Fairbanks hinaus, die eine führt an unserem Schnapslädchen vorbei... Neuerdings sind die Soldaten, die bei uns Bier und Schnaps kaufen, älter.

Herrlich ist's, daß hier draußen jeder jeden grüßt, einem hilft. Haben sie uns eine Weile nicht gesehen, halten Nachbarn, klopfen und fragen, alles in Ordnung? Ich muß aufpassen, daß ich mich mit keinem zu eng befreunde. Dann passiert es womöglich, daß sie einkaufen wollen, ohne zu zahlen. Bisweilen klopft es mitten in der Nacht, ein Wagen hat schlappgemacht. Die Fahrer übernachten auf dem Teppich bei uns im Stübchen (jeder hat hier für solche Fälle einen Schlafsack im Wagen) und versuchen am Morgen eine Reparatur. Früher kamen pro Tag hier allenfalls zwei Autos vorüber, heute im Sommer zweihundert. Seit etwa fünf Jahren haben die Asiaten und Europäer Alaska als Urlaubsland entdeckt. Die meisten Touristen sind Schweizer, ihnen folgen Japaner und Deutsche. Mich reizt es kaum zu reisen. Bin im Krieg als Matrose auf einem Transportschiff buchstäblich durch die ganze Welt gekommen. Vier Jahre lang. Und heute reise ich beim Fernsehgucken, da mußt du dich nicht über eine schlechte Unterbringung, verpaßte Zug- oder Fluganschlüsse, über schlechtes Essen oder Verdauungsstörungen ärgern. Du sitzt gemütlich mit einer Büchse Bier im Sessel und reist mit den Augen. Natürlich ist das beste am Reisen, daß man interessante Menschen kennenlernt. Aber die kommen ja neuerdings allesamt hierher, um Alaska zu entdecken... Und nach dem Krieg begann meine Leidenschaft für die Geologie. Da dachte ich an nichts anderes mehr. Einen Beruf zu haben, der dir Spaß macht, weiter bedarf es nichts. Als Bergmann war ich stets auch mein eigener Chef. Daß die Goldminen, abgesehen von der einen in Kalifornien, nicht viel einbrachten, was soll's? Ein Millionär wollte ich nie sein. Ich stelle es mir fürchterlich langweilig vor.

Unten entlang des Chatanika wohnen einige Nachbarn. Wir unterhalten uns oft, übers Fischen, Jagen. Meist klatschen wir über die anderen, die hier in der Gegend wohnen. Du bist genau über die Angelegenheiten jedes einzelnen informiert. Der wurde verhaftet, weil er außerhalb der Saison einen Elch schoß. Jener, weil er vor zehn Jahren seine Frau erschlagen hat. Man sagt, sie fraß soviel, daß sie schließlich 365 Pfund wog. Er konnte sie nicht mehr ausstehn. Verlor die Nerven... Sein Vater hatte ihm geholfen, die Frau zu begraben. Der erzählte es nun, zehn Jahre später, seinem Liebhaber. Ein paar Tage später kam die Polizei und grub den Garten um...

Mit meinem Leben bin ich zufrieden. Nur möchte ich gern

noch dreißig Jahre so weiter leben wie jetzt, bis ich hundert bin. Arbeiten, in den Wald gehn... genießen. Ich würde gern jagen, aber mein Prinzip ist, schieß nie ein Tier, wenn du es nicht wirklich benötigst. Und all die Jäger, die ihre Wagen bei uns hier abstellen, kommen von der Jagd mit so viel Wild zurück, das können sie nie verbrauchen. Heute schoß einer zwei Karibus. Fragte mich: Wollt ihr eins? Wir haben immer genug Fleisch. Und unsere indianischen Freunde bringen uns haufenweise Lachs, den sie im Fluß unten fangen. Es ist in Alaska keine Kunst, Elche zu schießen und Fische zu fangen, vielleicht hab ich es deshalb nie getan. Nur Beeren nahmen wir aus dem Wald. Ich sah in meinem Leben an allen Orten die Menschen zu viel wegwerfen. Da beschloß ich eines Tages: Ich lebe von nun an vom Abfall der anderen. Esse das Wild, das sie zuviel geschossen haben, baue mir ein Häuschen aus den Brettern, die sie nicht mehr benötigen... Welch eine Herausforderung, den Leuten zu zeigen, man baut ein Haus, ohne einen Pfennig dafür auszugeben. Freilich dauerte es lange, und meine Frau murrte öfters. Wir wohnten unterdessen in der Hütte dort drüben. Nein, was die Leute alles wegwerfen! Ich fuhr auf Autofriedhöfen, Müllhalden umher, in Hülle und Fülle gab es dort gute Sachen. Mobiliar, Autoteile, und eben alles, was du benötigst, um ein Haus zu bauen. Ich verkaufte dann hier Autoersatzteile und half den Fahrern, sie einzubaun. Die Teile stammten allesamt von der Müllhalde in Fairbanks. Von Kabeln, Schrauben, Radiatoren gar nicht zu reden. Zwei Drittel unseres Einkommens bestritten wir mit dem Verkauf der Sachen, die ich von der Müllhalde holte. Das größte Problem für mich sind die Müllhalden auf der Welt, wo doch jedes Stückchen Abfall wiederverwertet werden könnte. Holz, Glas, Metall, alle Arten von Behältern. Aber sie denken gar nicht daran. Unten in den achtundvierzig Staaten ist's noch ärger mit dem Abfall, bald bestehen sie nur mehr aus einem

einzigen Haufen Müll. Diese Vision quält mich. Und die Sachen sind schon so produziert, daß sie eigentlich zum Wegwerfen bestimmt sind. Plastikspielzeug, welches das Kind am nächsten Tag fortwirft. Ein Motorrad, das einer nur kauft, weil der Nachbar eins hat, dann steht es im Hof und vergammelt. Mit Massen von Autos dasselbe. Und jetzt zieht diese Haltung auch in Alaska ein. Etwa eine Million Dollar verschwinden pro Monat auf der Müllhalde von Fairbanks. Früher war das anders. Dann kam die Zeit des Wohlstands, und sie sagen: Wozu diese Flasche wiederverwerten, haben hier keine Anlagen dafür... Was sie noch nicht begriffen haben, ist, die Zeit des Wohlstands ist längst vorüber. Nicht mehr lange können sie so verschwenderisch leben wie jetzt. Dann müssen sie sparen, doch wie? Haben es nicht gelernt. Und fangen selbst jetzt noch nicht damit an, weil sie den Wald vor lauter Bäumen nicht sehn. Vor lauter schönen Waren nicht den rasanten ökonomischen Abstieg. Wir verkaufen in unserem Lädchen hier nur das Nötigste, das die Leute zum Leben brauchen, und so kostet mich die Erhaltung des Geschäfts nur dreißig Dollar pro Tag. Das beruhigt mich.
Sie müßten in den Schulen den Kindern ein Recycling-Bewußtsein vermitteln. Wenn die Eltern dies nicht tun, woher sollen's die Kinder bekommen? Jedoch, auch die meisten Lehrer sagen nur: Verschwende, verschwende, gib Geld aus! Kein Wort davon, wie hart jeder Dollar erarbeitet werden muß. In den nächsten Jahren steht uns eine große Wirtschaftskrise bevor, es ist deutlich zu sehn. Vielleicht nicht so kraß, wie am Ende der zwanziger Jahre, aber ihren Luxus verlieren die Leute bestimmt. Am härtesten trifft es die in den großen Städten. Können sich ja nicht einfach vorm Haus einen Elch schießen, in den nächsten Fluß greifen und ein paar Lachse herausnehmen. Brennstoff aus dem Wald... Gestern hielt Bush eine beunruhigende Rede, das ganze Bank-

system steht vor dem Zusammenbruch, ein Skandal nach dem anderen. Jetzt sind alle Bankkonten über die Regierung versichert, aber wenn die Regierung sie nicht mehr stützen kann? Verschwendet zu viel, um all den reichen Schwindlern aus der Patsche zu helfen. Meines Erachtens sollten sie den Superreichen das Geld wegnehmen, damit die Wirtschaft sanieren, statt den kleinen Steuerzahler am Ende die Suppe auslöffeln zu lassen. Das löste vielleicht auch das Drogenproblem. Denn wer nimmt denn hauptsächlich Drogen? Die Armen in den Innenstädten und die Kinder der Superreichen, die nichts mit sich anzufangen wissen und für die Geld kein Problem ist. Nun dringen die Drogen auch hier in Alaska ein, sogar in die Dörfer der Indianer und Eskimos. Ich rieche es immer öfter, wenn einer in den Laden kommt, der hat doch im Wagen Marihuana geraucht. Und immer mehr nehmen zusätzlich auch Kokain. Ein Drittel meiner Kunden nimmt irgendeine Art Droge. Sogar die, die von der Wohlfahrt leben. Sie bekommen die Miete bezahlt, Essensmarken, und soundso viel Dollar im Monat. Was tun sie mit dem Geld? Viele kaufen sich Alkohol und andere Drogen. Ein arbeitsloses Ehepaar mit einigen Kindern kommt in Alaska auf zwölftausend Dollar im Jahr, dazu tauschen sie Essensmarken gegen Geld ein... Die Bürohengste im Wohlfahrtsamt in Fairbanks juckt das nicht. Je mehr Unterstützung sie zahlen, desto unentbehrlicher erscheinen sie, ihr Job bleibt stabil. Bevor in Fairbanks Wohnungen für sie gebaut wurden, lebten viele Wohlfahrtsempfänger unten am Fluß in Blockhütten. Da sie alle bei mir einkaufen kamen, sah ich, sie hatten mehr Geld als Leute, die arbeiteten. Und ich roch genau, wer trank oder Drogen nahm. Viele wollen nicht arbeiten. Sie sind in Familien aufgewachsen, die von der Wohlfahrt lebten, sind es nicht anders gewöhnt. Es ist ihr Beruf, arbeitslos zu sein. Sie trinken, manche fischen, jagen, alle erziehen sie ihre Kinder zu Wohlfahrtsempfängern.

Wir wollten einen hier im Laden einstellen, ihm dasselbe zahlen, was wir selbst verdienen. Er sagte, nein danke, wenn ich nicht arbeite, bekomme ich mehr Geld. Irgendwas ist da verkehrt.

Eine Bürgerrechtlerin der Homosexuellen

Mein Vater war Methodistenprediger und wurde alle vier Jahre versetzt. So zogen wir ständig von einer Kleinstadt Minnesotas in die andere um, überall viel Camping, Kanu fahren, Lagerfeuer – eine herrliche Zeit! Freilich zankten wir drei Geschwister viel, aber das ist normal. Unsere Eltern liebten einander, das schuf eine gute Atmosphäre in der Familie.

Nach der Highschool ging ich nach Colorado, um in Denver Kunstgeschichte zu studieren. Kurz vor dem Abschlußexamen ging die Liebesbeziehung zu meiner Freundin kaputt. Sie hatte herausgefunden, daß sie doch nicht lesbisch ist, sondern bisexuell, fing an, mit Männern zu schlafen; das machte mich verrückt. Ich floh nach Hause. Leider ließ mich die Universität von Minnesota nicht mein Studium abschließen – sie erkannten die Seminarscheine von Denver nicht an. Diese Universität ist einfach zu groß; sechzigtausend Studenten erfordern eine so immense Bürokratie, daß jede Möglichkeit, humane Entscheidungen zu treffen, verhindert wird. Die Leute, die lange in dieser gigantischen bürokratischen Maschine gedient haben, sind ausgelaugt, sie entscheiden nur noch nach Vorschrift. Und welches Theater bereits, wenn du dich hier einfach in irgendeinen Kurs einschreiben willst! Du rennst dafür tagelang hin und her. So ließ ich das Studieren für viele Jahre, engagierte mich statt dessen in der Bürgerrechtsbewegung der Homosexuellen.

Daß mich Männer sexuell nicht anziehen, hatte ich in der Highschool herausgefunden, als Teenager – ich sah einfach, daß die Mädchen in meiner Klasse sich den Jungs gegenüber anders benahmen als ich. Für mich waren sie einfach Kumpels, weiter nichts. Statt dessen zog mich ein Mädchen an. In dieser Zeit begann meine erste lesbische Beziehung – sehr heimlich, wir nennen das »being in closet«. Diesen Ausdruck haben die Heterosexuellen für uns erfunden: wir steckten, so sagt dieser Ausdruck, unsre Liebe in den Schrank, wenn jemand kommt. Damals, Mitte der sechziger Jahre, war das noch wirklich nötig. Harte Zeiten. Aber eigentlich auch für die Heterosexuellen; jede sexuelle Aktivität mußte »im Schrank« versteckt werden. Die Norm verlangte, man heiratet etwa mit 25, vollkommen unschuldig. Ein prüdes Land, noch heute. Welcher Abscheu Sex gegenüber! Jeder tut so, als existiere Sex nicht. Wahrscheinlich liegt es daran, daß die meisten Einwanderer im 18. Jahrhundert aus religiösen Gründen nach Amerika kamen; sie waren dabei keineswegs liberal, zumeist extrem konservative Puritaner. Ihr Geist hat sich bis heute erhalten, und er findet stets neue Anhänger. Denn die Leute wollen nicht selber denken, sie möchten fertige Antworten präsentiert bekommen. Und die bequemste Antwort ist: Überlaß dein Leben Jesus; freilich mußt du dafür deinen Körper verleugnen, dessen Wünsche sind sündig. Ich lese gerade ein Buch über Jim und Tammy Baker, die korrupten Fernsehprediger. Es ist nicht zu fassen, wie ihnen die Menschen in Massen auf den Leim gingen. Jim und Tammy predigten, Reichtum ist gut, und es ist einerlei, was du tust, um ihn zu bekommen. Sind deine Methoden dabei unrecht, so bitte Gott nachher einfach um Vergebung... Das hörten die Leute, und sie sandten ihnen Millionen Dollar, für die sie sich Schlösser bauten, Dutzende teure Autos kauften, ein Heer von Dienern... Nachher weinte Baker auf dem Bildschirm so schön: Mein Gott, ich schäme mich für meine Gier, bitte vergib mir... die Zuschauer explodierten vor Begeisterung und schickten ihnen mehr und mehr Geld... Wie bequem ist solch eine Haltung, die weitverbreiteste Einstellung in der oberen amerikanischen Mittelklasse. Von Zeit zu Zeit erinnerst du an die Armen und sagst: Oh Gott, wir müssen für sie beten und ihnen zehn Dollar geben. Sich für ihre Lage schuldig fühlen, das sei freilich nicht nötig. Als guter Christ kannst du dir nach dieser Auffassung leisten, was du willst, Gott vergibt dir alles. Von Sex natürlich abgesehen. Sex verzeiht Gott nicht, und schon gar nicht homosexuellen Sex. Wer den treibt, ist solch ein entsetzlicher Sünder, daß ihm auf keinen Fall vergeben werden kann. Welch ein doppelter Maßstab!

An meiner Highschool hatte ich alles in allem Glück. Einmal sagte ein Mitschüler erschrocken: Ich habe gesehn, wie ihr, du und Amy, Hand in Hand gingt. Ich sagte: Kann schon sein, na und? Das war alles; wir wurden nicht angegriffen. Doch kurz darauf hörte ich in unserer Frauen-Fußballmannschaft, wie sie über eine homosexuelle Frau lästerten: Mit so einer wolln wir nicht Fußball spielen; ekelhaft, sich vorzustellen, die zieht sich mit uns in der gleichen Garderobe um... Sie forderten meine Unterstützung. Ich sagte: Ich bin selbst lesbisch. Habe ich euch irgendwie belästigt, und habt ihr überhaupt etwas davon bemerkt? Hätte Susan es euch nicht bekannt, ihr ahntet ja nicht einmal etwas. Also, laßt sie in Ruhe! Von nun an akzeptierten sie Susan widerstrebend. Darauf beschloß ich, mich offen zu meiner Homosexualität zu bekennen. Ging erhobenen Hauptes in eine Schwulenbar. Die Männer führten gerade eine Transvestitenschau vor. Sangen und tanzten, war das lustig! Eine Transvestitenschau inmitten dieses prüden amerikanischen Mittelwestens.

Die berühmte Hippie-Zeit begann damals gerade. Doch wie sexistisch waren die Hippies! Freie Liebe! riefen sie. Aber damit meinten sie einzig die heterosexuelle Liebe, und die Frauen behandelten sie als sexuelle Objekte, mit Liebe hatte das überhaupt nichts zu tun. Und keine einzige Frau in der Führung dieser Bewegung! Ich war leidenschaftlich in der Antikriegsbewegung engagiert. Doch als Frau, noch dazu als eine lesbische, hatte ich nichts zu sagen. Wir Frauen wollten uns das nicht länger gefallen lassen, uns von Männern nicht mehr dominieren lassen, selbst, wenn sie Hippies waren. Das was der Anfang der Frauenbewegung.

Als ich nach der Highschool meinen Eltern erklärte, daß ich homosexuell bin, glaubten sie's zuerst nicht. Meine Mutter will es bis heute nicht wahrhaben, dennoch akzeptiert sie mich. Mein Vater tolerierte es bald mühelos. Er hatte sich mit der Kinsey-Studie beschäftigt und sprach mit mir darüber. Im Kinsey-Institut entwickelten sie eine Skala über die sexuelle Orientierung der Menschen, an beiden Enden die rein Homosexuellen wie ich es bin, in der Mitte die Heterosexuellen, die meisten Menschen liegen dazwischen. Das heißt, fast jeder ist bisexuell. Daß die meisten ausschließlich in heterosexuellen Beziehungen leben, liegt nur an den gesellschaftlichen Gepflogenheiten, an der Erziehung und an der allgemeinen Verachtung, ja dem Abscheu, der uns Homosexuellen entgegenschlägt. Angesichts dessen lassen die meisten Menschen in sich gar kein Bewußtsein dafür aufkommen, daß sie bisexuelle Neigungen haben. Über all dies konnte ich mit meinem Vater sprechen. Er war bis zu seinem Tod ein radikaler Linker, hatte in den frühen sechziger Jahren mit den Schwarzen in der Bürgerrechtsbewegung gekämpft, ein wahrhaft revolutionärer Pastor. Als später unsere schweren Schlachten darum begannen, als Homosexuelle geachtet zu werden, brachte er den Bischof von Saint Paul so weit, daß er öffentlich für uns Partei ergriff. Welch ein Skandal! Doch es half uns.

Leider imitieren die meisten homosexuellen Paare einfach die eingefahrenen, heterosexuellen Beziehungen: Der eine spielt den Mann, der andere die Frau, dazu Eifersucht, Fremdgehen und alles Drum und Dran. Nur wenige versuchen wirklich, aus diesen Beziehungsmustern auszubrechen, den Partner nicht nur als ein sexuelles Objekt zu sehn, sondern als ein eigenes Zentrum von Freiheit und Erkenntnis. Aber das hat nichts mit Homosexualität zu tun. Auch immer mehr heterosexuelle Frauen und Männer bemühen sich, das eingefahrene Rollenverhalten aufzubrechen. Vielleicht reflektieren Homosexuelle nur einfach mehr darüber, daß es heute endlich an der Zeit ist, völlig neue zwischenmenschliche Beziehungen zu schaffen. Bedauerlicherweise neigen Homosexuelle aber auch oft nach dem Auseinanderbrechen der ersten Liebe zu Promiskuität. Die männlichen Homosexuellen machten gar einen Kult daraus, erst Aids änderte das. Aber an der Promiskuität unter Homosexuellen trägt auch die Gesellschaft schuld. Die zeigt mit dem Finger auf die Schwulen wie auf Aussätzige: Das fordert diese erst zur Promiskuität heraus; als eine Art Provokation versuchen sie, dem vorgegebenen Bild von sich selbst zu entsprechen. Verstehst du, was ich meine? Wenn du einmal nach dem Maßstab Gut und Böse als böse verurteilt bist, kommt's nicht mehr darauf an, was du tust. Die Lesben neigen im Unterschied dazu im allgemeinen nicht zur Promiskuität. Leben zwei, drei Jahre zusammen in einer festen Partnerschaft, dann wechseln sie häufig. Das ist aber immer noch kürzer als die Dauer der meisten heterosexuellen Beziehungen. Aber vielleicht halten die nur länger, weil es so kompliziert ist, sich scheiden zu lassen. Wenn du dich von einem homosexuellen Partner trennst, muß du ja nicht vor Gericht gehn, du trennst dich einfach. Es wäre auch deshalb gut, wenn Homosexuelle heiraten dürften, so wie es in Schweden ist. Hier bei uns kannst du nicht einmal in der Kirchengemeinde über Probleme in deiner Partnerschaft sprechen. Wenn zwei nur zusammenleben, ohne verheiratet zu sein, wird eine Partnerschaft nicht ernstgenommen. Man sagt einfach: Wenn's Probleme gibt, dann trenn dich doch! und zuckt die Achseln. Wären wir verheiratet, würden die das nie so leichthin sagen. Homosexuelle Beziehungen werden nicht ernstgenommen. Vor einigen Jahren war es in Colorado für Homosexuelle möglich zu heiraten. Sie hatten dort ein neues Ehegesetz verabschiedet, das ein Loch enthielt, welches man so interpretieren konnte, daß es die Heirat von Homosexuellen gestattete. Tausende Homosexuelle stürmten nach Colorado, um zu heiraten. Es klappte. Doch nach vier Jahren wurde das Loch im Gesetz gestopft. Es dauert meines Erachtens noch etwa zehn Jahre, bis in den Vereinigten Staaten Homosexuellen die Ehe gestattet wird. Vorausgesetzt, wir Bürgerrechtler lassen nicht nach, es lauthals einzufordern.

Heterosexuelle fragen mich stets, wie siehst du, daß eine Frau oder ein Mann homosexuell ist. Ich sehe das daran, wie jemand geht, sich kleidet, an der Körperhaltung, daran, wie er/sie sich der Welt präsentiert. Die Stereotypen wie etwa, ein Homosexueller sei sehr feminin, sind Quatsch. Viele Homosexuelle sind Machos, sexistisch, gar nicht feminin. Nach so vielen Jahren im Untergrund lernten wir einfach, einander zu erkennen. Man entwickelt einen sechsten Sinn dafür, jedem Menschen anzusehn, ob er möglicherweise an einer homosexuellen Partnerschaft interessiert ist. Eigentlich kann man das nicht erklären. Stell dir einfach vor, wenn du Männern gefallen willst, da kleidest, frisierst du dich, lächelst auf eine bestimmte Art und Weise – du sprichst und bewegst dich so, wie du meinst, das würde der bestimmte Mann, der dir gefällt, attraktiv finden. Und Frauen, die Frauen gefallen wollen, machen das ebenso, nur eben anders, so, daß sie damit keinen Mann, sondern eine Frau beeindrucken. Jeder ist dabei er selber, das andere kommt von allein, man fühlt es einfach, wie man sich präsentieren soll, und muß kein bestimmtes Gebaren erlernen. Daß jemand verheiratet ist, sagt dabei noch lange nicht, daß er nicht homosexuell ist. Viele heiraten verständlicherweise, um der Diskriminierung zu entgehen. Denn diese Gesellschaft sagt,

Homosexuelle sind böse, häßliche, kranke, gefährliche Menschen. Wer will sich vor solchen Vokabeln nicht schützen; Ehe ist solch ein Schutz.

Was ich hier sage, gilt nicht für unsere Universität, da werden Homosexuelle vollkommen akzeptiert. Eine einzigartige Institution insofern, als es ein rein staatliches College ist. Die Wähler Minnesotas nehmen das Bildungssystem außerordentlich ernst und unterstützen den Gedanken, daß jedem Einwohner dieses Staates, ob arm, ob reich, eine Universität offenstehen muß. Deshalb tendiert diese Universität, einzig aus Staatsgeldern finanziert, dazu, viel liberaler zu sein als der Rest Minnesotas. Die Geldleute, von Natur aus konservativ, schicken ihre Kinder, die zumeist ebenso konservativ sind, aus Statusgründen an private Colleges, ans Saint Catherins oder Saint Johns zum Beispiel. Wenn einer sagt, ich habe meinen Collegeabschluß am Saint Catherins oder Saint Johns erreicht, weiß du, Sohn eines Tankstellenwarts ist der gewiß nicht. Denn wäre er das, hätte er seine Zeugnisse von der Universität von Minnesota bekommen, keinesfalls von einem College mit dem Wort »Saint« im Namen. Das ist einer der Gründe dafür, daß die Studenten an unserer Universität meist sehr liberal sind, heutzutage. Abgesehen davon haben wir homosexuellen Bürgerrechtler aber auch zwanzig Jahre lang keine Gelegenheit versäumt, die Bevölkerung darüber aufzuklären, daß wir keine bösen, häßlichen, kranken, gefährlichen Menschen sind. Haben die Journalisten dazu gebracht, unablässig über uns zu schreiben. Wie oft habe ich das Fernsehen veranlaßt, eine Sendung über uns zu bringen, in der wir die Gelegenheit nutzten, den Zuschauern zu erklären, was es bedeutet, in dieser Gesellschaft schwul zu sein. Wenn deine Studenten nun Aufsätze schreiben, in denen sie überzeugend begründen, daß man uns Homosexuellen gestatten sollte, zu heiraten, so ist das die Frucht unserer Hartnäckigkeit. Vor zehn Jahren hättest du in dreißig Aufsätzen wahrscheinlich nur eine einzige positive Resonanz bekommen. Heute bekommst du nur eine einzige negative. Und der Junge entschuldigte sich auch noch für seinen Kleinmut – weil er aus einer spießigen Kleinstadt in Südminnesota komme, könne er leider nicht über den eigenen Schatten springen ... haha! Wir haben eine Botschaft in die Welt gesetzt.

Wie ich schon sagte, sind homosexuelle Männer leider nicht weniger sexistisch als andere Männer. Mich lassen sie das nicht mehr fühlen, weil ich weithin als Bürgerrechtlerin berühmt bin, aber die anderen Frauen. Die Bürgerbewegung der Homosexuellen begann 1969 mit einem Aufstand in New York. Die Polizei belästigte ein homosexuelles Paar, verlangte den Führerschein oder irgendeinen anderen Ausweis zu sehn; da sie nichts dergleichen bei sich hatten, wurden sie verhaftet. Da begann der Aufstand. Alle Homosexuellen aus einer Bar, in der sich die Verhaftung abgespielt hatte, stürmten auf die Straße, schmissen die Polizeiautos um, verjagten die Polizisten, drohten ihnen, sie sollten sich hier nicht mehr blicken lassen. Der Funke sprang aufs ganze Land über. Bis in die Mitte der 70er Jahre wuchs dann daraus eine mächtige Bewegung; doch die Lesben arbeiteten für sich, wollten mit den homosexuellen Männern keine gemeinsame Sache machen, jene grenzten sich ebenfalls ab, mit sexistischen Argumenten. 1978 schlugen die Konservativen zurück, vor allem die religiösen Fundamentalisten. Die Sängerin Anita Bryant führte mit ihrer Popularität diese konservative Bewegung an, sie nannten sich die »moralische Mehrheit«. Erst da sagten die männlichen Homosexuellen: Okay, angesichts dieses Horrors arbeiten wir jetzt zusammen, gemeinsam sind wir stärker. Und sie schlugen vor, für unsere Homosexuellenbewegung in Minnesota stets zwei Vorsitzende zu haben, einen Mann und eine Frau. Auf meine Frage, warum soviel Großmut, die Antwort: Damit niemand sagen kann, wir wären sexistisch. Dennoch sind sie es immer wieder, das kommt einfach von ihrer Erziehung als Männer. Manchmal sagen wir Frauen in den Meetings: Jetzt geht ihr Männer für eine halbe Stunde in die Kneipe, trinkt ein Bier und überlegt euch, was ihr eigentlich wollt... Wir Lesben sind konsequenter, vor allem in sozialen Dingen. Fragen nach dem Status unserer Beziehungen zu Männern – gleicher Lohn für gleiche Arbeit, unsere Hauptforderung! Homosexuelle Männer dagegen genießen ihr Privileg, als Männer einen höheren Lohn zu erhalten, sie wollen uns Frauen in unserem Kampf um soziale Gerechtigkeit nicht unterstützen. Ihr, der Männer, Hauptproblem ist es, zu lernen, wie man emotionale Beziehungen zueinander entwikkelt. Die amerikanische Gesellschaft hat ihnen Emotionen stets verweigert, die schicken sich nicht für'n Mann! Statt dessen sollen Männer stark sein, niemals weinen, niemals eine Schwäche zeigen. Diesen Panzer müssen sie nun durchbrechen. Für uns Frauen ist dagegen dies, Gefühle zu zeigen, kein Problem. Auf den Meetings mit den schwulen Männern geschieht es somit häufig, daß wir kaum einen gemeinsamen Diskussionsgegenstand haben, von der Politik abgesehen.

Letztere dominiert, wenn wir öffentlich auftreten. Dabei fordern wir, daß in Minnesota ein neues Gesetz zum Schutz der Menschenrechte verabschiedet wird. Das derzeit gültige Menschenrechtsgesetz ist fast dreißig Jahre alt. Darin steht etwa, du darfst Menschen nicht auf Grund ihrer Hautfarbe oder Religion benachteiligen. Wir fordern, es müsse hinzugefügt werden: und auch nicht auf Grund ihrer sexuellen Neigungen. Seit 1974 versuchen wir nun jährlich, dieses Gesetz mit aller Gewalt durchzudrücken, es gelingt einfach nicht. Was uns gelang ist nur, daß die Städte Minneapolis und Saint Paul dieses Gesetz verabschiedeten, die Gesetzgeber des Staates Minnesota dagegen reagieren bis heute stur. Aber beide Städte haben völlig verschiedene politische

Strukturen. Saint Paul hat etwas, das heißt »initiative and referendum«, ein Mechanismus, der den Bürgern erlaubt, ihre eigenen Gesetze zu erstellen. Normalerweise wird ja ein Gesetz vom Stadtrat erstellt. Wenn du nun in Saint Paul die Gesetze des Stadtrats nicht magst und der dein gewünschtes Gesetz nicht verabschieden möchte, kannst du dein Gesetz durchbringen, indem du es schriftlich formulierst und dafür genügend Unterschriften sammelst. Dann muß der Stadtrat eine Wahl gestatten. Kommen bei dieser Wahl genug Stimmen für dein Gesetz herein, hast du es durchgedrückt. In unserem Fall war es nicht nötig, diesen rechtlichen Mechanismus in Anspruch zu nehmen, die beiden Stadträte von Saint Paul und Minneapolis hatten von sich aus unser gewünschtes Gesetz verabschiedet. Doch die Konservativen unter Anita Bryant benutzten nun diese »initiative and referendum«-Methode, um unser Gesetz wieder zu beseitigen, sie siegten 1978. Was für eine ekelhafte Kampagne! Die Zeitungen waren voll von Beschimpfungen gegen uns – statt die Homosexuellen gesetzlich zu schützen, so der Tenor, sollte man sie zwingen, normal zu werden. Dazu Aufrufe an Hausbesitzer, keinem Schwulen eine Wohnung zu vermieten. Leider stieß diese Kampagne in der Bevölkerung auf große Unterstützung. Und unsere Homosexuellenbewegung war zu dieser Zeit noch sehr schwach. Die meisten versteckten die Liebe »im Schrank«. Kaum einer wagte, sich im Fernsehen zu zeigen und zu sagen: »Ich bin schwul. Doch seht, ich bin nicht häßlich und nicht krank...« Hatten Angst, sie verlieren ihren Job, ihre Wohnung... So kam es also zur Wahl. Wir verloren. Das Gesetz, das uns beschützte, wurde in Saint Paul zurückgenommen.
Ich arbeitete zu dieser Zeit rund um die Uhr in der Gegenkampagne, mit der wir versuchten, unser Gesetz zu retten. Ich lebte in Saint Paul, meine Mitstreiter fast alle in Minneapolis. Dazu war ich die einzige, die offen im Fernsehen

sprach, ich nahm an den Stadtratssitzungen in Saint Paul teil, dafür mußt du natürlich deinen Namen und deine Adresse angeben. Das bedeutete, daß nun jeder wußte, wer ich war und wo ich wohnte. Kaum hatten wir die Wahl verloren (gewannen nicht mal ein Drittel der Stimmen), erwarteten die Konservativen Saint Pauls, daß wir diese Stadt verließen, nach Minneapolis umzögen, dort galt ja noch unser Gesetz. Briefe dieses Inhalts hagelten mir ins Haus. Doch warum soll ich in Minneapolis leben, wenn mir Saint Paul als Stadt besser gefällt? Ich blieb und verkündete, wir werden mit unseren Angelegenheiten weiter an den Medien dranbleiben, wir werden unablässig öffentlich demonstrieren, wir werden die Menschen erziehen, bis sie uns am Ende akzeptieren. Nun waren wir freilich nicht mehr gesetzlich geschützt, und was entdeckte ich? Immer, wenn wir eine neue Demonstration vorbereiteten, standen drei Polizeiautos in der Nähe meines Hauses. Ich ,vermute auch, daß im Sommer 1979 mein Telefon abgehört wurde, meine Nummer war ja die offizielle Telefonnummer der Schwulenbewegung von Minnesota. Und wir planten immerhin ungesetzliche Dinge. Aus Protest gegen die Rücknahme unseres Gesetzes hatten wir vor, die Hauptverkehrsadern von Saint Paul abzuschneiden. Alle, die in der Innenstadt arbeiten, wohnen außerhalb; wenn du also morgens die zwei entscheidenden Autobahnen, die ins Herz der Stadt führen, blockierst, legst du die ganze Stadt lahm. Es war alles wundervoll vorbereitet, aber ich sagte, welchen Sinn macht das? Freilich, wir sind wütend. Aber was lernten die Einwohner Saint Pauls daraus, wenn wir ihnen einfach drohten: Wir sind beleidigt und werden uns rächen! Es lehrte sie nichts. Es stiftete nur Chaos, und das ist keineswegs in unserem Interesse... Kaum hatten wir die Aktion abgeblasen, verschwanden die Polizeiautos in meiner Straße.

Zuvor passierte etwas Merkwürdiges. Nachts um drei

wachte ich von grellem Scheinwerferlicht auf, sah aus dem Fenster: fünf Polizeiautos, ein Dutzend Polizisten mit entsicherten Gewehren. Ich wartete, daß sie klopften, aber plötzlich machten sie kehrt, verschwanden. Am nächsten Morgen ging ich zum Bürgermeister, sagte: die Polizei untersteht Ihnen, ich will wissen, was dieses Theater letzte Nacht bedeutete. Seither ist dieser Bürgermeister mein bester Freund. Er ließ Nachforschungen anstellen: Angeblich hätte jemand die Polizei angerufen und behauptet, in meinem Haus würde gerade jemand ermordet. Als man sah, daß alles still war, ging man wieder. Dieses Märchen, sagte ich ihm, kannst du deiner Großmutter erzählen. Denn jeden Abend werden in den Bars und Bädern Homosexuelle von der Polizei belästigt, obschon sie keineswegs im Begriff sind, jemanden zu ermorden, es ist eine Einschüchterungsaktion. Die Belästigungen in den Homosexuellenbars gehen so vor sich: Zwei Polizisten kommen rein, verlangen, daß alle sich ausweisen. Aber welcher Homosexuelle, der in eine solche Bar geht, um jemanden für die Nacht kennenzulernen, nimmt seinen Führerschein mit. Er möchte ja nicht erkannt werden. Dann verhaften sie diese Leute kurzzeitig wegen Vagantentum. Keinen Namen, keine Adresse zu haben, ist gesetzlich verboten. Also erst, wenn der Verhaftete seine Familie anruft und darum bittet, daß sie den Führerschein vorbeibringen, wird er freigelassen. Welche Verlegenheit. Und nichts mehr mit der schönen Nacht. Heute enthält sich die Polizei dieser Belästigungen, ich vertraue ihr. Der Bürgermeister hat sie erzogen. Das gilt freilich nur für die Polizei Saint Pauls. Ich könnte mir jetzt sogar erlauben, das Gesetz zu brechen, sie würden mir nichts tun. Etwa, wenn ich bei einer Demonstration den Verkehr blockierte. Du darfst jederzeit demonstrieren, wofür auch immer, das ist dein Recht, doch den Verkehr darfst du dabei nicht stören. Natürlich würde mich die Polizei davon abhalten, dies zu tun, doch in einem vernünftigen Gespräch. Verhaften oder gar schlagen würden sie mich niemals. Denn, obwohl unser Gesetz nicht mehr existiert, redet der Bürgermeister den Einwohnern unaufhörlich öffentlich ins Gewissen: Ihr müßt die Homosexuellen als gleichberechtigte Mitbürger anerkennen! Ein Typ wie mein Vater. Ich vertraue ihm vollkommen. Als ich neulich wieder eine große Protestdemonstration veranstaltete, konnte ich deutlich beobachten, daß die Polizei einzig zu unserem Schutz erschien – sahen sich aufmerksam um, ob nicht ein paar Konservative irgendwo herumlungerten mit der Absicht, uns zu verprügeln. Vor ekligen Telefonanrufen und Briefen können sie dich freilich nicht schützen. Haß-Post. Die schlimmsten Briefe kommen leider von Frauen. Hysterische Briefe: Du mußt aufhören, das zu tun, was du tust! Eines Tages wird mich irgendein fanatischer Konservativer erschießen, ein verrückter Redneck oder seine Frau. Leider besitzen diese Leute in diesem Land ebensoviel Freiheit wie ich. Und all die Liebe, die die städtischen Politiker inzwischen für mich hegen, nützt mir in diesem Sinn gar nichts.

Vor vier Jahren waren wir, meine Freundin und ich, sogar gezwungen, umzuziehen. Im Haus gegenüber waren Rednecks eingezogen, Kriminelle, die vom Drogenhandel lebten, vom Großvater bis zur Enkelin. Wenn sie betrunken waren, rotteten sie sich vor unserem Haus zusammen und riefen ekelhaftes Zeug. Ich wäre unmoralisch und sollte erschossen werden. Nachts stahlen sie im Garten unseren Gartenschlauch und brachten ihn in ihrem Garten an. Unsere Nachbarn zur Rechten und zur Linken waren prima, unterstützten uns, wenn ich die Polizei angerufen hatte und Zeugen brauchte. Aber wirklich helfen konnten sie uns auch nicht. Und die Polizei hatte es schließlich satt, ständig vorbeizukommen. Daß die Leute mit Drogen handelten, konnte man ihnen nicht nachweisen, nur, daß sie Drogen nahmen.

Kein Grund, sie einzusperren. Schließlich waren wir gezwungen, zwei Straßen weiter zu ziehen, in ein anderes Haus. Unsere heutigen Nachbarn achten uns, uns verbindet ein herzliches Verhältnis.
Neben meiner Arbeit in der Homosexuellenbewegung arbeitete ich auch jahrelang als Sozialarbeiterin für die Armen in Saint Paul, in verschiedenen radikalen Organisationen. Leider wurde ich dafür schlecht bezahlt, lange Zeit kam ich nicht auf mehr als fünftausend Dollar pro Jahr, obwohl ich nebenher noch den Schulbus fuhr. Aber der Schulbus fährt nicht im Sommer. So konnte ich öfter die Elektrizitätsrechnungen nicht bezahlen, und mir wurde der Strom abgedreht, von Mai bis Oktober. Im Winter dürfen sie das nicht tun, das Elektrizitätswerk ist verpflichtet, dir, selbst wenn du nicht zahlst, im Winter Strom zu liefern. Es wäre sonst lebensgefährlich. Auf die Dauer, fand ich, konnte das nicht so weitergehn. So entschied ich mich vor zwei Jahren, nochmals zu studieren. Und ich bin mit 39 bei weitem nicht die älteste Studentin. Ich studiere Theologie. Mein Traumberuf war stets Pfarrer. Ich träume davon, eine Methodistenpredigerin zu sein, dasselbe zu tun, was mein Vater tat. Er ist mein Vorbild.
Leider dürfen Homosexuelle nicht Pfarrer werden. Staat und Kirche sind in Amerika getrennt, die staatlichen Gesetze, die die Diskriminierung von Homosexuellen verbieten, gelten nicht für die Kirche. Die sagt einfach: Sex mit jemanden des gleichen Geschlechtes treiben ist böse, so steht es in der Bibel und basta. Dennoch mag ich die Religion. Ich glaube an Gott. Ich bin die einzige Gläubige in der radikalen Bürgerrechtsbewegung. Ohne Gott ergeben bestimmte Situationen in meinem Leben einfach keinen Sinn. Welche Risiken ging ich ein, ich, eine Außenseiterin dieser Gesellschaft, und stets ein riesiger Erfolg. Einige sagen, ich habe derzeit am meisten politische Macht in Saint Paul. Sogar meine Gegner zollen

mir den höchsten Respekt. Das ist eine Gabe, ein Geschenk – Gott gab meinem Leben einen Sinn: Ich soll jemand sein, der Veränderungen in Gang bringt, der nichts so sein läßt, wie es ist. Fast immer, wenn ich eine Ungerechtigkeit entdecke, gelingt es mir, sie zu beseitigen. Und in wenigen Jahren, dessen bin ich mir völlig sicher, werden wir unser schönes Bürgerrechtsgesetz in Saint Paul von neuem erkämpft haben, und später in ganz Minnesota. Da muß doch außer meinem kleinen Ich noch etwas anderes dahinterstecken, das mir dermaßen viel Kraft verleiht. Woher kommt diese Stärke, wenn nicht von Gott? Natürlich halte ich nichts von der Doktrin der Kirche. Ständig streite ich mit unseren Professoren darüber.

Dennoch gehe ich gern in die Kirche. Leider geht es nicht jeden Sonntag. Das ist einfach ein dämlicher Tag für den Gottesdienst. In Minnesota strömt die Menschheit am Wochenende nach Norden in die Wälder. Ich angle jeden Sonntag, 200 Meilen nördlich von Minneapolis. Jetzt habe ich endlich durchgesetzt, daß sie vom nächsten Jahr an unseren Gottesdienst auf einen Wochentag verlegen. Das sieht komisch aus, doch warum nicht?

Leider hält meine Freundin nichts von der Kirche. Wir leben seit 13 Jahren zusammen, verstehen uns sehr gut, obwohl wir über Religion sehr verschiedene Ansichten haben. Auch übers Angeln, das mag sie nicht. Aber sie kommt mit nach Norden, stromert, wenn ich angele, im Wald herum, sammelt Kräuter, beobachtet Vögel. Sie hat eine Tochter, die lebt mit uns. Seit ihrer Kindheit nahmen wir sie mit zu den Meetings der Homosexuellen, nun kämpft sie an ihrem College in Maine für unsere Rechte, obwohl sie selbst nicht lesbisch ist. Gestern abend sagte sie, in Maine benutzten sie das Wort »queer« in einem anderen Sinn als hier. Bei uns im Mittelwesten wird es verwendet, um Homosexuelle herunterzumachen. Im alten Englisch bedeutete »queer« nur: »ein kleines bißchen anders«, nicht in einem abwertenden Sinn. So auch in Maine. Als Laura nun in Maine das Wort »queer« hörte, zur Bezeichnung von Homosexuellen, wurde sie fuchsteufelswild, bis sie schließlich über den Bedeutungsunterschied aufgeklärt wurde. Sie, eine Advokatin für Bürgerrechte! Ihr Vater ebenso, der wohnt hier um die Ecke. Er ist nicht homosexuell, vertritt aber unsere Rechte. Nach fünf Jahren Ehe hatte meine Freundin herausgefunden, daß sie lesbisch ist und sich deshalb gern von ihm scheiden lassen möchte. Er hatte kameradschaftlich darauf reagiert. Seither lebt sie bei mir. Ihre Tochter lebt zur Hälfte bei uns, zur Hälfte bei ihrem Vater. Dieser Wechsel hat ihr nicht geschadet, im Gegenteil.

Was mich schmerzte: In all den Jahren, in denen meine Freundin und ich aktiv in der radikalen Gegenkultur engagiert waren, verdienten wir meist so wenig, daß wir uns kein Auto leisten konnten. Das heißt, wir konnten nicht nach Nordminnesota fahren, an die Seen, in die Wälder. Von Zeit zu Zeit borgten wir ein Auto von Freunden, um in unsere Hütte am Leech-Lake zu fahren, doch am Wochenende braucht jeder sein Auto selbst. Das heißt, wir blieben meistens in der Stadt. Hier kommst du mit Bussen hin und her, aber es ist umständlich, dauert lange, und in die Wälder fahren keine Busse. Mein Cousin ist Experte für die Wölfe in Nordminnesota, ich kann ihm stundenlang zuhören. Wenn ich durch die Wälder stromere, halte ich ständig nach ihnen Ausschau, ich mag sie. Heute kann ich mir mein Leben, ohne häufig in den Wäldern zu sein, nicht mehr vorstellen. Ich werde depressiv, wenn ich länger als zwei Wochen ununterbrochen in der Stadt bin. Ich brauche auch Tiere und Pflanzen um mich herum, besitze einen Hund, einen großen Garten. Ehrlich gesagt, mag ich den Winter lieber. Alle stöhnen: der Winter in Minnesota... Aber es ist doch faszinierend zu beobachten, wie das Eis auf den Seen krachend wächst. Manchmal friert es schon im November, wenn alles noch klar ist; du kannst auf das Eis gehn und bis auf den Grund des Sees schaun. Die meisten Menschen versäumen das, weil es ihnen einfach zu kalt draußen ist. Nur wenige treffe ich im Winter in Nordminnesota, und jene sind ebenso fasziniert wie ich. Allein die Tierspuren im Schnee! Dazu Eisfischen. Ich glaube, das haben die Russen, die hier einwanderten, den ansässigen Deutschen und Skandinaviern beigebracht. Du bohrst einfach ein Loch in den See, darin angelst du. Meist bohre ich drei oder vier Löcher, weit auseinander, so daß ich hin- und hergehen kann. Einige Eisfischer haben kleine Holzhäuschen auf dem Eis; die Seen am Stadtrand sehen im Winter wie ein Dorf aus. Ich habe auch ein Häuschen, da hast du einen winzigen Holzofen drin stehn, an dem du dir die Füße wärmst, doch vor allem schützt das Häuschen dich vorm Wind. Mein größter Fisch... sechzehn Pfund wog er. Ein Hecht. Aber meist fange ich nichts. Wenn ich mit meinem Bruder angele, fängt er ununterbrochen Fische, er fühlt, wo sie sich im See verstecken, und ich sitze daneben, kein Fisch beißt an. Kein Problem für mich, Hauptsache, ich bin am See. Der Leech-Lake, der faszinierendste Platz auf Erden.

Viele Angler, die ich treffe, schimpfen aufs Speerfischen der Indianer, dadurch ginge der Fischbestand zurück. Sie wollen ihnen das Recht, auf diese Weise zu fischen, wegnehmen. Welch ein Theater! Aber die Indianer haben in ihren Reservaten eigene Regierungen und eigene Gesetze, warum sollen sie nicht auf ihre hergebrachte Weise Fische fangen? Freilich fangen sie mit den Speeren im Frühjahr sehr viel, doch die Indianer leben von ihrem Land, vom Jagen und Fischen, es sichert ihr Überleben. Ein weißer Angler hat einen Job nebenher, Fische fangen ist sein Freizeitvergnügen. Also soll er bitteschön die Klappe halten, wenn die Indianer schon vor dem Laichen fischen dürfen und er selber erst nachher! Die-

ses Sonderrecht ist das mindeste, was wir den Indianern zurückgeben sollten dafür, daß wir ihre Lebensweise zerstörten... So streiten wir uns häufig am Leech-Lake, die anderen Angler und ich.
Statt um das Speerfischen, sag ich, sollten sie sich lieber um die Umwelt sorgen. Solange ihr See, an dem sie angeln, noch klar ist, der Wald, der ihren See umgibt, noch schön grün, wollen sie von Ökologie nichts hören. Was auf dem Rest der Welt passiert, schert sie nicht. Dabei können Spezialisten schon die Wirkung des sauren Regens in Nordminnesota sehn. Der Wind bringt die Wolken von den großen Industriestädten an der Ostküste. Bestimmte Tiersorten sind vom Aussterben bedroht. Es müßte einmal etwas ganz Schlimmes passieren, daß sie allesamt aufwachen!
Zur Zeit habe ich glücklicherweise keine Geldprobleme, bekomme von der Universität einen Kredit, um zu studieren, und meine Freundin hat einen guten Job bei der Post. Mein Ziel ist es, in einem kirchlichen Seminar zu unterrichten, wenn die Kirche mir nicht erlaubt, als Predigerin zu arbeiten. Dann bilde ich die zukünftigen Pfarrer aus. Nicht schlecht, nicht wahr? Falls es mir nicht gelingt, einen Job dieser Art zu finden, muß ich eben wieder als Busfahrerin arbeiten, um die Kredite zurückzahlen zu können. Langweilig wäre mein Leben dennoch nicht. Minnesota ist solch ein faszinierender Teil Amerikas, hier kannst du dich einfach nicht langweilen. Wie dumm sind jene, die meinen, alles Interessante passiert nur an den beiden Küsten, der Ost- und der Westküste. Der angeblich todlangweilige Mittelwesten ist einer der aufregendsten Teile des Landes. Freilich fehlen hier die supergroßen Städte, deshalb sind wir angeblich Provinzler. Dabei hat Minnesota mehr fortschrittliche Aspekte in die Regierung der Vereinigten Staaten eingebracht als irgendein anderer Bundesstaat. Meine Großmutter lebt in Boston, ich habe sie oft besucht... Stell dir vor, du lebst in

solch einer großen Stadt an der Ostküste, in der ein Gebäude ans andre gequetscht ist, da fehlt ja der Garten ums Haus! Unvorstellbar, in einem Haus ohne Garten zu leben. Natürlich gehen die meisten Amerikaner stupide mit ihren Gärten um – nur Rasen, an dem sie immerzu herumschnippeln. Vergeudete Zeit! Ich habe den Rasen aus meinem Garten herausgenommen, pflanzte Gemüse, Beeren und haufenweise Blumen. Sogar Kiwis baue ich jetzt an. Als ich den Schulbus fuhr, hatte ich, wie schon gesagt, den Sommer über nichts zu tun, da fing ich mit dem Gartenbau an. Auch jetzt als Studentin habe ich den Sommer über frei und kann mich meinem Garten widmen.

In den nächsten drei Monaten werde ich, von Mückenspray eingenebelt, im Garten sitzen und die verschiedenen Weltreligionen vergleichen – meine Magisterarbeit. Ich belegte Vorlesungen über alle Religionen. Der Islam interessierte mich dabei vor allem, weil er dem Christentum so ähnlich ist – eine Religion nach einem Buch, bestimmte vorgeschriebene Glaubenssätze. Buddhismus und Hinduismus sind doch ganz anders. Ich mache mir auch schon Gedanken über meine zukünftige Dissertation – über die Arbeit der christlichen Missionare in diesem Jahrhundert, wie das Christentum in der Welt Anhänger zu finden versuchte. Ehrlich gesagt, habe ich darüber schreckliche Ansichten. Das ist einfach furchtbar, was sie gemacht haben. Aber ich will das ganz genau wissen, was sie anrichteten und heute noch anrichten. Ich betreibe Forschungen darüber, um es zu ändern. In Mexiko zum Beispiel zersprengen die protestantischen Missionare derzeit die Indianergemeinden; die »Bekehrten« werden von der Gemeinde ausgestoßen, hängen dann hilflos in den Slums der Großstädte herum. Dieses Missionieren-Wollen steckt schon in der Philosophie des Christentums, im Unterschied zu den anderen Religionen. In christlichen Kreisen vermagst du kaum dagegen zu opponieren; sie meinen einfach, Missionieren sei ihre Pflicht, denn es steht in der Bibel. Meines Erachtens müßte man in bestimmten Punkten die Bibel ändern.

Wenn ich letzteres sage, werden manche Christen verrückt. Merkwürdige Typen gibt es unter ihnen. Eine kleine zerbrechliche, vollkommen sanftmütige, 68jährige Frau sagte mir neulich während einer Bibelwoche: Gestern abend sprach Gott zu mir. Ich fragte: Was sagte er denn? Sie: Ich solle eine Armee zusammenrufen, um gegen euch Homosexuelle Krieg zu führen! Ich: Aber warum denn? Sie: Nun, in der Bibel steht... und sie sagte die etwa sechs Bibelstellen gegen Homosexuelle auswendig auf. Mit Christen wie diesen kannst du nicht diskutieren, Argumente helfen dir nicht. Wenn ich erwidere: Diese Bibelstellen sagen erstens, du sollst Personen deines Geschlechts nicht vergewaltigen, zweitens, keine Kinder belästigen... dagegen sind wir Homosexuellen ebenfalls. In der Bibel steht meines Erachtens nichts gegen eine ordentliche Partnerschaft zwischen zwei Personen gleichen Geschlechts, wobei beide einander achten und respektieren... Darauf antworten sie: Doch, da steht, ein Mann soll nicht mit einem anderen Mann zusammenliegen, wie mit einer Frau! Darauf ich: Ja, aber das wird in einem Atemzug genannt mit der Empfehlung, man solle kein Schweinefleisch und keinen Schellfisch essen, und derlei haltet ihr doch selber für überholt! Man muß die Bibel eben korrigieren. Wenn du dies sagst, starren sie dich an: der Antichrist! Ich habe deshalb aufgehört, mit ihnen zu diskutieren. Keine Menschen, wandelnde Bibelinstitute! Andere Christen, das erlebte ich neulich bei einem Bibelseminar in Iowa, sind dagegen erstaunlich aufgeschlossen. Fragen ganz genau und unvoreingenommen nach Details aus meinem Leben, bitten mich um Lektüreempfehlungen für ein kritisches Bibelstudium. Letztere machen die Mehrheit aus. Deshalb verkrafte ich die Dogmatiker, die findest du immer, in jeder

Bewegung, in jeder Partei. Ändern kannst du sie nicht. Es sei denn, daß sich herausstellt, ein Verwandter oder ein sehr guter Freund ist schwul. Dann greift das Problem in ihr persönliches Leben ein, und sie erreichen möglicherweise eine Art Verständnis. Ich stelle mir vor, der Kerl, der 1978 in der Zeitung das ganzseitige Inserat aufgab, man sollte uns Schwule allesamt hinrichten lassen, findet heraus, seine einzige Tochter ist lesbisch: wie würde er reagieren? Meines Erachtens würde er seine Einstellung ändern. Ich erstaune immer wieder über die Toleranz von Leuten meiner sexuellen Veranlagung gegenüber, Leute, von denen ich Toleranz niemals erwartet hätte und die zugeben, sich diese Toleranz schwer erarbeitet zu haben.
Dennoch bin ich recht froh, daß man in unserem Institut für Theologie nur einen Magister erwerben kann; aus diesem Grund vermag ich unsere Theologen mit meiner Dissertation zu verschonen, schreibe sie dann am Institut für Geschichte. Dort werde ich mit meinem kritischen Unternehmen keine Probleme haben, im Gegenteil, sie werden mich kräftig unterstützen, zumal ich stets die besten Noten habe. An einer Universität, die von der Kirche finanziert wird, wäre es für mich mit meinen Ansichten dagegen unmöglich, einen Abschluß zu erreichen.
Zweimal bin ich weit gereist. Als ich 18 war, nahmen mich meine Eltern nach Europa mit. Mit einem billigen Eisenbahnausweis fuhren wir umher, schliefen im Zug, wachten am Morgen jeweils in einem neuen Land auf. Wie spaßig! Dabei war es gar nicht so spaßig, dich Anfang der siebziger Jahre in Europa als Amerikaner zu erkennen zu geben. Der Vietnamkrieg! Obwohl ich wie ein Hippie aussah, reiste ich doch mit Mam und Dad, und die machten auf den ersten Blick den Eindruck der scheiß-artigen amerikanischen Mittelklasse. Wie verächtlich reagierten viele junge Europäer auf uns. Als wir in Ostberlin einreisen wollten, gab's eine Kata-

strophe. Ich hatte einen neuen Paß, doch der meiner Eltern war sieben Jahre alt, mit einem Stempel, daß er nach sechs Jahren erneuert werden müsse. Die amerikanische Regierung hatte gerade beschlossen, nur alle acht Jahre, deshalb sollten die Leute noch zwei Jahre länger mit ihrem alten Paß reisen. Aber die Ostdeutschen rissen meine Eltern aus dem Zug und schickten sie nach Westberlin zurück; sie sagten, der Paß meiner Eltern wäre ungültig. Alle Erklärungen halfen nichts. So sah ich nichts von Ostberlin vor lauter Sorge, ich könnte meine Eltern nicht mehr wiederfinden.
Leider fanden wir in Deutschland nicht die Familien unserer Vorfahren, nach denen wir allenthalben Ausschau hielten. Nach der gescheiterten Revolution von 1848 war ein Teil unserer Familie nach Amerika ausgewandert, auf der Suche nach Freiheit; diese fanden sie glücklicherweise. Wurden erfolgreiche Farmer ein paar hundert Meilen von hier. Falls ich mal viel Geld verdiene, kaufe ich diese Farm zurück, unsere Familienfarm. Leider gaben sie bald ihre Sprache auf. Heute spricht in unserer Familie keiner mehr Deutsch. Wie dumm.
Im vergangenen Jahr veranstaltete unser Institut eine Gruppenreise durch Israel und Jordanien, um die alten religiösen Stätten zu besichtigen. Eigentlich eine dumme Reise, vollkommen kommerzialisiert. Ständig mußtest du Schlange stehen, inmitten irgendwelcher Dummköpfe, um dann eine Minute lang auf eine komische Mauer zu gucken. Ununterbrochen meckerte ich und fiel unangenehm auf, nicht nur wegen des Gemeckers, sondern auch, weil ich ja ziemlich lustig aussehe, keineswegs wie ein typischer amerikanischer Collegestudent. Meines Aussehens wegen nehmen mich gewöhnlich die Professoren in den Kursen anfangs nicht ernst. Es dauert eine Weile, bis sie herausfinden, die kann ja denken! Danach bin ich immer ihre Allerbeste, dieselbe Geschichte wie mit den Politikern von Saint Paul. Zuerst

schickten sie mir die Polizei auf den Hals und jetzt suchen sie immerzu meinen Rat.
Was mir an Amerika gut gefällt, ist die Vielfalt der Leute. Kannst du einen nicht leiden, brauchst du dich nur umzudrehn, da steht einer, den du magst. Ich bin glücklich, Amerikanerin zu sein. Wie radikal ich es auch in Frage stelle, dieses Land erkennt mich an. Ein herrliches Land! Freilich darfst zu nicht aufhören, ihm von Zeit zu Zeit einen Arschtritt zu geben, damit es sich vorwärtsbewegt. Sonst versackt es in seiner Selbstzufriedenheit. Dabei stimmen seine Bilder schon lange nicht mehr. Etwa das Bild der perfekten amerikanischen Familie, Mama, Daddy, drei Kinder, wobei man es materiell weiterbringt als die Eltern und die Kinder allesamt zum College schickt. Jeder ist besessen von diesem Bild, strebt nach dieser perfekten Familie. Da das wirkliche Leben aber so weit entfernt davon ist, perfekt zu sein, gelingt es fast keinem, diesem Bild zu entsprechen. Sieh dir mal die Scheidungsrate an, dazu all die kaputten Ehen, in denen man nur wegen der Kinder zusammenbleibt. Die meisten sind durch diese falschen Bilder, mit denen sie erzogen werden, und die notwendig folgenden Enttäuschungen im Leben emotional beschädigt. Und folgerichtig geschieht es immer wieder, daß einige ausflippen. Da bekommt ein Ehepaar keine Kinder, Adoption ist schwierig, und was tun sie? Sie stehlen ein Kind. Du bekommst ja täglich diese Karten mit der Post mit den Fotos der gestohlenen Kinder. Ein ganzer Kinderhandel blüht. Und manche der gestohlenen Kinder werden niemals gefunden. Natürlich erleichtert auch die gigantische Größe Amerikas und die schwache administrative Struktur die Kriminalität, keine polizeiliche An- und Abmeldung wie in Europa, kein Personalausweis, kaum Staat. Ehrlich gesagt, bevorzuge ich die fehlende Bürokratie und nehme lieber ein bißchen mehr Kriminalität in Kauf. Zu viele Gesetze sind niemals gut. Ich lobe diese Tradition, die

seit der Revolution in Amerika herrscht: Man schaut sich die Gesetze an, ist eines nicht gut, dann bricht man es! Eine ganze Tradition des Gesetzesbruchs. Natürlich mußt du die Konsequenzen dafür tragen, meinethalben eine Zeitlang ins Gefängnis gehn, bevor du die Gelegenheit hast, vor Gericht zu beweisen, daß dieses Gesetz, das du gebrochen hast, schlecht ist. Bist du zäh, gelingt es dir, das Gesetz zu ändern. Als ich Kind war, gab's den Kinderdiebstahl noch nicht. Fast jeder strebte danach, ein vorbildlicher Bürger zu sein, weil man fest davon überzeugt war, das zahlt sich aus; eine vorbildliche Gemeinschaft bringt jedem einzelnen Vorteile. Auch die Gier nach dem Geld war weniger spürbar. Der Vietnamkrieg und der Watergate-Skandal änderten diese Einstellung drastisch. Wenn dir demonstriert wird, deine Regierung ist kriminell, verlierst du den Respekt vor ihr; die Normen und Werte, die sie repräsentiert, scheinen dir nicht mehr verbindlich. Hinzu kommt die wachsende Kluft zwischen Reichen und Armen. Wenn du siehst, die Reichen brechen die Gesetze unentwegt und werden dafür nicht bestraft, warum sollst du dich an die Gesetze halten? Gerät einer doch in Haft, wie Jim Baker, so ist sein Knast ein feiner Country-Club, mit Golf- und Tennisplätzen; eine enge, häßliche Gefängniszelle kriegt der nie zu Gesicht. Folgerichtig schwindet die öffentliche Verantwortlichkeit der Menschen, jeder denkt nur noch an sich. Der Vietnamkrieg war der Beginn dieser traurigen Entwicklung.
Mit dem Krieg am Persischen Golf versuchten wir, die Schlappe von Vietnam wieder auszubügeln. Verhängnisvoll! Freilich schmerzte das zerbrochene Selbstwertgefühl der amerikanischen Gesellschaft als Verlierer, und man meinte, der Welt und sich selber beweisen zu müssen, daß man kein Verlierer ist. Doch mit diesem militärischen Sieg ist nicht wirklich die verwundete amerikanische Psyche geheilt, nur betäubt. Und die Vietnam-Veteranen sind nicht getröstet,

die wir bespuckten, als sie damals zurückkamen. Dieser Sieg befähigt uns lediglich, die Frage nach den tieferen Ursachen für unseren gesellschaftlichen Frust beiseitezuschieben. Aus diesem Grund habe ich diesem Krieg einen ganz anderen Verlauf gewünscht. Selbstverständlich wünschte ich nicht, daß mehr amerikanische Soldaten sterben würden. Doch was ist außer dem besseren Verdrängenkönnen unserer wirklichen Probleme das Ergebnis dieses scheinbar spielend leichten militärischen Erfolges? Die Teenager denken, dies also ist Krieg. Wie hübsch! Du sitzt in deinem feinen Flugzeug, drückst auf einen Knopf, und eine kluge Bombe erledigt alles für dich. Blut kriegst du nicht zu Gesicht, keine Leichen, es riecht nicht nach Krieg. Und vor allem stirbt keiner auf deiner Seite, nur der böse Kerl stirbt. Der Irrtum, ein Krieg wäre sauber. Eine kurze, elegante Angelegenheit, tut nicht weh. Solch eine Einstellung erzeugt die Gefahr größerer und viel schlimmerer Kriege.

Doch auch über die Antikriegsbewegung ärgerte ich mich. Ein Kindergarten! Mit Antikriegslosungen aus den 60er Jahren, die nicht zur gegebenen Situation paßten. Das einzig Neue: »Kein Blut für Öl!«, dafür blockierten sie den Zugang zu den Tankstellen, als ob sie nicht selber tanken mußten, um mit ihren feinen Wägelchen überhaupt zur Demonstration zu kommen. Ich schaute mir das an und schüttelte traurig den Kopf. Statt dessen hätten sie der Bevölkerung die Gefahren dieser neuen Art Krieg genau erklären müssen. Die Fernsehreporter hielten ihnen das Mikrofon vor den Mund, die Demonstranten verpaßten diese einmalige Chance. Naive, bisweilen lächerliche Äußerungen eines allgemeinen Pazifismus. Ein Junge, der mich aus der Zeitung kannte, sagte: Oh, vor euch ziehen wir den Hut! Ihr ward Helden, hattet damals gegen den Vietnamkrieg gesiegt. Gesiegt? frag ich. Wir hielten lediglich das Militär davon ab, diesen Krieg fortzusetzen. Hätten wir wirklich gesiegt, dann hätte dieser neue Krieg heute nicht stattfinden dürfen. Man hätte das Problem mit friedlichen Mitteln gelöst. Obwohl ich stets eine Optimistin bin, habe ich im Augenblick ein schlechtes Gefühl. Stell dir vor, Bush stirbt und Quayle wird unser Präsident, mit all diesen neuerdings kriegsbegeisterten Kindern im Gefolge!

Ein junger Einwanderer aus Jamaika

Ich stamme aus Jamaika. Meine Mutter war Mädchen für alles, zumeist arbeitete sie als Aushilfe in einem Restaurant. Meinen Vater – Pfleger in einem Krankenhaus – sah ich zum erstenmal mit sechs. Er war mit einer anderen Frau verheiratet, hat aus dieser Ehe noch zwei Söhne, und meine Mutter hat von ihrem späteren Mann auch noch zwei, insofern hab ich vier Halbgeschwister. Mein Vater wanderte als erster in die USA aus. Dann kamen wir alle nach. Selbst die Großeltern. Er wohnt jetzt in Brooklyn, New York, wir andern wohnen in New Jersey.

Das Schlimmste in meinem Leben war, als mein Stiefvater in unser Leben trat. Ich war dreizehn, wollte wahrscheinlich meine Mutter für mich allein haben. Furchtbare Spannungen zwischen ihm und mir. Manchmal schlug er mich. Noch heute, mit siebenundzwanzig, kann ich ihn nicht tolerieren. Davon abgesehen war es auf Jamaika wunderschön. Wir wohnten auf dem Land, ich fuhr morgens mit dem Bus in die Stadt zur Schule, wenn ich abends nach Hause kam, diese Landschaft... Eine Berglandschaft, Flüsse, herrliche Obstbäume, Kokusnußpalmen. Des Geldes wegen verließen meine Eltern die Insel. Sie sagen, wir mußten dort weg, waren arm. Aber ich hatte, ehrlich gesagt, diese Armut gar nicht empfunden, wir waren wohlgenährt, anständig gekleidet, gesund, hatten ein ordentliches Dach überm Kopf, ich ging in eine gute Schule... Aber damals sprach man ständig vom goldenen Amerika, und da packte auch meine Verwandten der Hunger nach Geld.

1976 traf ich hier ein, wohnte zunächst bei meiner Stiefmutter in Brooklyn, New York. Der Übergang von Jamaika in die Staaten war entsetzlich. In den zwei Jahren in Brooklyn hatte ich nicht den geringsten Kontakt zu den Nachbarskindern. Ich ging in der Bronx zur Schule, um dorthin und wieder zurück zu kommen, saß ich mindestens zwei Stunden täglich in Untergrundbahnen. Aber die Schule war eben gut: die »Bronx Highschool of Science«, ich mochte nicht die schlechte Schule in unserer Brooklyner Wohngegend besuchen. Im Winter ging ich vor Sonnenaufgang weg, kam nach Sonnenuntergang zurück, vielleicht schützte ich mich unbewußt auf diese Weise vor jedem Kontakt mit den anderen Kindern, ich mochte sie nicht. Diese Halbwüchsigen in Brooklyn – ich weiß nicht, ob alle so sind – haben keine Achtung vor den Erwachsenen, kein Interesse an Bildung oder an irgend etwas, einzig fürs Fernsehen, Saufen und Raufen scheinen sie sich zu interessieren. Mich langweilte das. Ich las viel, Science-fiction. Und dachte. Denken ist mein Hobby. Warum sind die Menschen so böse, wie wäre die Welt zu retten, welche Art zwischenmenschlicher Beziehungen wären nötig für das Überleben auf diesem Stern? Natürlich wandte ich meine Phantasien zu diesen Fragen stets zuerst auf unsere Familie an. Wie könnten wir, Mutter und Vater und alle Geschwister, harmonisch zusammenleben? Was ich bei meinen langen Grübeleien herausfand, war genau das, was ich schon von Kind an ganz deutlich fühlte: Der Schlüssel zum Glück ist das Denken. Das Denken aber hat mit der Sprache zu tun. Deshalb war ich stets von diesem Sachverhalt Sprache besessen. Was ist Sprache im allgemeinen, und wie kann ich so effektiv wie möglich Fremdsprachen erlernen? Ich ging in Russisch-, Deutsch-, Spanischkurse, nur Französisch mied ich. Alle sagten, das ist die schönste Sprache, sie muß man erlernen, da ließ ich sie aus Widerspruchsgeist weg. Davon abgesehen haben wir Jamaikaner Vorurteile gegen die Franzosen. Warum eigentlich? Die Insel war zunächst spanische, später britische Kolonie.

Dummerweise wurden die Engländer angehimmelt, und die Franzosen galten als deren Feinde... Wir wurden in der Schule recht chauvinistisch erzogen. Alles Angloamerikanische sei gut, der Rest der Welt schlecht.
Amerika bewunderten wir aus der Ferne. Das goldene Märchenland. Wenn du dann hierherkommst, bist du fürchterlich enttäuscht. Wie lärmend und schmutzig ist Brooklyn! In New Jersey, wo meine Mutter wohnt, ist's auch nicht viel besser. Meine Eltern und Stiefeltern tröstet es, daß sie hier – als Hausmeister und als Krankenpfleger – ziemlich gut verdienen, sie können Geld zurücklegen, besitzen mehr Sachen. Aber meiner Beobachtung nach genießen sie diesen Wohlstand nicht, in Jamaika schienen sie mir glücklicher. Feierten fröhliche Feste mit Nachbarn und Freunden. Hier lebt jede Familie von allen anderen abgekapselt. Die Beziehungen bleiben anonym. Unter diesem Gesichtspunkt bereuen sie es öfter, Jamaika verlassen zu haben. Doch dann freuen sie sich wieder, daß sie hier mehr Geld verdienen. Sie arbeiten Tag und Nacht. Für mich ist natürlich von Vorteil, daß ich hier in den USA die beste Universitätsausbildung bekomme, die denkbar ist. Meinen Magister – in Sprachwissenschaft – hab ich bereits. Ab September beginne ich ein Doktorstudium. Weil ich schwarz bin und sie Minderheiten zu fördern verpflichtet sind, bekomme ich ein Vollstipendium. Meine Familie könnte mir das Studium nicht finanzieren. Aber vielleicht wäre auch ein Studium in Jamaika gar nicht so schlecht gewesen.
Kinder können den Wert ihrer Umwelt niemals richtig einschätzen. Jamaika bedeutete mir als Kind nichts, ich hielt diese angenehme Atmosphäre für selbstverständlich. Sobald ich etwas gespart habe, werde ich nach Jamaika fahren, um mit erfahreneren Augen zu prüfen, wie es dort wirklich ist.
Meine älteren Geschwister sind allesamt Krankenpfleger, die jüngeren machen im Moment gar nichts. Zum Studieren

keine Lust. Für mich sind die Bücher, das Denken mein Leben. Früher war ich argwöhnisch gegenüber dem Establishment. Sie beanspruchen das Wissen für sich, möchten für uns denken, und wir (ich meine uns Schwarze) sollen das akzeptieren. Nein, ich denke für mich selbst. Und um dabei souverän zu sein, treibe ich jetzt organisierte Studien an den Universitäten. Ich fühle mich gut dabei. Man muß nur ein für allemal seine Hemmungen überwinden. Als Teenager sagte ich zu meinem Berater: Ich möchte an die »Bronx-Science-Schule« überwechseln, dort bekommt man eine ausgezeichnete Bildung, an unserer Schule nicht. Er sagte: Vergiß es. Als einer aus dieser Wohngegend hier in Brooklyn hast du dort keine Chance. Und dann setzte ich meinen Kopf durch, wurde doch an der gewünschten Schule aufgenommen und war mit der Beste dort. Schwarze und Angehörige anderer Minderheiten (von den Asiaten abgesehen) bekommen in diesem Land von Anfang an das Gefühl vermittelt, sie seien minderwertig, schafften es sowieso nicht. Mein Vorteil gegenüber den amerikanischen Schwarzen besteht darin, nicht in Amerika aufgewachsen zu sein. Als ich in dieses Land kam, erschrak ich zum erstenmal über meine Hautfarbe. All die über Generationen angestauten Minderwertigkeitsgefühle der amerikanischen Schwarzen schwappten auf mich über, ich war einige Jahre in ihnen verfangen, aber dann schüttelte ich sie ab. Das ging geistig leicht, indem ich mir sagte, du bist ebenso intelligent wie die Weißen, aber emotional war es schwierig. Gegen Minderwertigkeitsgefühle kommst du mit dem reinen Denken nicht so leicht an. Ich hatte das Glück, immer an sehr guten Schulen oder Universitäten ausgebildet zu werden. Da sind fast alle weiß. Innerhalb der Klasse ist das in Ordnung, aber wenn ich mit meinen weißen Freunden irgendwo hingehe, spüre ich deutlich, ich bin ein Problem für sie. Ihnen wird mit der größten Selbstverständlichkeit Respekt gezeigt, ich werde irgendwie

nur geduldet. Das erstreckt sich bis in jede Kleinigkeit, zum Beispiel Schlange stehen in der Mensa. Es wird einfach vorausgesetzt, daß ich einem Weißen den Vortritt lasse, und ich tue es selbstverständlich. In Jamaika waren wir allesamt schwarz, Weiße sahen wir nur im Fernsehen, da bewunderten wir sie. Wenn ich nun einem Weißen den Vortritt lasse (bei einem Schwarzen tue ich dies nicht), so nicht nur wegen der immer noch versteckt in mir getragenen Minderwertigkeitsgefühle, ich tue es vielleicht, weil es mir vorkommt, als wäre jeder Weiße ein Star. Wer bin ich dagegen? Nein, es geht doch bis ins Klassenzimmer. Obwohl ich mich täglich davon überzeugen kann, daß ich ebenso intelligent bin wie die Intelligentesten unter den Weißen, schweige ich häufig, als stünde es mir nicht zu, ständig das Wort zu ergreifen. Die Frauen halten es ebenso. Meiner Beobachtung nach sind Frauen meist die besseren Studenten, ihre Äußerungen sind weit qualifizierter. Dennoch überlassen sie den Männern die Diskussion, es wird so von ihnen erwartet. Irgendwie fühle ich mich als schwarzer Mann mit den Frauen, gleich welcher Rasse, verbündet. Wir sind Minderheiten.
Man sagt mir, sei froh in deiner Universitätswelt. Da bist du nicht diesem primitiven Redneck-Rassismus ausgesetzt. Okay, doch bisweilen denke ich, der wäre mir lieber als dieser subtile Rassismus. Guck dir diese scheinbar aufgeklärten, Schwarzen und Frauen gegenüber unvoreingenommenen Professoren an. Ständig entschlüpfen ihnen die sexistischsten, rassistischsten Versprecher. Sie merken es nicht einmal. Obwohl es jedesmal für mich ein Schock ist, trage ich es ihnen nicht nach, weil ich ihren guten Willen sehe, nicht sexistisch, nicht rassistisch zu denken. Die Rednecks sind offen brutal. Gestern, mitten auf der Straße, schrie einer Nigger! und zeigte auf mich. Ich zuckte zusammen, krümmte mich den ganzen Tag, als schlüge mir unentwegt jemand mit einem Knüppel auf den Kopf. So ein kleines Wort! Doch in

diesem Fall sind meine Gefühle klar. Was fühle ich dagegen, wenn meine lieben fortschrittlichen weißen Freunde, die niemals dieses Wort benutzen würden, bisweilen vergessen, daß ich ein Schwarzer bin und dann Witze über die Schwarzen reißen? Natürlich ist der Rassismus in diesen Witzen nur sehr subtil. Wenn sie merken, ich erschrecke, fügen sie rasch hinzu: Du bist für uns natürlich kein Schwarzer! Du bist nicht wie die. Sprichst ja schon anders... Was ich hier sage, gilt nur für Männer. Ich kenne keine Akademikerin, der auch nur einmal ein rassistischer Versprecher entschlüpft wäre. Männer neigen mehr dazu, sich gegen alles, was anders ist, abzugrenzen. Wenigstens innerlich.

Weil ich nicht wie amerikanische Schwarze spreche – sie haben einen charakteristischen Akzent –, habe ich unter Weißen Vorteile. Mit der Sprache hängen bestimmte soziale Werte zusammen, die im Fall, du sprichst das Schwarzen-Englisch, eben eine Universitätskarriere von vornherein ausschließen. Man weiß das. Und ich wirke nun wie einer, der bewußt die weiße Sprache spricht, um sich von den sozialen Werten der Schwarzen zu distanzieren. In Wirklichkeit hatte ich nur keine Gelegenheit, mir den Akzent der Schwarzen anzueignen. Wir gebrauchten ihn in Jamaika nicht, und hier in den Staaten war ich niemals mit den schwarzen Nachbarskindern zusammen. Mein Leben spielte sich stets in Schul- und Universitätsräumen ab. Erübrige ich Zeit, bin ich am liebsten allein, um ganz in Ruhe nachdenken zu können.

Um mal das richtige Leben außerhalb der Bildungsräume und auch andere Schwarze kennenzulernen, trat ich nach dem College in die Armee ein. Blitzschnell begriff ich, daß die Universitäten und Büchereien für mich der einzig mögliche Überlebensort sind. Dabei war die Grundausbildung in der Armee für mich ganz nützlich, ich lernte, meinen Körper zu beherrschen, überhaupt Selbstdisziplin. Davon abgesehen war die Armee für mich ein Erlebnis totaler Ineffizienz.

Zum Glück fand ich einen Dreh, nach drei Jahren aus der Armee herauszukommen, obwohl ich mich für sechs Jahre verpflichtet hatte. Welche Erleichterung! Der durchschnittliche Armeeangehörige besitzt meiner Beobachtung nach so wenig Verständnis und Toleranz, daß ich mich zwischen diesen Leuten nicht sicher fühlte. Ferner ärgerte es mich, daß wir Schwarzen fünfzig Prozent der Soldaten ausmachen, aber nur zwölf Prozent der Gesamtbevölkerung. Warum sollen gerade wir uns zum Schutz dieses Landes töten lassen? Absurd. Natürlich zwingt einen keiner, in die Armee einzutreten. Es gibt keine Wehrpflicht. Doch für viele Schwarze, insbesondere, wenn sie Familie haben, ist angesichts der Arbeitslosigkeit die Armee die einzige Chance, soziale Sicherheit zu erwerben. Wer vor dem sozialen Überlebenskampf zurückschreckt, dem scheint die Armee der sicherste Hort.
Nach der Armee arbeitete ich in einem Krankenhaus für Drogenabhängige. Glücklicherweise bin ich durch meine Isolation als Bücherwurm stets um die Versuchung, Drogen zu nehmen, herumgekommen. Wenn du in Brooklyn wohnst, ist das geradezu ein Wunder. Sonntags, wenn ich nicht zur Schule fahren konnte, ging ich zur Kirche. Dabei bin ich Atheist. Um mich herum Drogentote, Schießereien, Vergewaltigungen. Ich wurde in nichts hineingezogen. Ein paarmal versuchten welche, mich auszurauben, aber sie hatten kein Glück. Ich sehe die Drogenfrage nicht als ein soziologisches Problem an. Es ist das persönliche Problem von Menschen, die nicht bereit sind, für ihr Leben selbst die Verantwortung zu übernehmen und deshalb mit ihren Emotionen nicht zurechtkommen. Das betrifft Angehörige aller Rassen und Klassen. Ein soziologisches Problem ist es freilich insofern, als unsere Gesellschaft die Menschen keineswegs dazu erzieht, für ihr Leben die Verantwortung zu übernehmen. Das Bildungssystem ist eine Katastrophe.

Meine persönlichen Erfahrungen sind eine Ausnahme, ich war stets an Eliteschulen. Aber wieso gelang mir der Zugang zu ihnen? Doch nur, weil ich auf Jamaika gelernt hatte, für mich selbst zu denken und die Verantwortung zu übernehmen. Ironischerweise bilden die Amis sich ein, das beste Schulsystem der Welt zu haben. Als ich aus Jamaika kam, stuften sie mich automatisch eine Klasse zurück. Nach kurzer Zeit bat ich um eine Prüfung, da erkannten sie erschrokken, daß ich meinen Altersgefährten um mehrere Klassen voraus war. Und ich war auf Jamaika an einer ganz durchschnittlich guten Schule gewesen. Nichts Besonderes. Die Könige der Welt meinen die Amis zu sein, dabei haben sie ein Schulsystem, das zum Himmel schreit. Am Geld kann's ja wohl nicht liegen, da ihre Universitäten vorzüglich sind. Genug Forschungsmaterial über Pädagogik liegt auch vor. Vermutlich sind sie einfach zu faul oder zu arrogant, ihr Schulsystem zu reformieren. Was eine gute Schule ausmacht, sehe ich an meinen ehemaligen Klassengefährten aus der »Bronx-Science-Schule«. Ausnahmslos alle, selbst die wenigen, die aus armen Familien kamen, erreichten einen Universitätsabschluß. Wir wenigen hatten Glück. Ich hatte es ausschließlich deshalb, weil ich aus Jamaika eine gute Ausgangsbasis mitgebracht hatte.

Guck meinen jüngeren Bruder an, der hier aufwuchs. Er hat keinen Job, gammelt herum, kommt ständig mit dem Gesetz in Konflikt wie die meisten Schwarzen. Meine Cousins ebenso. Saßen neulich sogar im Gefängnis. Natürlich liegt's nicht nur am Schulsystem, sondern auch daran, daß die Eltern ständig unterwegs sind, um Geld zu verdienen, statt sich zu Hause der Erziehung ihrer Kinder zu widmen. Mein Bruder hat eine völlig andere Weltanschauung als ich. Sein Grundsatz: Die weiße Gesellschaft ist dein Feind. Schade ihr! Alle Mittel sind dabei recht: Diebstahl, Einbruch, Drogenhandel... Ich kann ihn verstehen, aber er wählt meiner

Meinung nach einen falschen Weg. Und meinen Weg versteht er nicht. Hast du von Margarete von Trotta den Film »Marianne und Juliane« gesehen? Zwei Schwestern: die eine arbeitet in der Frauenbewegung, um politische Macht zu erreichen, die andere wird Terroristin. Mein Bruder und meine Cousins haben den terroristischen Weg gewählt. Ich den ersten, nutze alle legalen Mittel dieser Gesellschaft, um Vorteile zu gewinnen und letztlich mein Recht durchzusetzen. Wissen ist für mich Macht. Dabei ist die Gesellschaft kein Feind mehr für mich. Vieles stört mich furchtbar, es ist dennoch meine Gesellschaft. Ich bin dafür verantwortlich, was in ihr vorgeht. Was bedeutet Bildung für mich, abgesehen von der Genugtuung, für mein Wissen bewundert zu werden? Die Fähigkeit, das Schöne in der Welt zu erfassen und es zu genießen. Die Fähigkeit, verschiedene Gedankensysteme miteinander zu vergleichen, zu bewerten und mit dem einen oder anderen meinem Wohlbefinden etwas beizusteuern. Einen Lebensplan zu schmieden und ihn zu erfüllen. Im Grunde genommen gibt's nur zwei Möglichkeiten: du vegetierst dahin wie ein Tier, oder du denkst gründlich nach und baust dir ein Leben nach deinen Wünschen. Allein so durchbrichst du auch den Teufelskreis der Schwarzen und überhaupt der Arbeiter, die mit ihrer täglichen Arbeit stets nur andere bereichern. Sie bilden sich ein, sie bereicherten sich selbst, können sich vom Lohn ein Auto und anderen Tinnef kaufen, aber das sind Kinkerlitzchen im Vergleich zu dem Profit, den die Reichen aus dieser Arbeit schlagen. Wieviel Zeit für Freude und Glückseligkeit verschwenden sie mit ihren Jobs im Tausch für solch ein armseliges Auto, welches spottbillig produziert und zu überzogenen Preisen verkauft wird! Die Arbeiterklasse wird betrogen wie die Schwarzen in Westafrika, als man ihnen für ein paar bunte Glasperlen ihr Land abnahm. Begreifen mögen sie das nicht. Sehen nur, sie kriegen mehr und mehr, aber was mehr? Plunder. Weil er nichts wert ist, sind sie nie zufrieden. Um aber herauszufinden, was einen wirklich zufriedenstellt, bedarf es Bildung. Leider kann ich mit meinem Bruder über diese Dinge nicht diskutieren. Mit meiner Mutter, ja! Ihr Urgroßvater war Lehrer, sie hat großen Respekt vor Werten wie Denk- und Sprachfähigkeit. Mit der Übersiedlung in die Staaten kam ein Bruch in unsere Familientradition. Die jüngste Generation achtet nichts mehr, ist völlig hineingerissen in diese schreckliche, rein materialistische Gesellschaft.

Letztes Jahr war ich übrigens für sechs Wochen in Deutschland und in der Schweiz. In einem Sommerprogramm für Studenten. Herrliche Erfahrung! Ich nahm alles durch meine Ferienbrille wahr, staunte: Wieviel Sorgfalt sie hier jedem Detail in ihrer Umwelt widmen. Allenthalben Blumentöpfe mit Geranien. Niedliche Gärten. Alles pieksauber. Sie schienen mir auch sehr freundlich, obwohl, ich war mir nicht ganz sicher, ob die Freundlichkeit nicht daher rührte, daß sie in dieser Gegend am Tourismus viel Geld verdienen. Und diese Neugier, sie fragten mich ständig aus, steckten ihre Nase in alles mögliche, das gefiel mir. Eigentlich gefiel mir alles, und ich lächelte über mich – eingedenk des Spruchs, daß das Gras hinterm Zaun stets grüner ist. Vermutlich würde ich es dort nicht allzulange aushalten. Die Bodenseelandschaft blendete mich einfach. Alles, was ich zu denken imstande war, war das Wort »märchenhaft«.

Was mich wurmt: Weil ich ständig nur Menschen mit weißer Hautfarbe um mich habe, wie sie spreche, mich wie sie bewege, kann ich mit amerikanischen Schwarzen nicht umgehen. Sie haben ein vollkommen anderes kulturelles Bewußtsein. Gleichzeitig habe ich in den vergangenen Jahren ein starkes Selbstgefühl als Schwarzer entwickelt. Schwarz zu sein, bedeutet mir jetzt etwas. Ich möchte die Zugehörigkeit zu dieser Rasse keinesfalls abstreifen. Kurzum, ich fand noch keine Balance zwischen dem gleichzeitig Schwarz- und

Weißsein. Weiß noch nicht mal, ob ich eine schwarze oder eine weiße Frau will. In Philadelphia, hast du davon gehört, haben sie bei gemischten Paaren Feuer im Haus gelegt. Trotzdem würde mich das nicht davon abhalten, mit einer weißen Frau eine Familie zu gründen. Natürlich wollen die Eltern stets, daß man einen Partner der gleichen Rasse wählt. Obschon, das hängt wiederum davon ab, welcher Klasse diese Eltern angehören. Intellektuelle hätten meines Erachtens nichts dagegen, wenn ich als schwarzer Akademiker ihre weiße Tochter heirate. Dagegen Eltern aus der Arbeiterklasse... die würden verrückt spielen, egal, wie viele Doktortitel mir zu eigen sind. Vielleicht wäre meine Bildung noch zusätzlich ein Hindernis. Arbeiter in diesem Land, gleich welcher Hautfarbe, sind generell strikt antiintellektuell. Wer studiert, so heißt es, schmeißt das Geld seiner Eltern zum Fenster hinaus. Und am Ende versteht der dann nicht das Geringste vom praktischen Leben.
Um auf mein Problem zurückzukommen: An der Universität, an der ich soeben meinen Magister erworben habe, gab es noch andere Schwarze. Wir hatten nicht den geringsten Kontakt miteinander. Beginne ich ein Gespräch mit ihnen, das nichts mit dem Vorlesungsstoff zu tun hat, driften unsere Worte – abgesehen von den starken Akzentunterschieden – sogleich in ganz verschiedene Richtungen. Ich spüre, sie sind von der Rockmusik stark beeinflußt, ich kann ihnen dahin nicht folgen. Jeder Kontaktversuch meinerseits endet peinlich. Auch bilden Schwarze, sobald sie unter Weißen sind, sofort Cliquen. Da dringt keiner ein. Ich schon gar nicht, weil ich – nicht Fisch, nicht Fleisch – ihnen noch fremder als jeder Weiße scheine. Versuche ich mich in der Mensa zu ihnen zu setzen, befehlen mir ihre Blicke: Du sprichst wie ein Weißer, also iß auch mit ihnen! Es ist verrückt, dieses Cliquen- und Ghetto-System. Warum muß denn Washington so ein riesiges schwarzes Ghetto haben!

Da kleben sie alle zusammen und kapseln sich ab und gehen sich an die Gurgel...

Leider verliere ich sogar immer mehr den Kontakt zu meiner Familie. Die Älteren sind religiöse Fundamentalisten, wie ich als Kind auch. Dann wuchs mir der Gedanke zu, ich muß mich frei machen von allen religiösen Regeln. Will über mein Leben vollkommen selbst bestimmen, in der absoluten Freiheit meines Geistes. Dieser Gedanke beherrschte mich immer stärker. Ich brach mit der Religion, was meine Verwandten bis heute nicht tolerieren können. Sind extrem bigotte Sieben-Tages-Adventisten. Ich als Atheist bin mithin nicht das rechte Kind.

Die meisten meiner Studienfreunde glauben an Gott, mögen aber an keinen religiösen Zeremonien teilnehmen. Ich vermag nicht mal dies. Diese vollkommen verschiedenen Interpretationen darüber, was »Gott« bedeutet. Hinausgeschmissene Zeit, darüber zu diskutieren, welcher dieser Interpretationen ein Wahrheitswert zukommt, oder darüber, ob es Gott nun gibt oder nicht. Es gibt so Wichtiges auf der Welt zu tun, einerlei, wie diese Frage nach Gott beantwortet werden müßte. Manche Menschen brauchen es zu beten. Da sag ich: fein, sie soll'n das tun. Wenn ich aber ohne Gebete ein absolutes Konzentrationsvermögen in mir zu erreichen vermag, möchte ich mit der Frage nach Gott in Ruhe gelassen werden.

Glaube ich an etwas anderes? Als Kind glaubte ich an die Wissenschaft, an die Macht des Rationalen. In den letzten Jahren indessen kam ich darauf, die Rationalität ist nicht alles. Diese Welt besitzt Phänomene, vor denen sie ohnmächtig steht. Wir müssen neue Fähigkeiten entwickeln, jenseits des reinen Denkens. Im Augenblick versuche ich, Zugang zu meinem Unbewußten zu finden, ich will wissen, welche irrationalen Kräfte mich möglicherweise beeinflussen. Viele, die sich von der Religion gelöst haben wie ich, setzen die Wis-

senschaft an die Stelle Gottes. Beten sie an wie einst ihn. Wie kindisch. Ich versuche, mein Leben ohne ALLE Götter zu ordnen, entsprechend meinen Bedürfnissen, die ich natürlich zuerst erkennen muß. Dazu gehören auch ganz sinnliche Dinge, bei mir ist zum Beispiel der Geruchssinn sehr stark ausgeprägt. Etwas Gutes – riechen ist für mich wahnsinnig wichtig. Das heißt natürlich nicht, daß Religion und Wissenschaft nichts wert sind. Vielleicht hängt mit diesem Trend in meinem Denken zusammen, daß ich mich jetzt immer mehr für Literatur als für Sprachwissenschaft interessiere. Das wissenschaftliche Spiel mit der Literatur ist möglicherweise ein Mittelweg. Ich bin nun mal in der akademischen Welt so glücklich. In Zukunft möchte ich mich aber mehr auf die Literatur der Schwarzen konzentrieren. Beim Lesen bekomme ich stets neue Ideen für mein eigenes Leben. Bin neugierig, wie das erst sein wird, wenn ich die Bücher von schwarzen Autoren lese. Bislang waren meine Vorbilder, denen ich nacheiferte, allesamt weiß. Selber schreibe ich auch bisweilen, Gedichte und Zeitungsartikel. Die Gedichte handeln von den Problemen meines persönlichen Wachstums, die Artikel von sozialen Dingen.
Jamaika interessiert mich natürlich noch sehr. Die indianischen Ureinwohner wurden von den Spaniern vollkommen ausgerottet. Obwohl der größte Teil von ihnen friedlich war. Meine Vorfahren kamen aus Westafrika, ich weiß nicht genau, woher. Seit der Unabhängigkeit von Großbritannien 1962 gibt es ein Hin und Her zwischen verschiedenen politischen Parteien, in den Großstädten geht es dabei mitunter sehr gewaltsam zu. Auf dem Papier ist Jamaika eine Demokratie, aber die politische Macht gehört einzig einigen wenigen Familien. Einmal machten sie sozialistische Experimente, wollten die Vorteile des amerikanischen mit denen des kubanischen Systems verbinden, es klappte überhaupt nicht.

Ich habe über den Kommunismus viel nachgedacht. Die Idee der klassenlosen Gesellschaft mag ich; wie viel günstiger wäre die Situation in den USA, wenn sie sich wenigstens ein klein wenig in diese Richtung bewegten. Der Grundirrtum des Kommunismus indessen ist, man könnte die Menschen perfektionieren. Aber du kannst die Menschen nicht zu vollkommenen gesellschaftlichen Wesen erziehen. Und solange noch irgendeiner von ihnen habgierig, neidisch oder auf irgendeine Art mit seinem gesellschaftlichen Dasein unzufrieden ist, kannst du für diesen Kommunismus nicht garantieren. Die Idee des Kommunismus ist einfach naiv, wenn natürlich auch intellektuell faszinierend. Nur bestehen wir nicht allein aus Bewußtsein, wir haben auch ein Unbewußtes, voller Wünsche und Begierden. Jenes kannst du nicht erziehen. Immer werden einige andere es zu ihrem Vorteil auszunutzen versuchen. Immer werden einige mit starken destruktiven Kräften die schöne Idee pervertieren. Es ist wie mit der Atomkernspaltung. Welch eine wundervolle Sache, theoretisch! In der Praxis aber pervertiert das Ganze, ein paar Militärs überziehen die Welt mit Atomraketen.
Eine ebenso schöne Idee wie der Kommunismus ist jene vom freien Markt. Funktioniert sie in der Praxis? Dieses amerikanische System wird zusammenbrechen, weil einige Kerle einen Dreh gefunden haben, die freie Marktwirtschaft skrupellos auszubeuten. Die denken nicht mal an die Konsequenzen, die das für ihre eignen Kinder und Enkel hat. Vor acht oder zehn Jahren hatten wir diesen Staatssekretär für das Innere, James Watt. Der sagte doch tatsächlich, wir sollten all unsere Wälder abschlagen und rasch Geld damit machen, denn Christus kehre in einigen Jahren zurück. Wenn ich sage, die Menschen müssen gebildet werden, so deshalb, damit sie sich vor solchen Schurken schützen können. Andernfalls führen sie derlei idiotische Befehle aus. Nur Bildung feit einen gegen die Propaganda. Besitzt du keine, glaubst

du's tatsächlich, wenn sie dir sagen, die amerikanische Gesellschaft sei die beste in der Welt.

Ich freue mich darauf, nach dem Doktorstudium an einer Universität zu unterrichten. Wenn du Literatur unterrichtest, hast du die Gelegenheit, diesen privilegierten jungen Amerikanern tief ins Gewissen zu reden. Sie sollen nicht nur Nutznießer dieser Gesellschaft sein, sondern sich auch für sie verantwortlich fühlen. Für ihre Mitmenschen. Für ihre Nachfahren. Den Studenten aus der Arbeiterklasse will ich beibringen, daß sie ein gleichberechtigter Teil dieser Gesellschaft sind. Die gehört uns allen gemeinsam. Es ist ganz gut, daß ich Fremdsprachen unterrichten werde. Da bekomme ich sie alle, die zukünftigen Rechtsanwälte, Geschäftsleute, Ärzte, Ingenieure. Einen Fremdsprachenabschluß brauchen sie. Als Soziologe oder Psychologe hätte ich es mit Studenten zu tun, die bereits ein Problembewußtsein für diese Dinge, die mir auf den Nägeln brennen, entwickelt haben. Anderenfalls wählt man nicht derlei Fachrichtungen. Jene Studenten brauchen nicht mehr überzeugt zu werden. Ich will an die heran, die nur studieren, um mehr Geld zu verdienen, und die an ihre gesellschaftliche Verantwortung noch nicht den geringsten Gedanken verschwendet haben. Im übrigen wirkt die Botschaft nicht so aufdringlich, wenn du sie schön in den Literatur- und Sprachunterricht verpackst.

Kamikaze-Kid oder Ein Vietnam-Veteran

Ich spreche mit Ihnen, damit Sie verstehen, unsereiner, der in Vietnam war, muß nicht unbedingt verrückt sein und alles kaputtschlagen wollen. Nachdem wir aus Vietnam zurückkamen, lernten wir, mit dem Leben wieder zurechtzukommen. Ich sagte mir: Wir repräsentierten die falsche Seite. Laßt uns nun auf die richtige gehn. Laßt uns darüber nachdenken, wie wir zum Frieden kommen zwischen Ost und West. Ich habe Menschen getötet und will auf keinen Fall, daß meine Kinder so was tun. Vielleicht liest das einer und denkt: Klingt gar nicht schlecht. Meine Kinder sind 8 und 5. Zwei Mädchen. Mit meinen Kindern zusammenzusein, ist das Freudvollste, was sich in meinem Leben ereignet hat.
Ich gehörte dem US-Marinekorps an. In Vietnam war ich 5 ½ Jahre. Ich ging freiwillig zur Armee. Mein Vater, ein Steinmetz, hatte mich dazu ermutigt. Weil ich erst 16 war, unterschrieb er für mich. In unserer Familie wurde von jedem Mann erwartet, dem Land zu dienen. Es war nicht die Frage, ob, sondern nur, wann man geht.
In Vietnam war ich überall. Unsere Basis war 16 Kilometer nordwestlich von W., dicht an der Grenze zu Nordvietnam. Ich begann als Waffenspezialist. Sie hatten herausgefunden, daß ich gut schießen konnte. Schließlich wurde ich ein Sniper, eine Art Kopfjäger. Wir jagten Menschen. Unser Ziel war es, dem Vietcong einen Schrecken einzujagen. Jeweils zu zweien arbeiteten wir im Busch. In der Nacht zogen wir los, suchten sie an ihrem Ort, wo sie den Tag erwarteten, und töteten sie. Wir gingen also dahin, wo sie sich befanden.
Wie viele ich umgebracht habe? Nach meiner ersten Tour zählte ich nicht mehr. Zuerst hatte ich bei jedem eine Kerbe

ins Gewehr geschnitten. Dann war das so voller Kerben, daß ich das Gewehr zerschnitten hätte, hätte ich damit weitergemacht. Andere sammelten abgeschnittene Ohren oder andere Körperteile. Dann sagte unser Leutnant: Hört auf damit. Man soll am Töten keinen Spaß haben. Aber es macht nach einiger Zeit Spaß.

Ich sah mich als Sniper nicht in Gefahr. Wir nannten es »safe duty«. Wenn du auf dich selbst gestellt bist, kann es dir kein anderer vermasseln. Und die Nacht versteckt dich, sie umarmt dich, sie liebt dich wie eine Mutter. Sie kann dich aber auch genauso schnell töten. Von einem bestimmten Zeitpunkt an verstehst du das. Das heißt nicht, daß du deine Angst verlierst. Wer die verliert, ist wahnsinnig geworden. Aber du lernst, die Nacht zu verstehen. Du hörst ihre Geräusche. Du bewegst dich, und die Nacht erzählt dir, was um dich her vor sich geht. Aber du hast genau hinzuhören. Die Vogelrufe ändern sich, wenn Gefahr droht. Auch der Wind erzählt es dir. Obschon... da ist nicht mal ein Geräusch. Du fühlst die Beute. Vor allem, wenn sie ein Feind ist, der Angst vor der Nacht hat. Den fühlst du bereits aus weiter Entfernung. Du fühlst, wo er ist, wie du dich seiner bemächtigen, wie du ihn schließlich töten kannst.

Ich wuchs zwischen Flußniederungen auf. Als Teenager legte ich Fallen, ich wurde Trapper. Wir spielten ein Spiel: In den Flußniederungen hier, an der Nordbank des Minnesota-Rivers, gibt es Sümpfe, Quicksand und Schlammlöcher. Wir brachten die Polizei dazu, uns in der Nacht zu jagen. Wir führten sie an der Nase herum, ließen sie ihre Autos in den Sumpflöchern verlieren... Ich war alles andere als ein artiges Kind. Das war der Grund für mich, in die Armee zu gehn. Dadurch kam ich aus sehr großen Schwierigkeiten heraus. So kam alles. Und Wasser zeigt die gleiche Reaktion, egal, wo du bist. Es tut das gleiche für den gleichen Zweck, sei es hier, sei es in Vietnam. Auch die Bäume, es sind freilich andere Arten, aber doch Bäume. Sie nehmen alle Vibrationen auf und teilen sie dir mit. Du hörst es nicht, du fühlst es und kannst dir sagen: da ist wer. Wasser in der Nacht, wenn es still und ruhig ist... auf der einen Seite des Flusses fließt es herunter, die Geräusche kommen mit dem Fluß... Und wenn du im Wasser bist und zuhörst, kannst du sie hören. Die Natur und die Nacht geben dir alles, was du brauchst. Wenn du hungrig bist, ernähren dich die Büsche. Du brauchst dich nicht um sauberes Wasser zu kümmern, die Natur gibt's dir. Du mußt nur wissen, wo es ist.

Ich war in der 3. Aufklärungsabteilung. Nur zehn Einheiten von uns Kopfjägern gab es unter dreißigtausend Soldaten. Mehr waren dafür nicht geeignet.

Mein kleiner Bruder hatte mich als Gott bestaunt, als ich in meiner Uniform von zu Hause loszog. Für sechs Jahre sah ich ihn nicht mehr. Dann war er ein »Grünes Barett« (eine Spezialtruppe der Armee) und wußte, was ich gemacht hatte. In seiner Gruppe Grüner Barette war mein Name gut bekannt. Seine Ausbilder hatten von mir gesprochen. Und er zog mich, ich kam gerade aus dem Krankenhaus, in die Mitte seiner Gruppe. Aus vollen Lungen schrie er: Erlauben Sie mir, Ihnen den berühmten Kamikaze-Kid vorzustellen, meinen Bruder! Ich fühlte mich gut, aber es war auch beängstigend. Ich hatte mich vorher nie als besonderen Menschen betrachtet. Und plötzlich war das für jemanden eine Ehre, mein Bruder zu sein. Im Militär war es gut, das zu sein, was ich war. In der Gesellschaft ist es fürchterlich.

Wahrscheinlich half es mir, nach dem Krieg noch eine Weile beim Militär zu bleiben, bevor ich in die Gesellschaft zurückkehrte. Die kann noch nicht mit uns umgehen. Es ist nun 13 Jahre her, daß wir wieder hier sind. Die Gesamtentwicklung des Vietnam-Konflikts dauerte 34 Jahre, und sie verstehen das bis heute nicht. Das Problem wird unter den

Teppich gekehrt. Ich sage oft, mir ist es schnurzpiepe, ob sie das jemals verstehen werden, jedoch ist's mir das?
Offen gestanden bin ich froh, Töchter zu haben. Obschon es beim Militär immer mehr Frauen gibt... Also ganz so sicher bin ich nicht, ob sie darum herumkommen. Unter den Vietcong gab es Frauen, die kältesten Leute, die ich jemals sah. Was sie mit Kriegsgefangenen machten, war einfach herzlos. Ich hätte mich umgebracht, wenn mich ein weiblicher Vietcong gekriegt hätte. Und wenn ich diese Kriegerinnen in ihren schwarzen Pyjamas sah, tötete ich sie.
In der Nacht war ich stets mit meinem Kameraden unterwegs. Wir pflegten zu sagen, wir zwei sind einem ganzen Bataillon gleichzusetzen. Wir konnten sie an den Platz fesseln. Wir konnten sie das Fürchten lehren. Wahnsinnig sind diese Stunden, in denen man so etwas tut. Da kommen 200 Leute auf dich zu. Keine Stelle, zu der du flüchten kannst. Du mußt sie zum Stehen bringen. Da machten wir seltsame Sachen. Wir haben es Truthahnjagen genannt. Es war Marvins Idee. Wir gruben ein Schützenloch in der Mitte einer Lichtung. Dann nahmen wir 30 oder 40 Claymorminen und legten sie in Kreisen um das Schützenloch, so, daß die Minen nach innen explodierten. Dann lockten wir sie in den Kreis hinein. Sie glaubten, was für ein Anfänger da in der Mitte! Das letzte, was sie hörten, war: Gobble, gobble, motherfucker! Wir hatten ein kleines Lautsprechersystem, damit sie's auch wirklich hörten... Einer von uns beiden saß im Loch, der Lockvogel. Die Minen wurden natürlich elektrisch gezündet. Doch wir hatten noch ein, zwei Kabel, mit denen derjenige, der im Loch saß, sie auch auslösen konnte. Der andere saß auf einem Baum und beobachtete alles. Der im Loch machte dumme Sachen, sich eine Zigarette anzünden und dergleichen. Und die Nacht lockte sie an, lud sie ein. Und sie konnten nichts sehen, weil sie nicht wußten, wonach sie Ausschau halten sollten. Ich war erstaunt, her-

auszufinden, daß die meisten nordvietnamesischen Soldaten aus der Stadt kamen. Sie hatten mehr Furcht vor dem Dschungel als vor uns. Mag ironisch klingen. Die den Urwald kannten, waren die Vietcong. Sie wußten mit ihm umzugehn, sie ehrten ihn. Einige waren so gut, ihn zu lieben, buchstäblich, der Dschungel antwortete ihnen entsprechend. Doch außer dem Dschungel hat man auch die Nacht zu verstehen. Später, als Taxifahrer, fuhr ich jahrelang nur nachts. Die Nacht ist wunderbar. Wenn du keine Furcht vor ihr hast, kann sie viel für dich tun. Wir führten sie also an der Nase herum wie kleine Kinder. Du nimmst sie bei der Hand und ziehst sie zum Truthahn. Das war dicht an der demilitarisierten Zone (der blödeste Name, den ich jemals für diese Grenze gehört habe).

Sah ich die Vietnamesen als Menschen an? Ich nannte es Eichhörnchenjagen. Als Junge war mir gesagt worden, Menschen töten ist Mord. Deshalb war es so schwer, damit anzufangen. Mir wurde übel. Und ich wollte mir die Toten nie ansehen. Meinen ersten brachte ich mit dem Messer um. Es geschah ganz zufällig. Ich hatte keine andre Wahl. Es ging so schnell, daß ich nicht zum Nachdenken kam. Ich erinnere mich, wie ich das Blut von meinen Händen abzukriegen versuchte. Es wollte nicht abgehen, ich konnte es immer noch fühlen. Ich nahm eine scharfe Bürste, aber es wollte nicht weggehen. Das war noch was anderes, dieses Gefühl. Als das Messer hineindrang, war da ein zweifacher Widerstand. Erst ging es ein Stück rein, dann ganz. Und dann war es warm. Und das war das Gefühl, das ich loswerden wollte. In jenem Augenblick bereitete es mir keine Angstgefühle, erst danach. Eine Stunde später. Mir wurde entsetzlich übel. Der Feldwebel kam und hielt mich umarmt, er ließ mich weinen.

Als ich heimkam, unterzog ich mich einer Gesichtsoperation. Sehen Sie den Unterschied in der Farbe meines Bartes? Sie nahmen für das Kinn die Haut eines Toten aus Roche-

ster. Ich hatte, wie man so sagt, eine Kugel gegessen. Das war 72.
Ich stieg in Minneapolis aus dem Flugzeug, und die Leute schrieen: Du Killer hast gekriegt, was du verdient hast. Wie viele Babies hast du umgebracht? Sie zeigten auf meine Medaillen. Einer spie mich an. Die Polizei hat mich schnell von ihm fortgezogen. Das war das erstemal, daß ich hier in Amerika töten wollte. Ich war so wütend. Hatte einen Silberstern, das ist ein Ritterkreuz, bekommen, und der spuckte genau darauf. Das war's, weswegen ich ihn töten wollte. All meine Disziplin war fort. Jetzt bin ich froh, daß sie mich so schnell fortgezogen haben. Sonst wäre ich hier im Gefängnis gelandet. Statt dessen landete ich bald in einer Verrücktenanstalt.
Der Witz an der ganzen Sache war, ich wollte gar nicht nach Vietnam. Nach Thailand sollte ich geschickt werden. Ich dachte, dort ist's gut, gute Frauen, gute Drogen. Ich flog, und das Flugzeug ging kaputt. In Saigon mußten wir notlanden. Und sie brauchten gerade einen Waffenspezialisten, der vorige war in der letzten Nacht getötet worden. Sie kamen an Bord und sagten: Schütze Mac Dougall. Sie sind doch 21-100, korrekt? Ich sagte: Yes, Sir. – Dann kommen Sie bitte mit, wir brauchen Sie. Und mein spezieller Witz ist, daß ich immer sage, sie hätten mich schreiend und um mich schlagend von Bord gezerrt. Ich wollte wirklich nicht dorthin. An der Marineschule hatte ich schwer gearbeitet, um diese gute Stelle in Thailand zu bekommen, nur zwei von uns durften dorthin.
So war ich absolut wütend, als sie mich aus dem Flugzeug holten. Sie schickten mich los, nur vorübergehend sollte es sein. Danach, sagten sie, dürfe ich in meine Einheit zurückkehren. So war ich zunächst für 6 Monate dort. Haben Sie von der Nationalen Rifle-Organisation gehört? Da gibt es einen landesweiten Wettbewerb. Wer gewinnt, darf in Texas

mit auf Jagd gehen. Ich nahm daran immer teil und war mit 14 Jahren schon hoch eingestuft als Schütze. Deshalb wurde ich Waffenspezialist im Marinekorps.
Ich arbeitete gerade an einem Winchestermodell 70, als wir mit Granatwerfern belegt wurden. Das waren 80 und 81 Mikes, die Gruppe war 1500 Meter entfernt. Ich hatte nun diese Winchester, mit einem 3 mal 8 Leopold-Zielfernrohr mit Laserentfernungsmesser. Vielleicht wissen Sie, wie genau das ist. Ich legte es in die oberste Schießscharte des Bunkers und durchbohrte die Gruppe an den Granatwerfern. Dann kam ich wieder runter, und der Leutnant sagte: Gib dieses Gewehr niemals aus deinen Händen! Das gehört jetzt dir. Ich nahm das als Kompliment. Das war an meinem 2. Tag in Vietnam. Es ist für mich der Grund, weshalb ich dort nicht mehr fortkam. Als ich dann in die 3. Aufklärungsabteilung kam, wartete dieses Gewehr schon auf mich samt einem Zettel: Gib's niemals weg!
Wie auch immer, sie entschieden, ich solle ein Aufklärungsranger, sprich Kopfjäger, werden. Sie steckten mich dort gleich ins Training. Normalerweise schicken sie dich dafür nach Hause. Aber sie behielten mich. Denn zu Hause kannst du sagen: Leckt mich am Arsch, ich quittiere. Dort ging das nicht. Ich brauchte beispielsweise einen Fallschirmschein. Ich sagte: Nicht mit mir! Sie antworteten: Wir stellen dich vor die Wahl. Entweder legst du deinen Fallschirm an oder wir schmeißen dich so aus der Maschine. Sie warfen mich hinaus, ich machte meinen ersten Sprung. Danach mochte ich Fallschirmspringen.
Das Töten mag ich im Grunde genommen nicht. Heute besitze ich keine Waffe. Ich lehre meine Kinder, sich zu verteidigen, aber bin sehr streng damit, wenn es um die Anwendung geht. Man muß mit seinen Aggressionen auf andere Art fertig werden. Aber das Sich-verteidigen-Lernen ist einfach eine Notwendigkeit in dieser Welt. Wichtiger ist es, da-

für zu arbeiten, daß es nicht mehr nötig ist. Daß Frieden in die Welt kommt, egal wie lange das noch dauert. Ich möchte, daß nie wieder jemand fühlen muß, was ich fühlte... Und sehen Sie, was geschehen war, am Ende des Krieges tat mir das Töten gut. Vietnamesen zu töten, machte mir schließlich Vergnügen. Wie soll ich das beschreiben? Ich fühlte mich wie ein Mangu, der eine Schlange tötet. Ein Mangu ist ein schnelles, schlaues Tier. Erst spielt er mit der Schlange und dann, ganz plötzlich... Dabei ist Töten ein außerordentlich ernstes Geschäft. Nur wer mal Soldat war, versteht das. Wenn du beginnst, Menschen zu jagen, kannst du nicht umhin, dir vorzustellen, was sie fühlen, was sie denken. Das macht es für dich sehr schwierig. Doch das Spiel geht weiter. Der Mensch verwandelt sich für dich in ein Tier, ein schnelles, schlaues, überraschendes. Später konnte ich auf einen Menschen sehen und nichts weiter denken als: ein Rechtshänder! Er wird sechs Schritte nach rechts machen, bricht nach links aus, geht vier Schritte vor und bricht nach rechts aus. Also schieß ich dahin, wo er sein wird, und dann hab ich ihn. Wir wetteten immer, wie viele Schüsse wir brauchten, in einer Entfernung von 600 Metern. Ich habe meine Wetten nie verloren. Ein Rechtshänder bricht stets nach links aus. Ein Linkshänder nach rechts. Wenn du ihn in seiner Illusion läßt, er sei entkommen, und wartest an derselben Stelle, schlägt er einen Kreis und kommt zu dir zurück. Aus der entgegengesetzten Richtung. Sie werden es immer tun. Wenn du einen Menschen desorientierst, läuft er im Kreis. Das ist eine natürliche Funktion seines Geistes. Sie kommen stets an dieselbe Stelle zurück. Wir brachen z.B. in eine mittlere Gruppe ein. Du nimmst das Zentrum der Gruppe, desorientierst die Äußeren, die rennen weg und kommen schließlich auch zu dir zurück. Du wartest einfach auf sie, stumm, mit deiner Winchester mit Schalldämpfer.

Als ich anfing, Soldaten zu unterrichten – ich arbeitete mit den 2. Black-Panthers in der 2. RVN-Marine-Division, sie hatten fortgeschrittene Kurse für die Aufklärungsabteilungen –, lehrte ich sie vor allem Disziplin. Sie allein erlaubt dir zu überleben. Der Grund, weswegen Amerika diesen Krieg verlor, war die Disziplinlosigkeit der Soldaten. Das ist keine populäre Ansicht. Aber wenn man zehntausend Patronen benötigt, um einen Vietcong zu töten, ist das einfach lächerlich. Zum Töten brauchst du eine Kugel. Mehr nicht. Wir hatten unsere Methoden, sie aus den Verstecken zu locken. Wir legten Schlingen aus, zogen dann einen am Baum hoch, und warteten, bis sie kamen, um ihm zu helfen. Manchmal warteten wir Tage... So etwas kannst du nur den lehren, der es wirklich lernen will. Du unterrichtest kein Handwerk. Töten ist eine Kunst. Wenn du jemanden tötest, mußt du es ausdrücken. Du mußt sehr nahe an ihn herangehen. Näher, als wir uns jetzt gegenübersitzen. Du kannst ihren Atem fühlen, du kannst ihren Schweiß sehen, du kannst das Zukken in ihren Körpern spüren, du berührst sie fast, aber nicht ganz. Man muß es richtig machen. Es ist eine Macht damit verbunden. Wenn du dann das Messer ziehst, ich nannte mein Messer Fred, dann war das Messer kein lebloser Gegenstand, es war ein Teil von mir, eine Verlängerung meiner Hand. Ich war das Messer. Wenn du ihn dann packst, sie werfen die Arme in die Luft, du nimmst sie in den Schwitzkasten... das ist der Weg, es zu unterrichten. Ich bevorzugte, wenn ich ihn unten hatte, ihn so am Hals zu packen, daß ich ihm die Luftröhre abschnürte. Das tötet ihn noch nicht...

Sie müssen verstehen, wie verrückt ich in dieser Zeit war. Wenn ich in ihre Augen schaute, war da Erstaunen. Als könnten sie nicht begreifen, daß ES jetzt geschah. Und du läßt sie gerade noch lange genug leben, um dieses Erstaunen schwinden zu sehen, dann tötest du. Und sie können gar nichts sagen oder tun. Sie können nur noch hören, wie du sagst: Got you, motherfucker! und sie wissen, was nun geschieht. Das ist eine ganz intime Angelegenheit. Mein Kumpel zog eine andere Tötungsart vor. Er schoß ihnen mit einem Blasrohr einen Giftpfeil zwischen den 3. und 4. Halswirbel. Dadurch werden die Nerven im Rückgrat gelähmt. Bis auf 50 Meter konnte er mit dieser Blowgun schießen. Er war sehr gut als Sniper. Mit ihm kannte ich keine Furcht. Er deckte meine Flanke, ich die seinige. Er ist tot. Nahm einige Anfänger mit raus, um sie einzuführen. Einer kam in Schwierigkeiten. Und er brach unsere Regel: Wenn einer stürzt, hilfst du ihm nicht. Du versicherst dich nur, daß er wirklich tot ist, aber du gehst nicht zurück. Du mußt leben. Der Anfänger stolpert, der Anfänger stirbt. Man geht nicht zu Toten zurück.

Wenn du gesehen hast, was die Wächter der Gefangenenlager unseren Leuten angetan haben, wußtest du, sie müssen sterben. Okay? Sie genossen es, ihre Gefangenen zu martern. Sehen Sie mal, der menschliche Körper kann nur soundso viel Schmerz ertragen, dann schaltet er aus. Wenn unsere Leute diesen Punkt erreicht hatten, brachten sie sie zum Bewußtsein zurück... Sie machten das immer wieder. Sehr viel Zeit, um einen zu töten, nahmen sie sich, eine Woche, einen Monat. Deshalb freuten wir uns, wenn wir den Kommandanten eines Gefangenenlagers erwischten. Du kannst ihn dann auch dazu bringen, daß er dich anbettelt, ihn sterben zu lassen. Das war unsere Art der Rache.

Ich hatte damals einen tiefen Haß auf Kommunisten. Ich hielt sie nicht für Menschen. Ich verstand, ein Bauer ist ein Bauer, eine Mutter eine Mutter, du hast ja Respekt vor dem Leben, aber plötzlich kommt ein Punkt, da überschreitest du diese Linie. Ich brauchte später sehr lange, um das zu verstehen... Auch das Töten: Du kannst es kurz und schmerzlos machen, oder du kannst den Tod hinausziehen und dir dafür danken lassen, daß du sie umbringst. Und ich kam zu diesem

Punkt, wo ich ihnen Gleiches mit Gleichem vergalt. Ich fühlte auch nicht, daß es falsch war, was ich da machte. Ich war zu dieser Zeit an einem Punkt, wo ich nicht mehr nach Hause wollte.

Aber was sollte ich tun? Der Krieg war vorbei. Wir mußten gehen. Aber ich wollte nicht. Obwohl ich wußte, daß wir sehr vieles falsch gemacht hatten und es endlich an der Zeit war, damit aufzuhören. Zu diesem Zeitpunkt war ich noch nicht besser als sie alle.

Was wir falsch gemacht hatten, war z.B. My Lay. Aus Frustration passierte das. Du siehst deinen Leuten beim Sterben zu, und da ist niemand, auf den du schießen kannst. Du kannst dich nicht revanchieren. Und findest du dann etwas, kriegst du irgendwas in die Finger, rächst du dich. Die spielten ja nicht mit dem Krieg wie wir. Wie lange diese Soldaten in Vietnam gewesen sind, weiß ich nicht. Es kam eben plötzlich ein Punkt, da hatten sie genug und mußten irgend etwas machen. Soviel ich gehört hatte, erreichten sie irgendwelche Schüsse aus dem Dorf, und sie gingen hinein. Dort stellte sich heraus, daß gar keiner geschossen hatte. Ich stelle mir vor, sie verlangten dann irgendwelche Informationen, und die Bewohner wurden ängstlich. Da warfen sie die Leute in den Graben und sagten: Antwortet, oder wir erschießen euch. Wenn so viel Frustration herrscht, ist der Schritt vom Darüberreden zum Tun sehr klein. Ein falsches Wort und die Grenze wird überschritten.

Solche Einsätze, »Suchen und Zerstören«, waren der größte Fehler, den die Amerikaner in Vietnam gemacht haben. Das Motto ist: Findest du eine Waffe, zerstörst du alles. Die Häuser, die Schafe, die Kühe, alles. Doch damit erzeugst du nur neue Feinde. Stell dir vor, du lebst in einer Gegend, für die ein »Such- und Zerstör-Einsatz« angeordnet worden ist. Du liegst im Bett, einer stößt gegen deine Tür, zieht dich hinaus und wirft dich auf die Straße. Wenn du dich bewegst, heißt es, stirbst du. Keine gute Lage, nicht? Was dann passiert, ist, daß einer irgend etwas findet. Aber dein Haus, wie unwahrscheinlich das auch einem Außenstehenden scheinen mag, ist dein Zuhause. Die Sachen drin gehören dir. Die Kinder im Haus sind deine Kinder. Und was geschieht, wenn du dein Haus brennen, deine Kinder geschlagen, deine Frau geschändet siehst? Haß entwickelst du: Warum tut ihr mir das an? Ich kenne euch nicht. Ich hab euch nichts getan. Vielleicht hat George oder der oder der, aber ich nicht, ich bin ein loyaler Bürger. Warum also macht ihr das mit mir? Und schließlich denkst du nur noch dies: Wenn ich am Leben bleibe, werde ich ein Vietcong... Demgegenüber wäre die richtige Methode, den Feind zu besiegen, gewesen, solche Gruppen wie das Peacekorps einzusetzen. Dazu brauchst du disziplinierte Menschen, die gut ausgebildet sind – man rotiert sie, hinein ins Land, wieder heraus, so daß niemand die Selbstkontrolle verliert. Es gibt eine bestimmte Grenze der Frustration, die du niemals überschreiten darfst. Eine kurze Zeit wurde das ausprobiert. Das Marinekorps sandte, statt »Search- and Destroy-Einheiten«, Medizin und Nahrungsmittel in die Dörfer. Man kümmerte sich um die kranken Kinder. Bei jedem Dorfbewohner wurde für einen vollen Magen gesorgt. Hatten die Hütten es nötig, wurden sie repariert. Sie setzten sich mit den Bürgermeistern hin und sprachen mit ihnen von Mensch zu Mensch. Wer immer du sein magst, Amerikaner oder Vietnamese, du hast ein Gefühl für Würde. Und wenn der, der dich beherrscht, mit dir von Mensch zu Mensch spricht, so wird dein Gefühl für die eigene Würde gestärkt. Auch Erste Hilfe wurde ihnen beigebracht. Einer im Dorf wurde als Sanitäter ausgebildet. Wir sagten: Behandelt diesen Mann mit Respekt, das ist jetzt euer Arzt... Diese Methode funktionierte wahnsinnig gut. In diesen Gebieten konnte der Vietcong nicht mehr manövrieren. Wir

wußten jedesmal sofort Bescheid, wenn sie in der Nähe waren, und gaben ihnen einen Arschtritt.
Der Schlüssel waren die Kinder. Denn wie verhältst du dich, wenn einer dein sterbenskrankes Töchterchen oder deinen hungernden Buben rettet? Und was machst du statt dessen, wenn einer deine Kinder umbringt? Im letzteren Fall sinnst du nur noch auf Rache. Du wirst eine Person, mit der jemand, wie ich es war, im Busch zurechtkommen muß.
Warum das amerikanische Militär diesen humanen Versuch nicht weitergeführt hat, versteh ich bis heute nicht. Keiner von denen, die selbst dort gewesen sind, versteht das. Wahrscheinlich hat der Präsident einfach den Mut verloren. Die oberen Stabsstellen wollten es nicht hören, wenn wir von diesen Erfahrungen erzählten... Es war nur ein Versuchsgebiet gewesen, und plötzlich wurden wir einfach zurückbeordert. Dabei hatten wir dort als Soldaten fast keine Verluste gehabt.
So wurde die ganze Sache, obwohl wir die besten Bedingungen dafür gehabt hatten, vermasselt. In Afghanistan waren auch die Bedingungen da, und die Russen vermasselten es. Ebenso die Chinesen in Kambodscha. Wer es richtig machte, waren allein die Vietnamesen, als sie in Kambodscha einmarschierten. Und fast ohne einen einzigen Kampf fiel ihnen Kambodscha zu. Sie kümmerten sich sofort um die Kinder, suchten unter den Überlebenden die Angehörigen zusammen und vereinigten die Familien. Schließlich gaben sie ihnen das Land und sagten: Hier, macht das Beste draus! Wir sind nur eine Art Polizei. Wie das funktionierte! Ausgenommen die wenigen Gebiete, in denen sich vietnamesisches Militär und die Khmer Rouge gegenüberstanden.
Ich glaube, daß die meisten der Marinesoldaten von der Richtigkeit dieser Methode überzeugt waren. Von einigen wenigen abgesehen, die aus rassischen Gründen nichts davon wissen wollten.

Eine Lektion in einem Kurs über Rassenfragen werde ich nie vergessen. Ein Hauptfeldwebel und ein paar junge Marinesoldaten waren zu einer Jagd in der Türkei gewesen. Sie kamen in ein Dorf, da fragten die jungen Marines: Wie sehn diese Leute aus? Schrecklich schmutzig, halbverhungert, kaum was anzuziehen haben sie. Dazu sind sie noch krank. Wie kann man so leben? Der Sergeant antwortete: Nimm das Bajonett und geh mal zu dem dort. Versuch, ihn umzubringen. Du wirst sehen, wie er um sein Leben kämpft. Und dann erzähl mir, warum wollen die leben? Weil, egal, wie du aussiehst, welcher Rasse du angehörst, dein Leben für dich wichtig ist! Niemand kann dir ja einreden, es sei nicht so...
Aber wenn man das verstanden hat, finde ich, sollte man es anwenden. Also nicht in ein Land gehen, um den Leuten ihr Leben wegzunehmen, sondern um ihnen Leben zu geben. Bau ihre Ökonomie auf! Verteil Medizin! Ein soziales Wohlfahrtssystem wie unseres wäre für den Anfang vielleicht ausreichend. Das alles erhältst du mit Hilfe des Militärs aufrecht. Ein Wächter sollte das Militär sein, mehr nicht. Diese Ideen erfüllten mich natürlich erst, als ich wieder hier war. Und etwa vor 4 Jahren habe ich Sprechen gelernt. Vorher stak das alles in mir fest. Ich wollte zu niemanden darüber reden. Mein Freund ermutigte mich immer wieder, es herauszubringen. Er verstand nicht die Hälfte von dem, was ich sagte. Aber er brachte mich schließlich dazu, mich auszudrücken. Dann begann ich zuzuhören, WAS ich sagte, WAS ich fühlte, und es durchzuckte mich plötzlich: genau, das ist's! Leben erhalten!
Also, ich war jetzt erwachsen geworden. Ich sah aus einem anderen Blickwinkel, als Außenstehender, auf mein eigenes Leben zurück. Und als ich dann auch noch Vater war, verstand ich plötzlich vieles, was der Vietcong mit uns gemacht hat. Nämlich: Das ist MEIN Kind, und Gott steh dem bei, der sich an ihm vergreift! Stirbt mein Kind deinetwegen, so

wisse, ich bin gnadenlos! So was begreifst du erst in der Rückschau.
Manchmal, wenn ich im Streß bin, kommt alles wieder hoch. Obschon ich den Teil von mir, der im Dschungel war, für gestorben hielt. Ich muß jetzt lernen, diese Augenblicke zu kontrollieren. Am schlimmsten geht es den Veteranen, die jenen Teil in sich nicht sterben lassen können. Ich geh jetzt nicht mehr hin zu diesem Altkriegerverein. Und ich schau mir auch nicht mehr im Fernsehen diese Shows an. Ich sag mir: ich brauch sie nicht. Denn ich war dort. Ich mag das nicht, gesagt zu kriegen, wer ich war.
Hoffentlich können Sie richtig verstehen, was ich damit sagen will. Ich kann niemandem eine Schuld zuschreiben! Hätte ja jederzeit damit aufhören können. Immer fragte ich mich, warum tust du's nicht. Es gab dazu viele Gelegenheiten. So ging's uns Aufklärungsrangern allen. Andauernd suchten wir Gründe, um dortzubleiben.
Die einzige Zeit, in der ich jetzt wirklich Frieden finde, ist nachts in meinem Taxi. Anfangs wechselte ich ständig die Jobs, 22 Jobs pro Jahr. Meist kündigte ich noch am ersten Tag. Wenn mir jemand sagte, ich hätte was Dummes gemacht, sagte ich Fuck you! und ging.
Meine Schwierigkeit bestand darin, die Spielregeln hier zu lernen. Wie lange hat das gedauert, bis ich sie ausgeklügelt hatte. Ich bin ein langsamer Schüler. Jetzt mache ich Fortschritte. Was ich jetzt weiß, ist: Geld ist schön, aber nicht das Wichtigste im Leben. Wichtig sind meine Kinder. Wenn ich nach Hause komme, drücken sie mich und sagen: Vati! Wichtig ist's, mit meiner Frau zu schlafen. Wichtig sind Kontakte zu anderen Menschen. Ob ich noch so weit komme, andere unterrichten zu können? Ich würde unsere Leute, Vietnam-Vets, unterrichten. Ich würde sie begreifen lassen: Es herrschen hier nur andre Regeln! Es ist dasselbe Spiel, im Dschungel und hier, doch die Regeln sind anders.

Du mußt diese Regeln begreifen, wenn du wieder kräftig werden willst. Und bisweilen, wenn ich jetzt mal was Verrücktes sagen darf, sind es sogar die gleichen Regeln. Dann schlüpfe ich in eine mir bequeme Rolle. Zum Beispiel, wenn ich nachts mit meinem Taxi an der Nordseite der Stadt in diesem Häuserprojekt herumspiele. Dann kribbelt es in meinem Nacken, ich spüre Schmetterlinge im Bauch. Wenn ich wirklich erregt bin, beginnen die Muskeln zu zittern. Das Adrenalin im Blut macht sich bemerkbar. Dann fühle ich mich ganz lebendig. Im Urwald war es natürlich das gleiche Gefühl. Ich muß dieses Gefühl auf die Seite des Heute bringen. Hier, in der Gesellschaft, muß ich mich bedeutend fühlen. So, daß die Leute mich ansehen und sagen: Der weiß, was er tut.

Und hier braucht man dafür eine Bescheinigung. Natürlich bedeutet so eine Bescheinigung nichts. Du nimmst das Stück Papier und gehst los, da kriegst du gleich noch zwei Bescheinigungen. Es gibt dir Bedeutung, so verdammt bedeutungslos, wie es ist. Du erfüllst die Regeln. Kein Mensch kriegt eine Arbeit ohne das Stück Papier. Und willst du eine gute Arbeit, mußt du mehrere Stücke Papier zeigen. Hast du schließlich genügend Bescheinigungen, stehst du vor ihnen, und sie halten dich für Gott. Alles, was du sagst, denken sie, stimme. Es schert sie nämlich gar nicht, was du sagst. Hauptsache, du hast diese Stücke Papier. Sie zu bekommen, ist jetzt mein Ziel. Zwei Bescheinigungen hab ich schon – vom Militär. Daß ich als Lehrer für Soldaten und Polizisten geeignet sei. Freilich haben sie für mich hier keine Bedeutung. Aber es sind Bescheinigungen. Die hältst du jemanden vor die Nase, aber nur kurz, so daß er nicht dazu kommt, sie zu lesen.

Was Vietnam mich gelehrt hat, ist die Einsicht, welch bedauernswerte Kreatur ich gewesen bin. Ich habe wirklich nach meiner Rückkehr sehr gründlich über mich nachgedacht.

Hier sah ich Leute, die sind zu Hause geblieben, zum College gegangen, haben eine gute Arbeit, die spucken mich an, wenn ich ihnen begegne. Was ich dabei zuerst fühlte, war: Ihr Schweinehunde wagt, mich so zu behandeln! Darauf haßte ich dieses Land. Ich haßte diese Leute allesamt, vor allem in dieser feinen Gegend. Nur ein Haufen Ekel waren sie für mich. Und sie predigen Sachen, von denen sie keine Ahnung haben. Sie wissen nichts. Sie sind so voreingenommen. Sagen, ihre Art zu denken, sei die einzig richtige. Und dann lernte ich Toleranz. Ich lernte allmählich, die Regeln begreifen. Trotzdem sehe ich noch zu, daß ich mit ihnen nichts zu tun habe. Mit Ausnahmen. Sonst spräche ich jetzt nicht mit Ihnen. Wahrscheinlich bin ich plötzlich einfach weit genug, um sogar darüber sprechen zu können. Ich will mich den Menschen jetzt zuwenden und ihnen sagen: Euer Leben ist nicht etwas, was ihr halbblind zu durchschreiten vermögt. Und wenn ich die Leute auch noch folgendes lehren könnte: Seht mal, die amerikanische Einflußnahme in der ganzen Welt ist nichts Schlechtes. Nur richtig muß es gemacht werden... Das wäre toll. Denn ich möchte wirklich nicht, daß meine Töchter in so was wie einen neuen Vietnamkrieg verwickelt werden, dabei zum Tier werden oder sterben. Deshalb sah ich auf diesen Vertrag über die Reduzierung der Mittelstreckenraketen mit so viel Erleichterung! Und was ich jetzt gern sehen möchte, das sind Levis-Jeans in Moskau. Ich hoffe, die beiden Welten werden ökonomisch so stark ineinander verwickelt, daß ihre Aggression sich dabei abbaut. Aggression ist heutzutage Selbstmord. Wenn du siehst, wie das russische und das chinesische Volk sich um westliche Produkte reißen, bist du doof, wenn du die Maschinen, die heute Waffen produzieren, nicht umbaust zu Maschinen, die Konsumgüter herstellen.
Dem russischen Volk traue ich. Wenn auch noch nicht allen in seiner Regierung. Ich hab neulich mit einem gesprochen,

der die Filiale einer amerikanischen Reifenfirma in Kiew aufzubauen geholfen hat. Was der über die russischen Menschen erzählt hat, war mir so sympathisch, daß ich am liebsten sofort hingefahren wäre. Leider geht das nicht. Hinter dem Eisernen Vorhang bin ich immer noch ein gesuchter Verbrecher. Eine Art Kopfgeld ist für mich ausgesetzt. Die gewinnen, stellen eben stets die Regeln auf. Dabei hatten sie jetzt selbst Afghanistan. Keiner scheint lernen zu wollen, daß man mit militärischen Eingriffen überhaupt nichts gewinnt. Denn man ändert damit nicht die Menschen.
Um in einem anderen Land etwas zu erreichen, müssen Sie die soziale und ökonomische Struktur ändern. Der Mann muß zu seiner Frau sagen können: Honey, uns geht's ziemlich gut! Egal, wer du bist, aus welchem Volk du kommst, ob du in einer Hütte im Dschungel lebst oder in einer Großstadt wie Berlin, du möchtest auf deine Kinder schauen und sehen, sie sind wohlgenährt. Du willst zufrieden abends um sie die Bettdecke feststopfen können und wissen: nichts gefährdet sie. Dann fühlst du dich einfach herrlich. Werden sie krank, so wird man sich um sie kümmern. Immer mehr akzeptiere ich jetzt solch eine Sicht der Dinge.
Meine Großmutter hatte sie mich zu lehren versucht. Sie war in WISTA engagiert, eine Art nationaler Friedenskorps. Sie gingen in die schlimmen Gegenden im Süden und halfen den Menschen, Häuser zu bauen. Sie brachten den Leuten bei, wie sie ökonomisch unabhängig werden konnten, statt vom Wohlfahrtssystem zu leben. Vor allem lehrten sie die Leute, daß sie es wert sind, sich selbst zu achten. Daß sie ein Recht darauf hatten, zu leben. Leider unterrichtete sie mich erst darüber, als ich aus Vietnam zurück war. 70 mußte sie werden, um zu solch einer Einsicht zu kommen. Wie hat sie sich über die Jahre verändert! Zuerst, als ich noch klein war, hat sie mir nichts anderes erzählt, als wie schrecklich – wir sind Iren – die Engländer waren. Wenn ich erwachsen wäre, bat

sie mich, solle ich nach Großbritannien gehn und ein paar Briten töten. Als wir noch Kinder waren, dachten wir: genau, das machen wir! Und als wir älter wurden: Nein, das ist es doch nicht. Sogar mein Bruder entwickelt sich immer mehr zu einem Pazifisten. Offenbar erwirbt man das Vermögen zu entscheiden, was richtig und falsch ist, erst mit dem Älterwerden. Was Krieg und Tod wirklich bedeuten, begreift kein Kind. Als ich nach dem Krieg nach Minneapolis zurückkam, wollte niemand, wollten nicht mal meine Eltern mit mir sprechen. Da ging ich wieder zum Marinekorps, wurde ein 21-12, ein Instrukteur für Waffenexperten. Man bringt zum Beispiel dem FBI bei, Geiseln lebend zurückzubekommen. Dann ging ich zu einer Einheit in Südcarolina, und dort geschah es...

Es fing mit einem Nervenzusammenbruch an. Ich steckte einen 38-Kaliber-Revolver in meinen Mund und war bereit, abzudrücken. Eine wahnsinnige Depression war das. Für mein Leben sah ich keinen Sinn mehr. Daran zerbrach meine erste Ehe. Alles schien mir plötzlich verkehrt, und ich konnte noch nicht begreifen, weshalb. Die Regeln hatten sich geändert, niemand scherte sich darum, mir das zu sagen. Was ich tat, war ja nichts anderes, als die alten Regeln zu unterrichten, immer wieder die alten Regeln. Und gleichzeitig hatten wir ständig mit Emotionen zu tun. Wann kommt der Kriminelle beispielsweise nervlich an den Punkt, wo er bereit ist, die Geisel zu töten, und wie hältst du ihn davon ab? Das bedeutet also auch, zu unterrichten, was Menschen sind... Als Folge der Krankheit wurde mir genügend Zeit zuteil, um nachzudenken. Da wußte ich zunächst nicht mehr, was richtig und falsch ist. Schrecken einjagen, Töten ist ja im Urwald was ganz Normales. Es wird deine einzige Triebkraft. So lag ich, wenn ich im Experiment den Kriminellen zu verstehen versuchte, noch immer in Vietnam im Hinterhalt. Wir hatten beiderseits der Straße, in den Abfluß-

gräben, Sprengleinen angebracht, und auf der Straße, oben und weiter unten, Claymoreminen. Wenn sie oben die Straße betraten, zündeten wir die ersten Claymores. Wer noch lebt, springt sofort in den Graben, und wer das überlebt hat, springt auf die Straße zurück, in die anderen Claymores... Das war sehr effektiv. Man kann psychologisch ganz genau vorhersagen, was Menschen in Streßsituationen wie diesen tun. Sogar einer, der trainiert ist, kann nicht anders handeln. Weil nur dein Körper funktioniert, setzt dein Geist aus... In der Gegenwart ging es nun aber darum, mit dem Kriminellen zu verhandeln. Durch Kommunikation sollte seine Streßsituation so weit abgebaut werden, daß man das Leben der Geiseln retten konnte. Was Sie im Kino darüber sehen, ist meistens Quatsch. In unserer Gesellschaft muß die Polizei sich verantworten. Tötet sie einen, hat sie verdammt viel Papierkrieg, um aus der Sache herauszukommen. Hier herrschen andere Regeln. Statt maximaler Todesziffern geht es um minimale. Das Leben hat hier einen Wert. Das zu lernen, ist schwer. Leider lerne ich nur auf dem schweren Weg.
Wie gesagt, wollte ich gar nicht nach Vietnam. Ich wollte zu Hause bleiben und in Susis Höschen reinkommen. Ich war ja erst 16. Indessen, ohne Vietnam wäre ich jetzt so'n Spießer in Stillwater. Wäre ich dann genauso schlau, wie ich's jetzt bin? Was wäre passiert, wenn ich mich damals anders entschieden hätte? Wenn ich im voraus gewußt hätte, was mir in Vietnam zuteil werden wird? Da wäre ich niemals hingegangen. Jedoch Wissen wurde mir dort schließlich auch zuteil, für einen verdammt hohen Preis an Schmerz. Und man lernt eben nur auf die schmerzvolle Weise... Was für mich bleibt, ist, mein Wissen jetzt anzuwenden.
Mit dieser Erkenntnis hab ich mein Leben allmählich zu akzeptieren gelernt. Doch dieser ganze Prozeß kostete mich beinahe mein Leben. Einige Male. Sie glauben nicht, wie hart

das war. Es war so ein Aufruhr in mir. Ich, als Christ, verlor meinen Glauben. Danach versuchte ich es mit jeder anderen Religion. Nichts hat funktioniert, glauben Sie mir. Politisch ging ich ganz nach rechts, dann ging ich ganz nach links. Jetzt bin ich irgendwo in der Mitte, versuche, einen Ausgleich zwischen den Ideologien zu finden. Es ist ein Wachstumsprozeß. An Schicksal glaub ich nicht. Das Leben ist einfach die Art, wie man lernt. Jedem geht's so. Was zu leicht ist, das respektieren wir nicht, und so lernen wir auch nichts. Mein Vater lehrte mich als Kind, wenn ich dir alles schenke, was du dir wünschst, kannst du es nicht respektieren. Er ließ mich arbeiten, um mein Fahrrad zu bekommen. Er ließ mich arbeiten für alles. Das war wichtig. Denn, dann war das mein, ich hatte es mir verdient. Um mich herum sah ich viele Kinder, die nicht lernten, sie selbst zu sein. Lernen geht auch leider nur auf Umwegen. Ich lernte, ein Marinesoldat zu sein, bevor ich lernte, ich zu sein. Mit diesem Ich-Sein bin ich jetzt weit fortgeschritten, doch ich hab noch einen weiten Weg vor mir.
Viele meiner Kameraden unter den Veteranen haben mit diesem Weg große Schwierigkeiten. Die Veteranenorganisation der Regierung hat viel Schuld daran. Ich selbst habe alle Verbindungen zur Regierung und zum Militär abgebrochen. Nehmt eure Unterstützungsschecks, hab ich gesagt, und wischt euch damit den Arsch ab. Ich hab buchstäblich mein Zuhause in der Armee verlassen. Die Lady, die jetzt meine Frau ist, ist glücklicherweise unwahrscheinlich geduldig mit mir. Da sind Augenblicke, wo ich sie anschreien möchte, aber ich glaub, das ist normal. Sie hielt mein Herumirren aus. Sie duldete meine Selbstzweifel. Und sie ist da, wenn ich nachts schreiend aufwache, sie hält mich in ihren Armen. Manchmal will ich ganz allein sein und mit keinem sprechen. Dann erledigt sie alle meine Angelegenheiten. Sie hat mich vor allem gelehrt, daß man versagen darf. Das ist etwas voll-

kommen Neues für mich. Ich hatte nie versagt, in keiner Angelegenheit. Soeben machte ich eine Erfahrung mit dem Versagen. Es verletzt. Aber sie war da, um mir zu helfen, damit umzugehen. Im Dschungel durfte ich nicht versagen. Hier darf ich es. Wenn du im Dschungel eine falsche Entscheidung triffst, stirbt jemand. Oder du selber stirbst – das würde dabei vorzuziehen sein. Denn jemanden in den Tod zu schicken, ist eine verdammt harte Sache.
Als ich mein erstes Kommando bekam – wenn du das bekommst, kriegst du es von deinen Leuten verliehen –, hatte ich die Verantwortung über 12 Männer. Es dauerte etwa eine Woche, bis sie mir wirklich vertrauten. Bevor sie akzeptierten, daß ich Bescheid wußte. Sie pflegten zum Beispiel zu sagen, wie kommt das, daß du nie auf Pfaden durch den Urwald gehst? Ich sagte, die Pfade gehören Charlie, er macht dort die Regeln. Der Urwald dagegen hat meine Regeln. Er läßt dich durch. Freilich nur, wenn du verstehst, ihn darum zu bitten. Wir saßen dort manchmal und sahen unsere Soldaten keuchend, stöhnend dahintrampeln. Sie fuchtelten mit ihren Macheten und machten alle möglichen Geräusche, wir mußten lachen. Sie kämpften gegen den Urwald, wohingegen wir verstanden, mit ihm zu gehen. Ich hatte eine Zeitlang mit den Hmongs im Hochland gearbeitet, die haben mir das beigebracht. Du mußt dich vom Urwald umarmen lassen, dann hilft er dir. Wo die Hmongs leben, gibt's keine Pfade, doch sie ziehen durch den Urwald, als ob sie auf einer freien Ebene lebten.
Als Untermenschen werden sie dort angesehn, die Hmongs. Von den Kambodschanern, Vietnamesen, Laoten, Chinesen, die sich wiederum alle gegenseitig bekämpfen. Ich lernte dort auch schnell, wie verschieden die Völker sind. Jedes hat seine eigne Kultur, seine eignen Götter, seine eignen Tempel, die es verteidigt. Und wenn du dich durch diese Völker bewegst, hast du dich jeder dieser Kulturen anzupassen.

Verweigerst du die Anpassung, packt dich bald Frustration. Genauso wie im Urwald, der in verschiedenen Stufen wächst. Da sind die hohen Bäume, die mittleren und das Buschwerk. Darunter das Gras. Wenn du dir das Gebüsch richtig ansiehst, läßt es dich durch. Denn da sind die Durchgänge für die Tiere. Die Armeesoldaten tragen 90 Pfund Gepäck mit sich herum. Ihre Munition, ihr Essen. Aber zu essen gibt es im Urwald. Du brauchst gar nichts mitzubringen. Wenn du den Urwald also verstehst, wenn du dich ihm anpaßt, ist er gar nicht mehr erschreckend. So ist es mit allem im Leben, auch jetzt mit meinem Versagen. Wenn du etwas verstehen lernst, schwindet der Schrecken. Verstehen ist alles. Doch wieviel Zeit und Disziplin braucht es!

Weshalb man mich Kamikaze-Kid nannte? Jemand sagte es, und es haftete mir eben an. Und dann kam es sogar im Radio. Ein anderer hieß Fledermaus. Aber er war eher eine Art Tunnelratte. Die Vietcong bauten ganze Tunnelsysteme in ihren Stellungen. Und er ging da hinein und jagte sie, in ihrem eigenen Territorium. Meinen Namen erhielt ich nicht, weil ich mich etwa freiwillig zu Selbstmordeinsätzen gemeldet hätte. Ich bekam ihn einfach, weil ich ungewöhnliche Sachen machte. Holte zum Beispiel Kameraden zurück, die wir verloren hatten. Jeder hatte eben seinen eigenen Stil, von denen, die dablieben. Die meisten gingen ja nach sechs Monaten wieder weg. Wir, die wir blieben, wurden als die Krankhaften angesehn. Wir waren für die in den Stäben schon tot. Vielleicht waren wir's auch. Ich war zuletzt opiumabhängig. Möglicherweise war das der Grund, weswegen ich bis zum Ende in Vietnam blieb.

Was man uns nachsagt an Brutalität, ist die Wahrheit. Man sagt etwa, daß wir Leute aus Flugzeugen geworfen haben. Es stimmt. Ein Kumpel von mir war dabei, als sie vietnamesische Soldaten aus der geöffneten Hubschraubertür warfen. Er, ein bärenstarker Mann, packte diese kleinen Vietnamesen und stieß sie, mit dem Kopf nach oben, hinaus. Der Propeller enthauptete sie. Das geschah demonstrativ vor den Augen der anderen Gefangenen, um sie zum Reden zu bringen. Das machten die dann auch sehr schnell. Wir erfuhren, welche Angriffe uns bevorstanden.

In den meisten orientalischen Ländern gilt Sich-gefangennehmen-Lassen als etwas Negatives. Es ist besser zu sterben, denn man weiß, Gnade wird nicht gegeben. Als wir sahen, daß sie keine Gnade kannten, machten wir es ebenso. Du hättest mal einen Bomberpiloten aus der Mannschaft einer B 52 sehen sollen, die notlanden mußte. Oder deren Bomber abgeschossen wurde und die dabei rechtzeitig aus dem Vogel rauskamen. Wären sie es lieber nicht! Als wir sie fanden, lebten sie meistens noch, doch sie wünschten, sie wären tot. Sie hatten sie vor uns gefunden. Ein Soldat rechnet mit so etwas und nimmt es nicht persönlich. Sieh mal, der Bauer, der diesen Piloten zufällig auf seinem Feld findet, weiß, daß der seine Familie getötet hat!

Diese B 52 Bomber wurden als das Schrecklichste angesehen, was es gab. Wer jemals solch einen Angriff erlebt hat, weiß, wovon ich spreche. Es geschieht ganz plötzlich, von den Flugzeugen hörst du nichts, siehst du nichts, und auf einmal explodiert die ganze Erde. Von hier, wo wir sitzen im Restaurant, bis zur 50. Straße würde alles, jeder Baum, jedes Haus, verschwunden sein. Und findet ein Bauer diese Piloten...

Mit der Zeit habe ich eine sehr philosophische Einstellung zu diesem Krieg entwickelt. In der Nervenklinik bedurfte ich, wie gesagt, zunächst einer Rechtfertigung für meine Existenz. Eine unwahrscheinlich hohe Selbstmordrate herrscht unter den Veteranen. Etwa 25 Prozent bringen sich um oder versuchen, es zu tun. Als ich nervlich zusammenbrach, sah das Militär, daß es mich in diesem Zustand nicht auf die Gesellschaft loslassen konnte. Sie steckten mich in die geschlossene Abteilung. Dort fing der Reflexions- und Heilungsprozeß an. Danach kam ich hierher, schon nach wenigen Tagen floh ich nach Nordminnesota und lebte dort in den Wäldern. Ich kam zurück, um die Gesellschaft für ein Weilchen auszuhalten, dann floh ich wieder. Immer wieder lief ich weg, weil ich nicht wußte, wie ich das verkraften sollte, was da, innerlich und äußerlich, auf mich zukam. Wie hab ich das nur durchgehalten? War ja ein leichtes gewesen, einen neuen Krieg zu finden. In Südvietnam gab es Söldner, Deutsche, Franzosen, Amerikaner, die zogen von Krieg zu Krieg... Von der südvietnamesischen Regierung wurden sie nach der Anzahl abgeschnittener Ohren bezahlt, die sie vorlegten. Mit einem Paar Ohren konnten sie beweisen, daß sie jemanden umgebracht hatten. Ein südvietnamesischer Hauptmann vermochte, männliche von weiblichen Ohren zu unterscheiden. Bezahlt hat er für alle. Als Söldner könnte ich auch Ihre Ohren verkaufen, verstehen Sie mich? Wahrscheinlich hatte ich zu diesem Zeitpunkt, als ich darüber nachsann, ob ich mir nicht einen neuen Krieg suchen sollte, schon meinen Durst auf das Töten verloren. Heute kann ich die Idee des Tötens nicht mehr akzeptieren. Das war eine notwendige Umwandlung in mir selbst. Das Weglaufen hat mir dabei geholfen, und das Zurückkommen auch. Es wurde immer leichter. Jeden neuen Job hielt ich ein wenig länger aus... Sehen Sie, im Krankenhaus haben die Ärzte gesagt, daß ich es nie schaffen könnte. Und sie haben das wirklich geglaubt. Sie haben mir Drogen gegen die Depressionen gegeben. Schließlich kam der Punkt, wo ich Nein! zu dem Ganzen sagte. Nein zu diesen Drogen und Nein zu den Unterstützungsschecks. Ich zwang mich in eine Lage, in der ich hungerte, wenn ich nicht arbeitete. Geld annehmen ist nicht schwer. Wenn ich mir vorstelle, ich hätte es angenommen und würde es heute noch nehmen, wie einfach wäre das, herumzusitzen und zu flennen über all das Unrecht, das mir angetan worden ist. Viele Veteranen leben so. Haben Sie im Zusammenhang mit dem Vietnamkrieg von der verzögerten Streßreaktion gehört? Die Ärzte unterrichten die Leute nicht, wie sie damit umzugehen haben. Sie behandeln die Symptome, nicht die Ursachen. Wenn ein Veteran wegen »delayed stress« zur Behandlung geht, setzen sie ihn sofort unter Drogen. Ich spreche darüber aus eigener Erfahrung. Gib ihm eine Pille, der legt sich hin und fühlt sich glücklich. Ja, und gib ihm natürlich auch noch einen Scheck, damit er sich Alkohol kaufen kann. Er braucht sich dann um Morgen nicht zu sorgen...

Das ist eine billige Ausflucht. Es ist ein viel leichterer Weg, als sich zur Anpassung an die menschliche Gesellschaft zu zwingen. Mit den Drogen bist du immer happy, aber sie lösen nicht deine Probleme. Viele werden mir da nicht zustimmen. Ich bin sogar der Meinung, daß die psychiatrische Gesellschaft die Veteranen bewußt in dieser Abhängigkeit hält. Dabei hat einer, der jene Regeln dort beherrschte, auch die Fähigkeit, diese hier zu erlernen. Wenn dich einer hier kleinmacht, lernst du zu sagen: Warte mal, dir werd ich's zeigen, daß ich etwas fertigbringe.

Ich gehe jetzt sogar wieder zur Schule. Nun bin ich reif dafür. Damals hab ich's nicht geschafft. Das war meine Schuld. Ich habe jetzt auch aufgehört, für alles, was ich verkehrt mache, Sündenböcke zu finden. Du mußt bereit sein, zu sagen: I fucked up! Es ist hier in Ordnung, Sachen zu vermasseln, solange du dich dazu bekennst.

Zuerst brauchte ich aber, wie schon gesagt, immerzu eine Pause von der Realität. Brauch ich auch jetzt noch ab und zu. Jedes menschliche Wesen braucht das. Zunächst wußte ich das nicht und hielt mich für verrückt. Jetzt schau ich auf die anderen und sehe, daß sie irgendwie alle dasselbe machen, nur mit kleinen Variationen. Und ich sage mir: Gut, ich bin nicht verrückt. Aber vor allem hat mir geholfen, daß

ich aufhörte, Drogen zu nehmen. Denn das löst nicht deine Probleme. Es hilft dir nur zur Flucht vor ihnen.
Als meine Frau das erstemal schwanger wurde, war ich entsetzt. Ich hatte noch nie so viel Angst gehabt. Mit einemmal war ich nicht mehr nur ich, da wuchs etwas in ihr, für das ich verantwortlich sein mußte. Ich habe mich um ein anderes menschliches Wesen zu kümmern. Jetzt glaube ich, meine Kinder haben Unglaubliches für mich getan. Sie brachten mir mehr über mich bei, als ich selbst hätte lernen können. Ich hatte Kinder gesehen, die hungerten, Kinder, die krank waren, und plötzlich hab ich selber Kinder. Sie zwingen mich zu Fortschritten in meinem Leben. Für jede Initiative brauchst du ja einen Grund. Die Kinder sind jetzt der Grund für mich, mit meiner Vergangenheit sowie mit den Spielregeln dieser Gesellschaft zurechtzukommen.
Eigentlich sind diese Spielregeln gar nicht langweilig. Um mich zu üben, spiele ich öfter Videospiele. Ein Spiel ist ersonnen, um mich zu schlagen, aber ich kann seine Regeln herausfinden und es mit ihrer Hilfe seinerseits schlagen.
Ich liebe es zu gewinnen. Das Hauptproblem der Veteranen ist, daß ihnen nicht erlaubt wird, Erfolg zu haben. Mit Drogen vollgestopft, versagen sie bei der Lösung ihrer Probleme. Das erzeugt ein negatives Selbstwertgefühl. Und dieses züchtet wiederum Versagen. Alles, was du dann tust, ist verkehrt. Ich habe meinem Freund, der mich sprechen lehrte, meiner Frau, die mir beibrachte, daß Versagen keine Katastrophe ist, und meinen Kindern, die mir für meinen harten Entwicklungsprozeß eine Motivation geben, viel zu verdanken. Der Schlüssel zum Erfolg ist freilich Disziplin, im Dschungel wie hier. Und wenn du nicht immer gewinnst, niemand gewinnt alles im Leben, so heißt es geduldig sein. Das lerne ich erst jetzt. Jeder, der sich Mühe gibt, gewinnt wenigstens soviel, daß sich der Einsatz dafür gelohnt hat.
Viele andere Veteranen haben das auch gelernt. Mißverste-

hen Sie mich nicht. Nicht alle heulen und jammern nur oder erzählen sich, betrunken, Kriegsgeschichten. Viele sagten so wie ich: Fuck you, behaltet euer Geld, ich mach es selbst. Und sie begreifen allmählich, daß man, um zu überleben, gar nicht Superman sein muß. Nicht hier. Und daß das, tatsächlich, Spaß macht. Triffst du auf einen, der meint, dich unterdrücken zu müssen, vermagst du ihn, wenn du klug bist, zu manipulieren. Am Schluß gibt er dir, was du willst, und bildet sich noch ein, es wäre seine eigene Idee gewesen. Man muß solche Leute an der Nase herumführen.

Zehn Veteranen kenne ich, die so wie ich sind. Wir verstehen uns. Wir haben aufgehört, uns mit den anderen abzugeben, mit jenen, die nur im Veteranenklub herumhängen, saufen und alte Geschichten erzählen. Ich liebe Menschen, die in die Zukunft schauen. Und die daran glauben, daß man sich ändern, daß der Mensch wachsen kann. Zu sagen, ich bin nun mal so, wie ich bin, dagegen kann ich nichts machen, ist Quatsch.

Daß der Veteranenverband die anderen so sehr bemuttert, daß sie nicht zum Nachdenken kommen, rührt keinesfalls daher, daß man sich dort oben schuldig fühlte. Es ist einfach der ökonomischste Weg. Mit Geld meint man darum herumzukommen, den Betreffenden helfen zu müssen, daß sie ihr Leben verarbeiten lernen und einen Platz in der Gesellschaft finden. Gib Geld, und du bist die Verantwortung los.

Als ich aus dem Vietnamkrieg zurückkam, sagten wir, mein Nachbar im Flugzeug und ich: Wir haben's geschafft. Und ich verlangte zunächst Respekt wie ein Soldat ihn verlangt haben mag, der aus dem Zweiten Weltkrieg heimkehrte. Aber im Vergleich zu den Soldaten im Zweiten Weltkrieg wußte kaum einer von uns, wozu dieser Krieg eigentlich gut war. Nur wenige waren davon überzeugt, wir seien die guten Menschen, die Vietcong die bösen. Die meisten dachten: Was zum Teufel tun wir hier überhaupt? Wir maßen uns an, diesen Leuten beibringen zu wollen, wie sie zu denken, was sie zu tun haben... Dieser Krieg hätte niemals geschehen dürfen. Hätte Truman seine Verpflichtungen gegenüber Ho Chi Minh erfüllt, wäre es nicht dazu gekommen. Jetzt lese ich viel darüber und verstehe, wie eins auf das andere folgte. Und da habe ich viele Fragen. Ich hatte noch Verbindungen zum Pentagon und konnte meinen Computer über die Telefonleitung mit den Speichern des Pentagon-Computers verbinden lassen. Da verlange ich nun Informationen über alles, was ich wissen möchte. Und freilich denke ich schon längst nicht mehr, was ich zu Anfang des Krieges dachte, daß wir im Recht gewesen seien. Das Demütigendste war für mich während des Krieges Jane Fondas Besuch bei Ho Chi Minh. Sie ließ sich mit den nordvietnamesischen Soldaten fotografieren und sagte: Schießt nur auf unsere Soldaten. Das amerikanische Volk steht auf eurer Seite! Ehrlich gesagt, hatten wir grausame Sachen für sie im Sinn. Die amerikanische Protestbewegung gegen den Vietnamkrieg stärkte ja die vietnamesische Kampfmoral. Manchmal werde ich noch rückfällig. Neulich schmiß ich ein Gymnastiktape mit Jane Fonda, das sich meine Frau gekauft hatte, ins Feuer. Meine Orden und das Ritterkreuz hab ich weggeworfen. Auch meine Uniform. Nur ein klitzekleines Abzeichen hab ich noch. Das kriegte ich für meine allererste Aufgabe beim Marinekorps. Mit diesem Abzeichen hatten sie mir sagen wollen, ich wäre wichtig. Daß ich es aufhebe, hat mit dem Krieg nichts zu tun. Zum erstenmal in meinem Leben hatte man mir vertraut, daß ich etwas leisten konnte.

Daß ich das Ritterkreuz nicht mehr nötig habe, bedeutet, ich bin an einen Punkt gekommen, wo ich zu 90 Prozent mit der Vergangenheit fertig bin. Einiges ist noch da. Das läßt mich schreien in der Nacht, aufwachen und große Qualen fühlen. Sprechen kann ich darüber noch nicht. Nur soviel: Die Vietcong hatten begonnen, kleine Puppen herzustellen, mit Plastikexplosivstoff in den Köpfen. Der Mechanismus, der bei

der Puppe die Arme auf- und abbewegte, betätigte eine Zeitzündung, eine kleine Batterie zündete nach einer bestimmten Anzahl Armbewegungen den Sprengstoff. Unsere Soldaten kauften die Puppen in den Geschäften, schickten sie nach Hause, das Kind spielte damit, und nach dem soundsovielten Aufziehen der Puppe flog das Haus in die Luft... Nun, als wir wußten, wo sich diese Fabrik in Nordvietnam befand, starteten wir einen Einsatz. Sehr unangenehme Sachen sind dabei passiert. In der Fabrik waren Tschechen, Bulgaren und andere Leute aus Osteuropa. Die Art und Weise, wie wir uns rächten... wie soll ich mit so etwas fertig werden? Nur Tränen. Das war mein My Lai. Es ist ein Teil von mir. Ich kann es nicht ändern, auch wenn ich denke, es müßte geändert werden. Wie holst du Kugeln, die du geschossen hast, wieder zurück? Wie läßt man Getötete auferstehen? Das einzige, was du tun kannst, und das lerne ich mehr und mehr, ist, dafür zu kämpfen, daß sich so was niemals wiederholt. Jemand Berühmtes hat mal gesagt: Wer aus der Geschichte nicht lernt, ist verdammt, sie zu wiederholen.
Ich glaube daran, daß die Menschen zu lernen vermögen und die Geschichte in eine bessere Richtung zwingen. Schauen Sie zu den Philippinen. Wer glaubte früher, daß das Marcos-Regime stürzen wird? Schauen Sie nach Polen. Haben Sie geglaubt, als Sie die DDR verließen, daß die Solidarnocz in Polen so bald schon ihre Legalität ertrotzt? Oder die Westdeutschen. Endlich sagen sie: Nehmt eure Missiles. Schafft den Dreck aus unsrem Land hinaus! Auch in der DDR wird sich was ändern. Eine Regierung, die nicht die Unterstützung des Volkes hat, hält sich nicht. Vielleicht stürzt sie nicht mehr zu Ihrer Lebenszeit, aber sie stürzt.* Und wir selber? Ich glaube nicht, daß Amerika so etwas wie den Viet-

* Dieses Interview wurde im Sommer 1989 geführt. Ich, weniger geschichtserfahren, hatte über diese Bemerkung Kamikaze-Kids skeptisch den Kopf geschüttelt.

namkrieg wiederholen wird. Ein Grund dafür ist, daß Veteranen wie ich allmählich zu sprechen lernen. Zu sprechen und zu warnen. Weil ich weiß, daß man uns zuhört, ist Amerika ein gutes Land für mich. Es rennt gegen Wände, es stürzt in Gruben – wie ich. Doch am Ende lernt es. Was sage ich manchmal zu meinen Kindern? Liebt euch. Akzeptiert euch. Und was auch immer ihr über Amerika hören werdet, es ist ein gutes Land. Manchmal braucht es Leute, die es führen, manchmal Leute, die es anschreien. Die sind genauso wichtig. Aber im allgemeinen ist es ein gutes Land.

Gabriele Eckart
So sehe ick die Sache
Protokolle aus der DDR

Leben im Havelländischen Obstanbaugebiet
KiWi 68

21 Menschen sprechen von ihrem Leben, ihren Freuden, Sorgen, Ansichten und Träumen. Sie alle leben im Havelländischen Obstanbaugebiet. Aber man lernt nicht nur Menschen kennen, sondern gewinnt unvergleichlichen, spannenden Einblick in die inneren und äußeren Abläufe eines DDR-Betriebs mit seinen ökonomischen, politischen und gesellschaftlichen Dimensionen.

»Gabriele Eckart hat die literarisch-journalistische Tradition einer Maxie Wander, einer Erika Runge und einer Irina Liebmann auf sehr eigene Weise weitergeführt und die deutsche Literatur(szene) damit um ein bedeutendes Werk bereichert.« *Frithjof Heller, Die Zeit*

KiWi Paperbackreihe bei Kiepenheuer & Witsch

Gabriele Eckart

Wie mag ich alles was beginnt

Gedichte
Englische Broschur

Gabriele Eckarts Gedichte, die zwischen 1980 und 86 entstanden sind, sprechen eine unprätentiöse, stille Sprache und orientieren sich, ungewöhnlich für ihre Generation, stark an klassischen Vorbildern, ohne museal zu wirken. Auch die Themen ihrer Gedichte sind unspektakulär: Naturgedichte, die Liebe, der Wechsel der Jahreszeiten und immer wieder die Sehnsucht nach einem größeren, bewegteren Leben.

Gabriele Eckart
Per Anhalter

Geschichten und Erlebnisse aus der DDR
Gebunden

Was die junge DDR-Schriftstellerin Gabriele Eckart in ihrem 1984 erschienenen Band *So sehe ick die Sache* durch eine Vielzahl von Tonbandprotokollen so überzeugend geleistet hat, das gelingt ihr in diesem Erzählband auch auf literarischem Gebiet: Sehr genaue, liebevolle Porträts von Menschen, deren alltägliches Leben von kleinen und großen Sorgen und Träumen geprägt ist und die jeweils ihre ganz eigene Poesie besitzen.

HERBERT ROSENDORFER
ROM

Eine Einladung

KiWi 224

Diese Einladung nach Rom, die aus lauter Abschweifungen zu bestehen scheint, ist ein Intensivkurs besonderer Art. Mit seiner Kennerschaft und Lust, Orte und Zeiten plaudernd miteinander zu verbinden, führt Rosendorfer immer tiefer in das Geheimnis dieser Stadt, die »seit zweitausend Jahren *die Stadt*, die Mutter, die Seele, das Herz der Welt ist.«

KiWi Paperbackreihe bei Kiepenheuer & Witsch

Franz Herre
Wien
Historische Spaziergänge

KiWi 264
Mit Abbildungen

Franz Herre lädt ein zu historischen Spaziergängen durch Wien. Er vermittelt in sehr unterhaltsamer Art Geschichte und Geschichten einer glänzenden Metropole.

»Herre ist eine Art Magier, der fähig ist, vier Knochen zu nehmen und eine Handvoll Staub und ihnen Leben zu geben, Körper und Atem.« *Indro Montanelli*

Bettina Dürr
Die Apfelsinenschlacht
Volksfeste in Italien
Ein Reise-Lesebuch mit Terminen, Adressen und Tips

KiWi 234

Dieses Buch bietet dem Touristen und dem Daheimgebliebenen eine spannende Lesereise zu den italienischen Volksfesten und informiert über Termine, Veranstaltungen, Übernachtungsmöglichkeiten sowie kulinarische Extras.

KiWi Paperbackreihe bei Kiepenheuer & Witsch

Camilla Cederna
Reise in die Geheimnisse Italiens

Ein Reisebuch

Titel der Originalausgabe:
Casa nostra. Viaggio nei misteri d'Italia
Aus dem Italienischen von Martin Schneebeli
und Ulrich Hartmann

KiWi 134

Es gibt wohl kein vergleichbares Buch über das Reiseland Italien, das dem Leser auf so spannende und unterhaltsame Weise Einblick »hinter die Kulissen« eines Landes eröffnet, das trotz der jährlichen Touristenströme auch immer noch ein unbekanntes Land ist.
Wer von Italien mehr kennenlernen möchte als die üblichen Baudenkmäler, Museen und Urlaubsorte, sollte auf diese Lese-Reise von Norditalien bis Sizilien nicht verzichten.

»Der Leser erfährt Dinge in diesem Buch, die sich ihm selbst als gut informierten Touristen verschließen . . . Camilla Cederne konfrontiert den Italienliebhaber mit aufregenden Beobachtungen und Innenansichten der italienischen Gesellschaft. Wer seine nächste Italienreise plant, dem ist dieses Buch unbedingt zu empfehlen.« *Süddeutscher Rundfunk*